- 校企“双元”合作精品教材
- 任务化、活页式数字教材

中等职业教育
汽车运用与维修
系列教材

微课版

U1054699

汽车电气设备构造与检修

主　编◎沈海明
副主编◎刘正保　赵宗新　祁彦龙

中国人民大学出版社
· 北京 ·

图书在版编目（CIP）数据

汽车电气设备构造与检修 / 沈海明主编. -- 北京：中国人民大学出版社，2024.5
中等职业教育汽车运用与维修系列教材
ISBN 978-7-300-32774-7

Ⅰ. ①汽… Ⅱ. ①沈… Ⅲ. ①汽车－电气设备－构造－中等专业学校－教材②汽车－电气设备－车辆修理－中等专业学校－教材 Ⅳ. ① U472.41

中国国家版本馆 CIP 数据核字（2024）第 082122 号

中等职业教育汽车运用与维修系列教材
汽车电气设备构造与检修
主　编　沈海明
副主编　刘正保　赵宗新　祁彦龙
Qiche Dianqi Shebei Gouzao yu Jianxiu

出版发行	中国人民大学出版社		
社　　址	北京中关村大街 31 号	**邮政编码**	100080
电　　话	010－62511242（总编室）		010－62511770（质管部）
	010－82501766（邮购部）		010－62514148（门市部）
	010－62515195（发行公司）		010－62515275（盗版举报）
网　　址	http://www.crup.com.cn		
经　　销	新华书店		
印　　刷	中煤（北京）印务有限公司		
开　　本	787 mm × 1092 mm　1/16	**版　　次**	2024 年 5 月第 1 版
印　　张	15.25	**印　　次**	2024 年 7 月第 2 次印刷
字　　数	363 000	**定　　价**	58.00 元

前言 》PREFACE

党的二十大报告指出，教育、科技、人才是全面建设社会主义现代化国家的基础性、战略性支撑。教育是国之大计、党之大计。职业教育是我国教育体系的重要组成部分，肩负着“为党育人、为国育才”的神圣使命。本教材以习近平新时代中国特色社会主义思想为指导，深入贯彻落实党的二十大精神，将思想道德建设与专业素质培养融为一体，着力培养爱党爱国、敬业奉献，具有工匠精神的高素质技能人才。

随着我国汽车工业的高速发展和社会汽车保有量的增加，汽车维修行业快速发展，其中汽车电气设备的维修量占汽车维修总量的比重不断上升，对汽车电气维修人才的需求不断加大。为了更好地适应中等职业技术学校汽车类专业教学要求，结合目前中等职业技术学校汽车类专业的实际情况，我们编写了《汽车电气设备构造与检修》理实一体化教材。

本书通过图文并茂的形式，简明介绍了汽车电气设备构造与检修工作岗位中具体工作任务必备的专业知识，力求做到浅显易懂。

本书有以下几方面的特色：

第一，校企双元开发，更加贴近实际工作。本书以企业实际维修案例为原型，以工作任务为主线，基于汽车机电维修人员实际的工作过程，每个教学任务均按照学习目标、任务描述、理论知识、任务实施等模块进行教学设计，有助于理实一体化教学，着重培养学生的信息查询能力、问题分析解决能力、团队合作能力等，以应对新时期汽车维修企业岗位对员工的要求。

第二，融入先进教学理念，创新教材表现形式。为了充分体现理实一体化，根据学校教学实际情况，增加了实训内容在教材中的比重，同时选用大量彩色实物图片，从而提高学生的学习兴趣。

第三，开发教学资源，为教学提供服务。本书配套开发了教学视频、电子教学课件等，满足教师备课与课堂教学之需。

第四，突出实操，提升学生的综合职业能力。本书提供电子复习课件、任务工单、练习题等，方便学生自主学习。

本书由西宁市世纪职业技术学校沈海明担任主编，刘正保、赵宗新、祁彦龙担任副主编。

由于编者水平有限，书中难免有疏漏之处，敬请广大读者批评指正。

编者

目 录 》CONTENTS

项目一 安全防护和仪表

项目描述

本项目主要介绍汽车电气作业时人员和车辆的正确防护，常用工具、仪表设备的使用方法，包括车辆安全防护、人身防护、仪表设备检查维修等内容。通过本项目的学习，学生能对常用维修设备进行检查；能按规范做好车辆防护，正确操作举升机；能规范使用拆装工具，规范使用万用表、汽车诊断仪、蓄电池智能分析仪、充电机等设备。

- 安全防护和仪表
  - 安全防护
    - 实训车间安全检查
    - 人员安全防护
    - 维修车辆准备事项
  - 汽车电气检修工具和设备的使用
    - 汽车诊断仪
    - 跨接线
    - 测试灯
    - 其他设备
  - 汽车电路与电气元件的检测
    - 汽车专用万用表
    - 二极管
    - 晶体三极管
    - 汽车继电器

任务一 安全防护

学习目标

知识目标：通过汽车电气实训课程安全检查项目及其注意事项的学习，了解汽车车间检修设备的使用方法和注意事项。

技能目标：通过对汽车防护知识的学习，具有正确进行车辆防护的能力；通过对检修设备的学习，具有正确操作举升机的能力。

素养目标： 养成积极主动的学习习惯；严格按照岗位要求规范操作；养成爱护设备、仪器的习惯，确保工具、设备和自身的安全；具有较强的组织沟通能力和良好的团队合作能力；穿戴要整齐；树立 8S 管理理念。

任务描述

“安全”是做好一切工作的基石，是落实“以人为本”理念的根本措施。坚持安全第一，既是对人身安全负责，也是对企业负责。所以安全教育是职业院校必不可少的教学内容，师生必须高度重视安全，努力把事故消除在萌芽状态。同时，要求学生养成规范操作的职业习惯。本任务学习汽车电气课程中有关安全方面的知识。

理论知识

一、实训车间安全检查

1. 设备维护安全检查

车间是日常进行教学和学生进行实操练习的重要场地，在教师教学或学生练习过程中，实训设备是必不可少的，按时检查保养实训设备既能保证课堂教学的顺利进行，又能降低事故的发生率。汽车电气实训操作中常使用的大型设备有举升机、空气压缩机以及其他检测设备。实训管理员应根据设备维护要求以及设备技术状况，制定设备和测量装置的保养细则、确定检查保养周期、制作保养记录单，每次严格按照检查保养周期进行保养，并做好记录。

（1）举升机的维护与使用注意事项。

定期检查保养举升机能延长举升机的使用寿命，也能为正常的维修作业提供安全保障。汽车举升机维护一般以一个学期为维护周期，维护的项目包括检查气管、油管、机油及液压油，调整水平等。

举升机在使用时的注意事项：

1）取出车内所有物品，以免它们在车辆举升或顶起过程中移动；

2）举升设备的额定承重值必须达到或超过车辆的重量，否则会存在安全隐患，出现安全事故；

3）举升设备在使用过程中必须符合举升设备制造商的操作要求；

4）车辆在举升时，应在清洁、坚实、干燥的水平地面上进行；

5）举升机在使用前必须先检查一下，确认人身、车辆的安全；

6）只能在指定的举升点上执行车辆举升，切勿使举升设备接触车辆的任何其他部件，以防在举升过程中出现车身被损坏的现象。

举升机如图 1-1-1 所示。

（2）空气压缩机的使用与保养注意事项。

空气压缩机在运行开始前先进行检查，检查确认各部位的阀门是否在正确位置，防护装置和安全附件是否处于完好状态，润滑油油面是否合乎标准。具体操作如下：

1）首先按下空气干燥机“ON”按钮，然后让空气干燥机运行 5 分钟以上，观察干燥机是否运行正常平稳。

2）按下空气压缩机“启动”按钮（或“*”键）。

3）缓慢打开排气阀门至完全开启。

关机操作：

1）按下空气压缩机“停止”按钮（或“o”键）。

2）按下空气干燥机“OFF”按钮。

3）关闭排气阀门。

空气压缩机维护一般以工作 500h 为维护周期，维护项目包括检查气压表，检查气罐，更换空滤、机滤、专用空压机油等。如果空气压缩机在使用期间不能正常工作或工作有异常，要及时报告实训室管理员或课堂教师。图 1－1－2 所示为气压表、图 1－1－3 所示为空气压缩机。

图 1－1－1　举升机

图 1－1－2　气压表

图 1－1－3　空气压缩机

（3）设备保养使用注意事项。

1）当设备发生故障时应及时停机，并请维修人员检查，排除故障。

2）对设备的检查、保养要做好记录，并由实训室管理员归档，以便检查。

3）气枪在使用过程中切勿对着人的眼睛和耳朵吹，以免造成人身伤害。

4）当环境温度接近 30℃时，应打开排气扇、引风机降低室内温度。

5）当室内噪声大于 90dB 时应戴防护耳罩。

2. 消防栓、灭火器检查

实训室中的设备及耗材多数属于易燃物品，出现燃烧后需要及时扑灭明火。因此，消防系统的配置显得尤为重要。

消防栓正确的使用方法：先打开消防栓柜门，按下内部火警按钮，一人将水枪枪头和水带一端连接并奔赴起火点；另一人将水带另一端与消防栓内的水闸门连接。当携带水枪的救援人员到达扑救位置时，告诉留守于消防栓处的人员，打开水闸阀门开始进行灭火工作。消防栓和灭火器如图 1－1－4 所示。

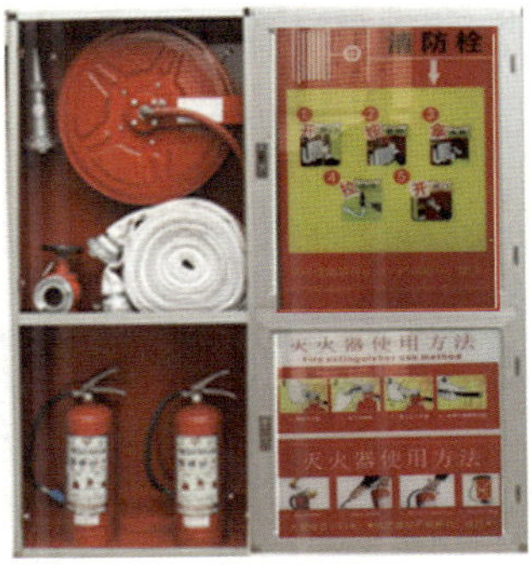

图 1－1－4　消防栓和灭火器

有关消防器材的注意事项：

（1）严禁非专业人员私自挪用消防器材，禁止动用消防栓内的设备。

（2）消防设施要定期检查，内容包括：

1）消防设施存放位置准确；

2）消防设施前没有其他物品堆放，消防栓应能方便使用；

3）消防设施各组成部件没有损坏，能正常使用；

4）灭火器应在安全有效期内，并能正常使用，如发现有异常要做好记录，并要求有关部门、人员及时处理。

3. 安全通道检查

应根据人员安全疏散路线的设计原则，在实训区间设置一条安全通道，并在醒目的位置设置安全指示牌，在发生火灾时，应及时引导人员从安全通道疏散至室外。安全通道及安全指示牌如图 1－1－5 所示。

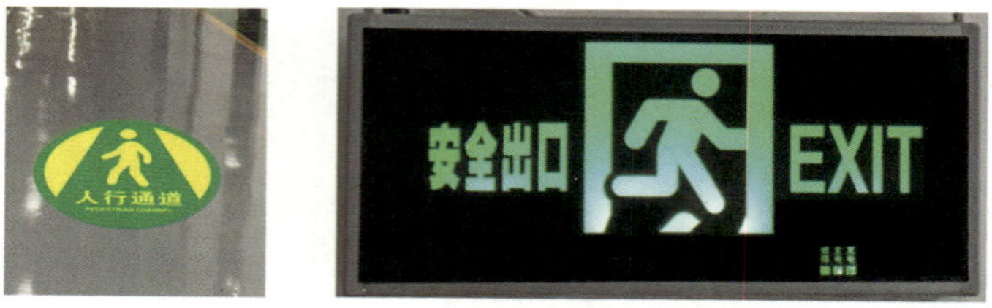

图 1－1－5　安全通道及安全指示牌

二、人员安全防护

穿着整洁的工作服和工作鞋、佩戴身份识别卡，是新时期职业化形象的具体体现，也是安全生产的基本要求。

1. 工作服

为了安全，工作服必须结实合身；不要将腰带扣、纽扣、手表、项链等坚硬物体暴露在外。正确穿工作服，可调节体温，保护皮肤，可以达到防水、防火、防毒、防热辐射等目的。工作服穿着是否合理，直接关系着人体的健康。高温环境下工作时，接触热辐射量大，因此，工作服应尽量采用厚而软的布料。另外，高温下工作出汗多，有些人喜欢上身赤膊，这样会导致热辐射灼伤皮肤，使皮肤热而干，降低散热功能，还容易使身体受伤。因此，高温下工作时更应规范穿着工作服（穿相对较厚的长袖衣服和长裤）。

工作服的选择与穿着要求：

（1）选择的工作服要大小适中，适合自己的身材，不能太大，也不能太小。

（2）裤子要系皮带，裤门扣子要扣好，裤脚位于踝关节下 2cm，不能太长（裤脚在地上拖），也不能太短（裸露腿部皮肤）。

工作服如图 1－1－6 所示。

2. 工作鞋

标准的工作鞋前部有保护钢板，底部可以防滑并且绝缘。工作鞋如图 1－1－7 所示。

图 1－1－6　工作服

图 1－1－7　工作鞋

3. 其他防护用具

其他防护用具包括手套、护目镜、安全帽等。具体应根据操作内容来决定是否佩戴。如检查刚熄火的发动机机体、排气管等热的零部件时，应戴手套操作；在操作会产生碎片的设备（如操作砂轮机）时，应佩戴护目镜；在进行新能源汽车动力电池检测时，应佩戴绝缘手套和安全帽。绝缘手套如图 1-1-8 所示，护目镜如图 1-1-9 所示。

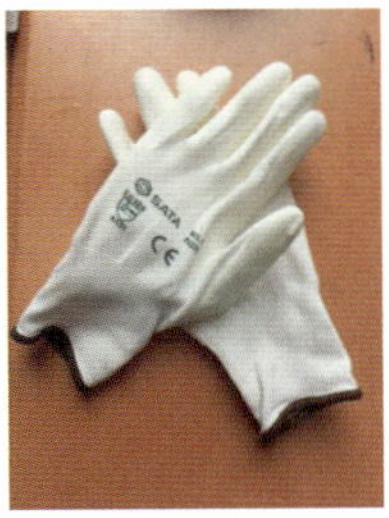

图 1-1-8　绝缘手套

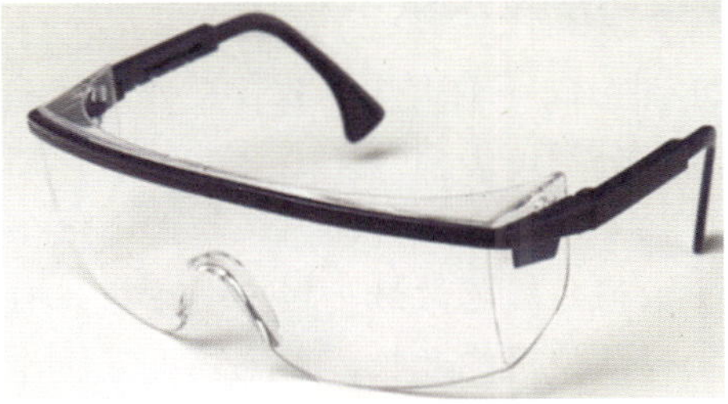

图 1-1-9　护目镜

另外，女生在操作期间将头发挽好，不穿高跟鞋，以免出现安全事故。

三、维修车辆准备事项

车辆维修前应先检查车辆内外表面是否有划痕，车内是否有贵重物品并予以记录说明，之后再进行车辆安全防护作业和维修作业。车辆安全防护是进行车辆维修作业前的必要工作，具体内容包括安装车轮挡块，如图 1-1-10 所示；安装车内三件套，如图 1-1-11 所示；安装车外三件套，如图 1-1-12 所示；安装排烟套，如图 1-1-13 所示。在操作任务完成后，应做好车辆清洁（如图 1-1-14 所示）和场地清洁（如图 1-1-15 所示）。

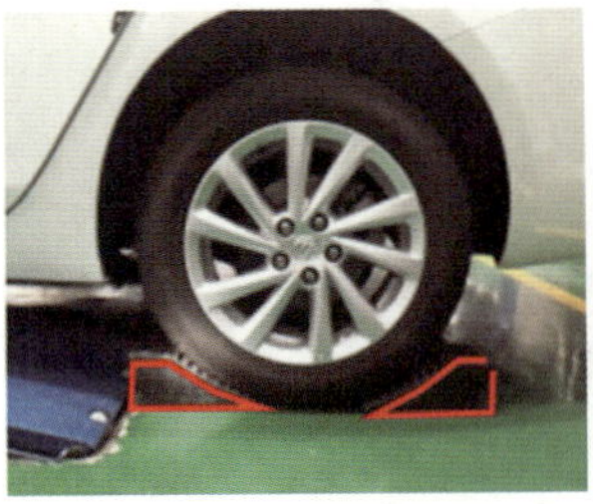

图 1-1-10　安装车轮挡块

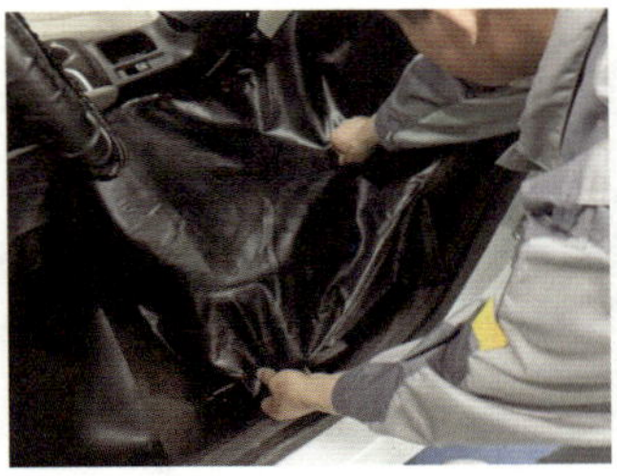

图 1-1-11　安装车内三件套

图 1-1-12　安装车外三件套

图 1-1-13　安装排烟套

图 1-1-14　车辆清洁

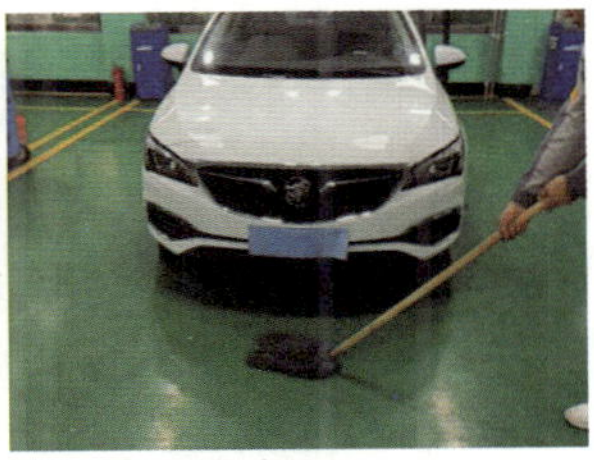

图 1-1-15　场地清洁

任务实施

车辆安全防护

一、工作内容

车辆安全防护。

二、工具设备准备及要求

别克威朗实训车辆、车内三件套、车外三件套、车轮挡块、工具车、举升机垫块、抹布、拖布、手套、分类垃圾桶等。

要求：（1）按要求在规定时间内独立或小组合作完成工作任务；

（2）按操作规范做好车辆安全防护，确保人、车安全。

（3）规范使用举升机，按流程规范操作。

三、任务操作过程

1. 车辆防护前准备

（1）检查场地（场地应无障碍物、无油污）;

（2）检查举升机（应升降正常、锁止功能正常、左右举升平台处于水平状态）;

（3）检查灭火器（压力表显示在标准范围内、锁销正常、有效期在正常范围内）;

（4）检查车外有无划痕、凹坑，检查车内有无贵重物品，并记录说明。

2. 车辆防护及信息记录

（1）安装车轮挡块（要安装在非驱动轮处，安装要贴紧车轮）。

（2）安装排烟套。

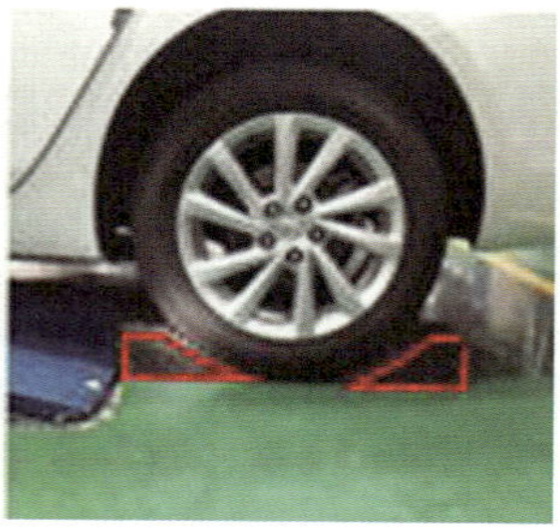

（3）解锁车辆，在工单上正确填写车辆基本信息。

（4）安装车内三件套（包括转向盘套、座椅套和地板垫）。

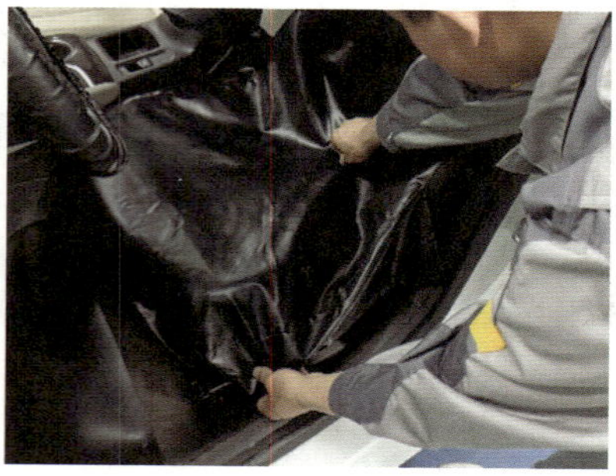

（5）检查挡位和制动状态（确保车辆挡位处于 P 位）。

（6）拉起转向盘左下方释放杆（发动机舱盖弹起）。

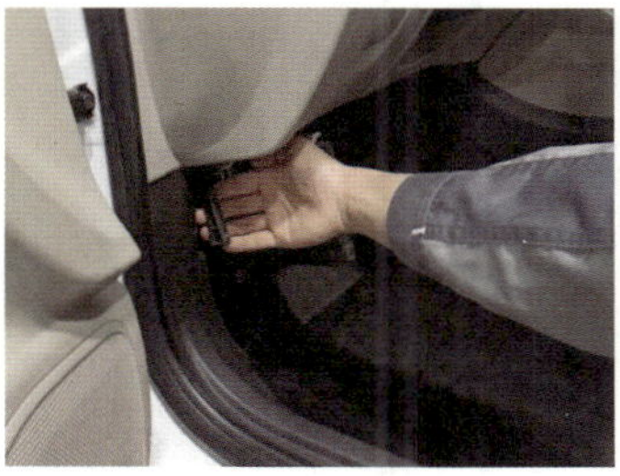

（7）在发动机舱盖中间处扣动机械锁，打开发动机舱盖。

（8）安装车外三件套（包括左、右翼子板布和前格栅布）。

3. 车辆举升与落地练习

（1）举升前的安全检查（举升机垫块是否安装好，车辆是否处于制动状态）。

（2）车辆举升（按下 UP 按钮）。

（3）安全锁操作（按下 LOCK 按钮）。

（4）车辆落地（按下 DOWN 按钮）。

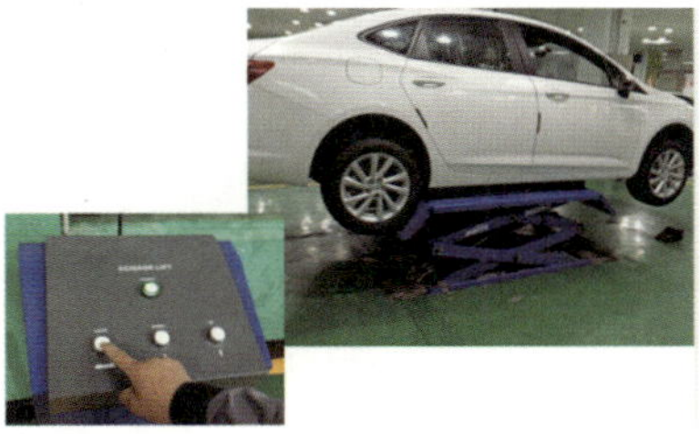

4. 车辆恢复及 8S 管理

（1）移除车外三件套（移除后叠放整齐）。

（2）关闭发动机舱盖（在离锁扣 15 ～ 20cm 高度时放手，让其在自身重力作用下下落并锁紧），升起车窗玻璃，拔下车辆钥匙。

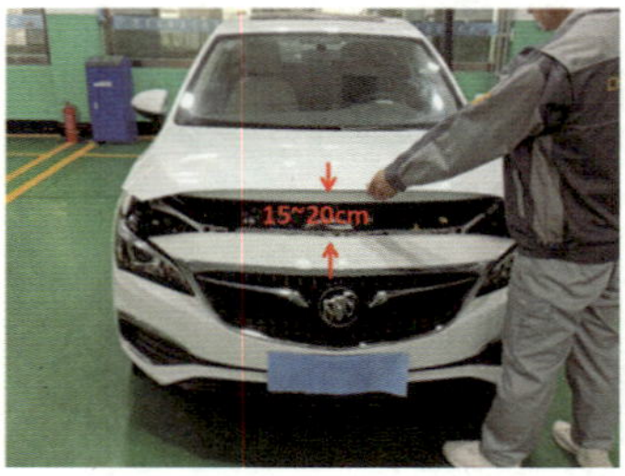

（3）移除车内三件套（移除后叠放整齐）。

（4）排烟套归位（一般放置到指定位置）。

（5）移除车轮挡块。

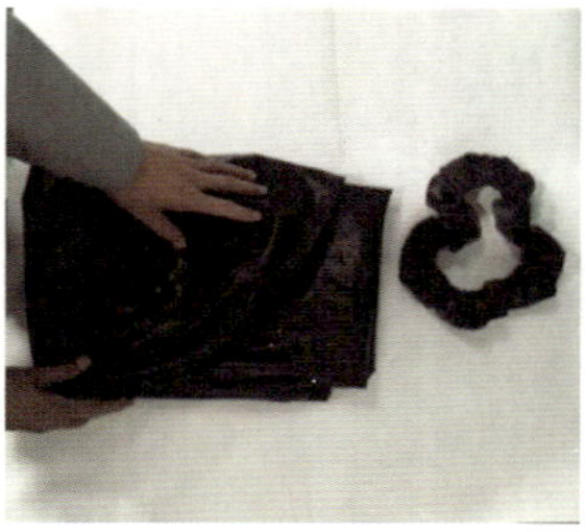

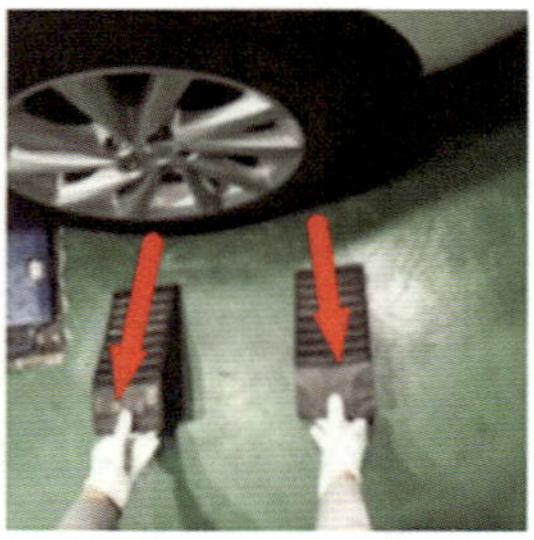

（6）清洁车辆、地面（清洁车辆门把手及手触摸过的地方，地面一般清洁油水处）。

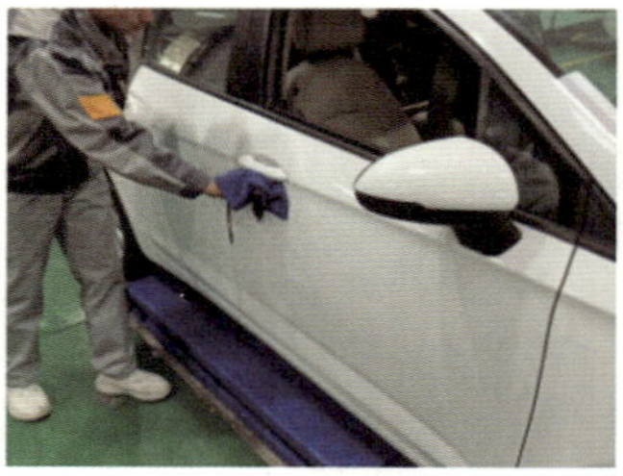

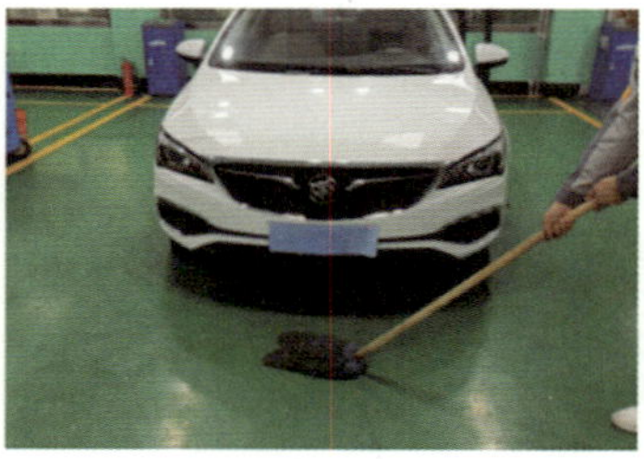

（7）废弃物处理（将废弃物投放到对应的垃圾桶内）。

车辆安全防护　任务工单

操作时间：　　　分钟					
组长初评　□合格　□不合格			教师复评　□合格　□不合格		
一、车间常用设备检查					
设备	品牌 / 型号 / 厂家	保养周期	上次保养日期	上次保养内容	
举升机					
空气压缩机					
灭火器					
二、车辆信息记录					
品牌		整车型号		生产年月	
发动机型号		发动机排量		行驶里程	
车辆识别码					
三、车辆防护					
车辆维修前检查车外有无划痕、凹坑等，检查车内有无贵重物品　□有　□无					
工具防护用品检查　□正常　□不正常					
操作项目	操作结果	操作项目	操作结果		
1. 安装车轮挡块	□安装　□未安装	2. 安装排烟套	□安装　□未安装		
3. 安装车内三件套	□安装　□未安装	4. 安装车外三件套	□安装　□未安装		
5. 驻车制动检查	□检查　□未检查				
四、车辆举升及落地操作					
1. 安全检查	□完成　□未完成	2. 车辆举升	□完成　□未完成		
3. 安全锁功能检查	□完成　□未完成	4. 车辆落地	□完成　□未完成		
五、车辆恢复及 8S 管理					
操作项目	操作结果	操作项目	操作结果		
1. 移除车内外三件套	□完成　□未完成	2. 移除排烟套	□完成　□未完成		
3. 关闭发动机舱盖，升起车窗玻璃，拔下车辆钥匙	□完成　□未完成	4. 移除车轮挡块	□完成　□未完成		
5. 车辆、地面清洁	□完成　□未完成	6. 团队协作	□合格　□不合格		

车辆安全防护　评分标准

序号	操作步骤	操作要点及得分条件	评分标准	配分	得分
1	检查举升机	检查品牌型号 2 分、检查保养清单 2 分、检查使用情况 2 分；信息记录 1 分	依据得分条件进行评分，按要求完成打√，未按要求完成打 ×，扣分不得超过 100 分	7 分	
	检查空气压缩机	检查品牌型号 2 分、检查保养清单 2 分、检查使用情况及各支路漏气情况 2 分；信息记录 1 分		7 分	
	检查灭火器	检查灭火器数量 2 分、检查灭火器日期 2 分；信息记录 1 分		5 分	
	车辆检查	检查车外是否有划痕、凹坑 2 分，检查车内有无贵重物品 2 分		4 分	
2	车辆防护	左、右车轮挡块安装正确 4 分；信息记录 1 分		5 分	
		排烟套安装正确 1 分；信息记录 1 分		2 分	
		车内三件套安装正确 6 分；信息记录 1 分		7 分	
		车外三件套安装正确 6 分；信息记录 1 分		7 分	
		检查驻车制动挡位 3 分；信息记录 1 分		4 分	
3	记录车辆信息	车辆识别码记录位置选择正确 2 分		2 分	
		发动机型号、发动机排量记录正确 2 分		2 分	
		品牌整车型号记录正确 2 分		2 分	
		生产年月及行驶里程记录正确 2 分		2 分	
4	车辆举升与落地	车辆举升前的检查 5 分		5 分	
		车辆举升操作正确 5 分		5 分	
		安全锁锁止操作正确 5 分		5 分	
		车辆落地操作 5 分		5 分	
5	车辆恢复及 8S 管理	移除车内外三件套 6 分		6 分	
		移除排烟套 3 分		3 分	
		关闭发动机舱盖，升起车窗玻璃，拔下车辆钥匙 3 分		3 分	
		移除车轮挡块 4 分		4 分	
		车辆、地面清洁 4 分		4 分	
6	团队协作	具有一定的团队协作能力 4 分		4 分	
总分 100 分					

练一练

一、填空题

1. 车间安全检查的项目有______________________________________。

2. 穿戴整洁的________和________，是职业化形象的具体体现，也是安全生产的基本要求。

3. 空气压缩机维护项目包括______________________________________。

4. 举升机维护项目包括____。

5. 为了避免作业时弄脏客户车内，要安装车内三件套，具体是指________、________、________。

6. 车辆在维修前应检查车外有无________，检查车内有无________。

二、简答题

1. 简述在车辆维修保养作业时为何要进行安全防护。

2. 维修车辆前的准备事项有哪些？

3. 车辆举升与落地操作时的注意事项有哪些？

任务二 汽车电气检修工具和设备的使用

学习目标

知识目标：通过对汽车诊断仪、蓄电池智能分析仪的学习，了解其功能。

技能目标：通过对常用检测仪器的学习，具有利用仪器检测汽车故障的能力。

素养目标：养成积极主动的学习习惯；严格按照岗位要求规范操作；养成爱护设备、仪器的习惯，确保工具、设备和自身的安全；具有较强的组织沟通能力和良好的团队合作能力；穿戴要整齐；树立8S管理理念。

任务描述

汽车检测仪器和拆装工具是汽车维修时必不可少的装备，要想修好汽车，首先要认识检测仪器，只有熟练地使用检测仪器才能更好地进行维修工作。本任务学习汽车电气常用的检测仪器以及使用方法。

理论知识

一、汽车诊断仪

汽车诊断仪是一款专门用于汽车检测的专业仪器，可实时检测车辆的性能，并可检测出车辆故障。汽车行业使用的汽车诊断仪是在车辆不解体的条件下，确定其技术状况，查明故障部位及原因的检查工具。汽车检测与诊断包括汽车发动机的检测与诊断、汽车底盘的检测与诊断、汽车车身及附件的检测与诊断以及汽车排气污染物与噪声的检测等内容。汽车诊断仪可方便维修工通过检测故障码排除故障，是检测车辆必备的一种仪器。

1. 汽车诊断仪的主要功能

（1）读取故障码；

（2）清除故障码；

（3）读取发动机动态数据流；

（4）读取冻结帧；

（5）元件动作测试；

（6）匹配、设定和编码。

2. 汽车诊断仪的分类

（1）从面向使用对象分：

1）面向车主（或个人）的车讯通汽车检测仪：这种检测仪设计采用集成技术，功能多且外观小巧，可通过手机实时查看检测数据。

2）面向专业维修人员的汽车检测仪：这种检测仪具有多重诊断功能。博世 KT720 汽车诊断仪如图 1－2－1 所示。

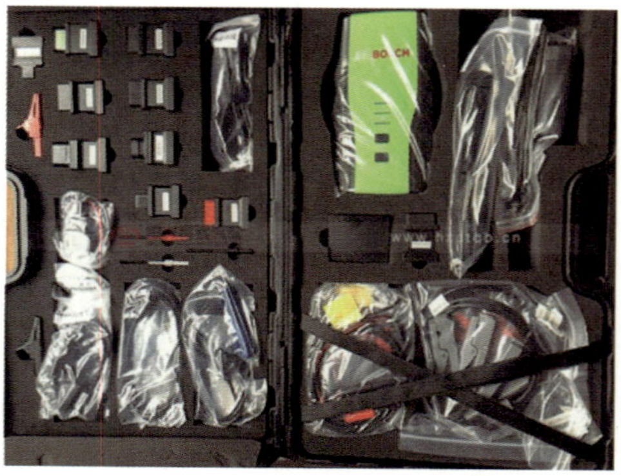

图 1－2－1　博世 KT720 汽车诊断仪

（2）从使用范围分：

1）通用型汽车诊断仪：这种汽车诊断仪可以对多种车型进行检测，一般分为中国车型、日本车型、美国车型、德国车型等。此类诊断仪适用于车型比较多的修理厂。常用的有道通诊断仪、博世诊断仪、元征诊断仪等。通用型汽车诊断仪如图 1－2－2 所示。

2）专用型汽车诊断仪：这种汽车诊断仪通常只检测单一汽车公司旗下的品牌，如丰田 IT2、尼桑、大众奥迪 VGA401 等。专用型汽车诊断仪如图 1－2－3 所示。

道通 906

博世 KT660

元征 X431PRO3S

图 1-2-2　通用型汽车诊断仪

丰田车系 IT2

尼桑车系诊断仪

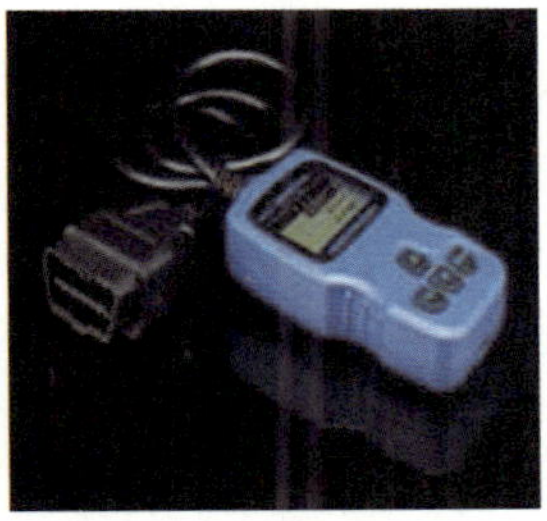

大众奥迪车系 VGA401 诊断仪

图 1-2-3　专用型汽车诊断仪

二、跨接线

汽车电气系统检修使用的跨接线是一根多股导线，两端分别接有鳄鱼夹或不同形式的接插件。跨接线是简单实用的测试工具，通过跨接电路的方式来测试电路是否有断路故障。比如某一电气元件不工作，可以将跨接线连接到被测试元件的两侧，若此时元件工作，则表明“跨接”范围内存在“断路”。跨接线只用在无电阻元件的那部分电路上，如开关、插头、导线等。跨接线如图 1-2-4 所示。

三、测试灯

汽车电气系统检修使用测试灯的作用和原理与跨接线基本相同，只是增加了用于显示电路导通状态的指示灯，其作用是根据灯泡是否点亮来判断电路的通断状态。测试灯可分为无源测试灯和有源测试灯，在汽车电路检测中常用无源测试灯来检测。无源测试灯如图 1-2-5 所示。

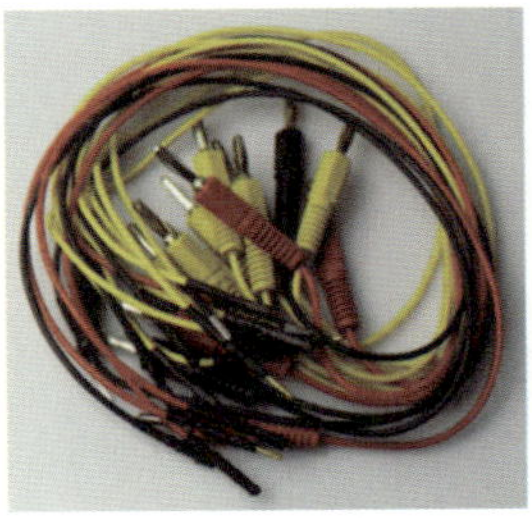

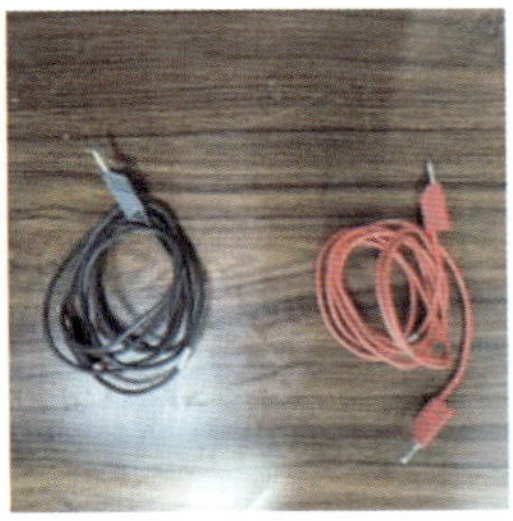

图 1-2-4　跨接线

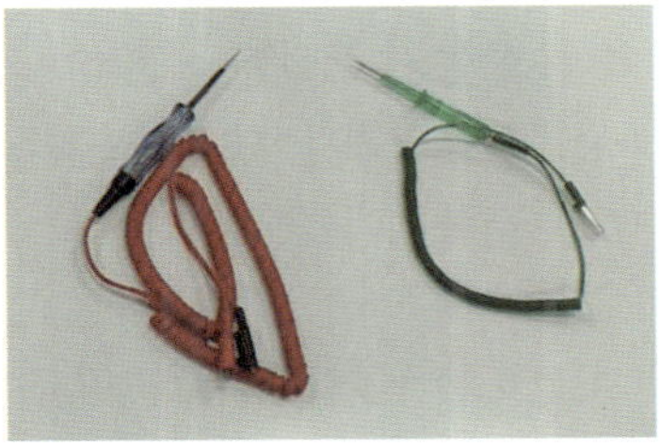

图 1-2-5　无源测试灯

无源测试灯由试灯、导线和测试端头组成。按灯泡功率大小分为功率测试灯和 LED 测试灯。功率测试灯安装了 12 伏灯泡，使用时，其中一根导线接地，另一根导线同电路上任意一个有电压的点连接。若灯泡点亮，说明被测试点上有电压。同时，还可以通过灯泡的明暗程度来判断电压的高低。

LED 测试灯：使用时，将测试灯一端搭铁，另一端接电气部件电源插头。如灯点亮，说明电气部件的电源电路无故障；如灯不亮，则说明电源至部件之间断路。

四、其他设备

除汽车诊断仪、测试灯外，还有其他专用仪器设备，如蓄电池智能分析仪、蓄电池充电机、前照灯检测仪等，如图 1－2－6 所示。

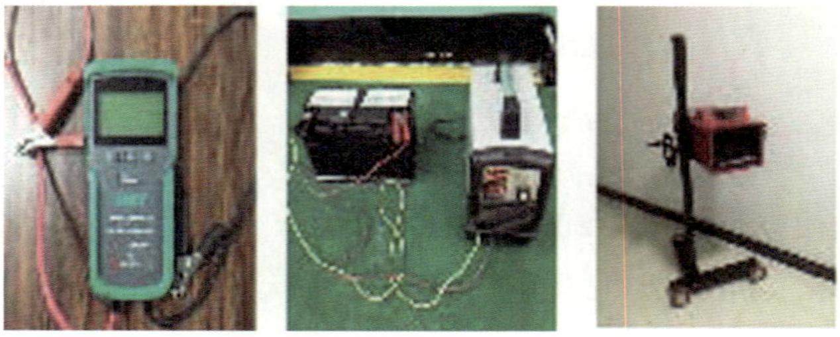

蓄电池智能分析仪　　蓄电池充电机　　前照灯检测仪

图 1－2－6　其他专用仪器设备

任务实施

检测仪器的使用

一、工作内容

汽车诊断仪、蓄电池智能分析仪的使用。

二、工具设备准备及要求

别克威朗实训车辆、博世 KT600 汽车诊断仪、蓄电池智能分析仪、车内三件套、车外三件套、车轮挡块、工具车、废气抽排装置、抹布、拖布、手套等。

要求：（1）按要求在规定时间内独立或小组合作完成工作任务；

（2）按操作规范做好车辆安全防护，规范使用汽车诊断仪和蓄电池智能分析仪。

三、任务操作过程

1. 前期准备

检查车外有无划痕、凹坑，检查车内有无贵重物品，并记录说明。

（1）安装车轮挡块（车轮挡块要安装在非驱动轮处，安装要贴紧非驱动车轮）。

（2）安装排烟套。

（3）解锁车辆，在工单上正确填写车辆基本信息。

（4）安装车内三件套（包括转向盘套、座椅套和地板垫）。

（5）检查制动状态（车辆挡位处于 P 位）。

（6）拉起转向盘左下方释放杆（发动机舱盖弹起）。

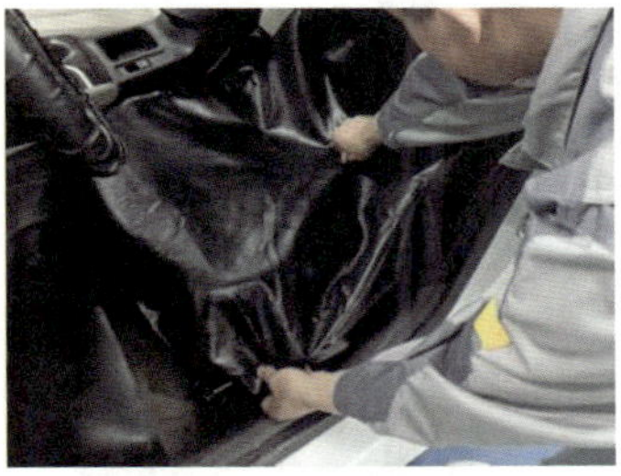

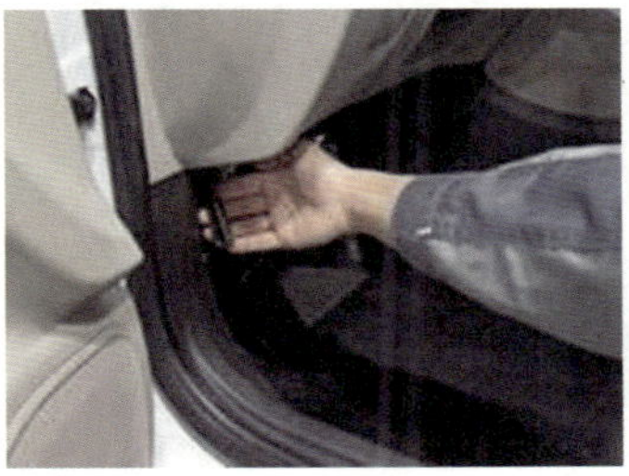

（7）在发动机舱盖中间处扣动机械锁，打开发动机舱盖。

（8）安装车外三件套（包括左、右翼子板布和前格栅布）。

2. 汽车诊断仪的使用（以别克威朗轿车为例）

（1）用数据线连接诊断仪，注意安装正反位置及锁紧螺母。

（2）选择 OBD Ⅱ的诊断插头连接数据线，注意安装正反位置及锁紧螺母。

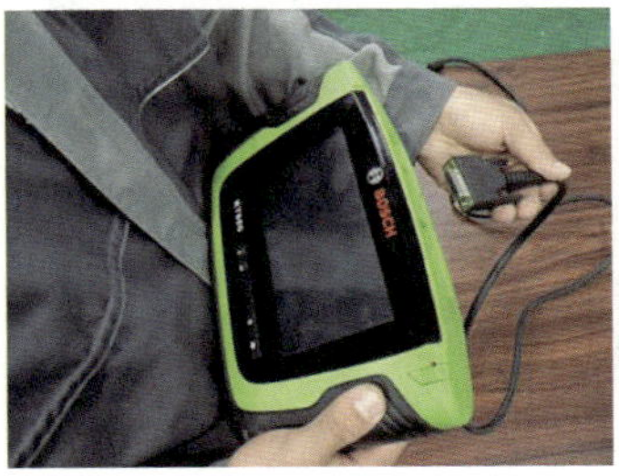

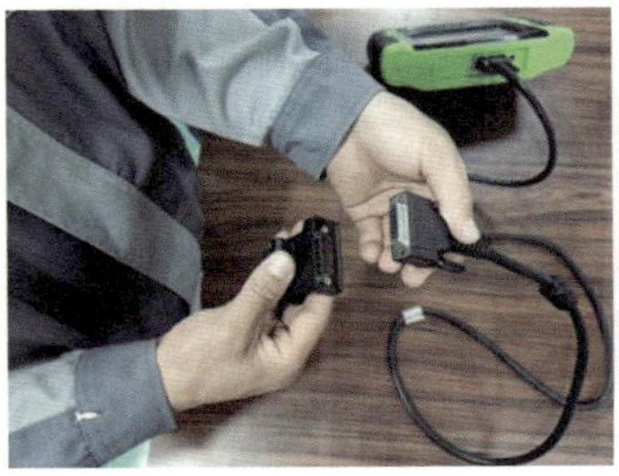

（3）用诊断插头连接车辆（在诊断插头与车辆数据连接口连接之前，先应将点火开关置于 OFF 位，然后开机进入博世诊断仪菜单，起动车辆，立即熄火）。

（4）启动诊断仪。

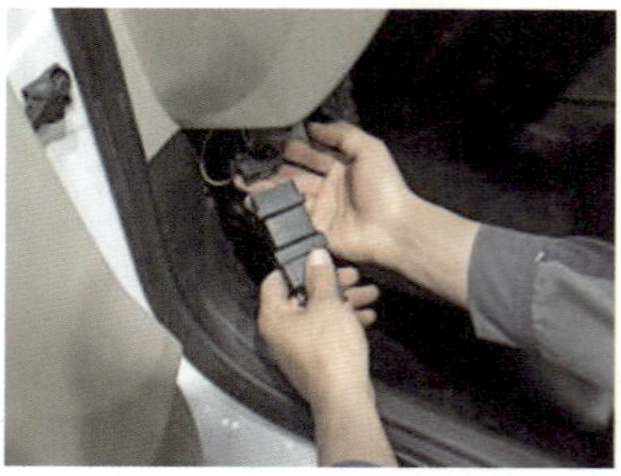

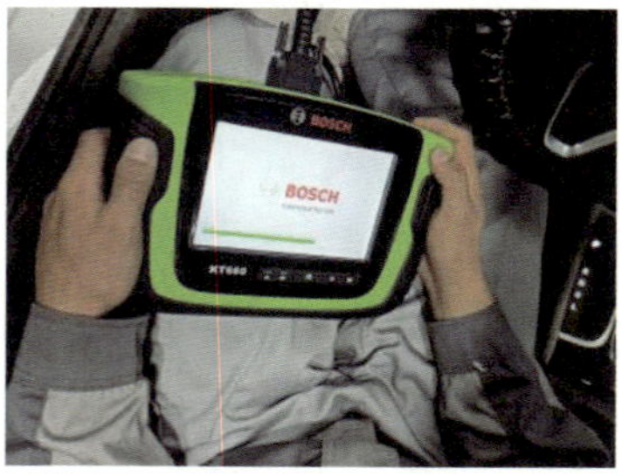

（5）选择汽车诊断。

（6）选择车系（美国）。

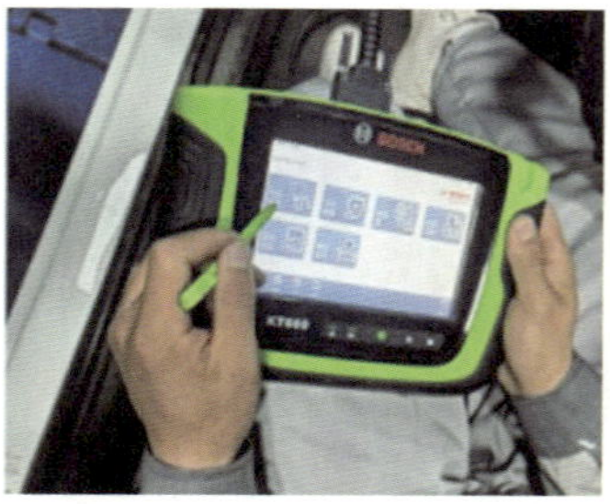

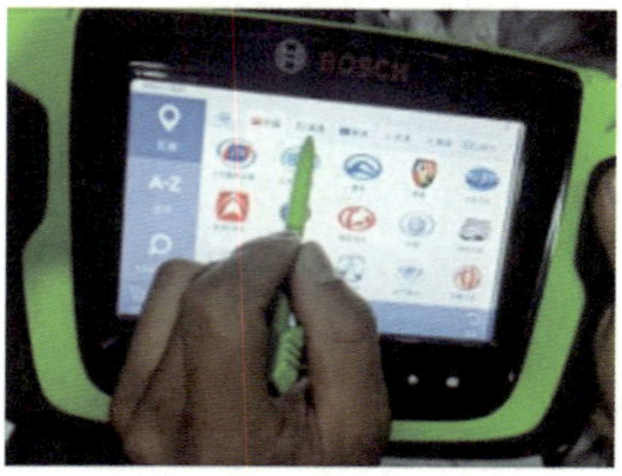

（7）选择通用。

（8）选择年款（对照 VIN 码的第十位数进入）。

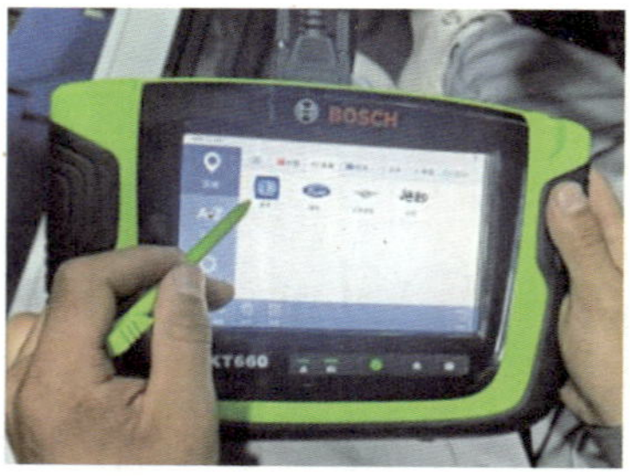

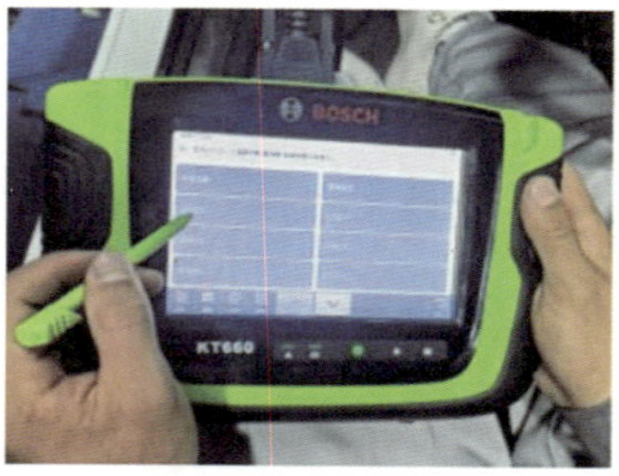

（9）选择产品（别克）。

（10）选择车型（威朗）。

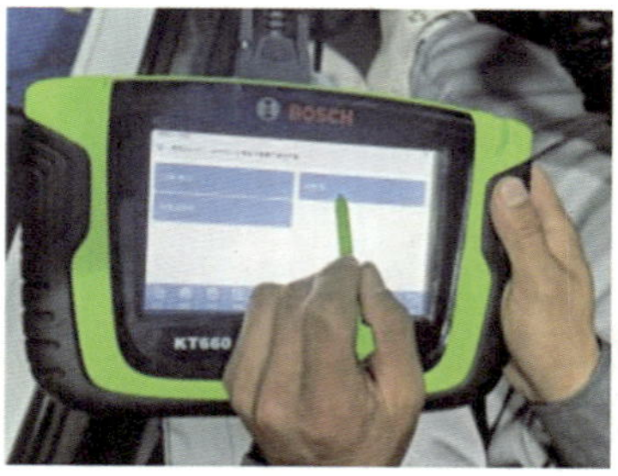

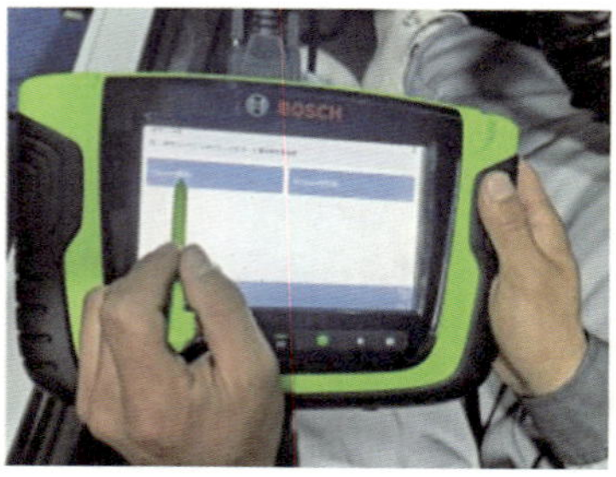

（11）选择发动机控制模块。

（12）选择发动机类型（L3G）。

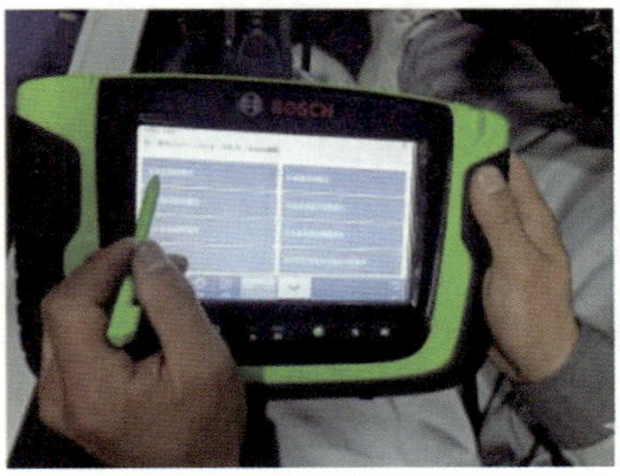

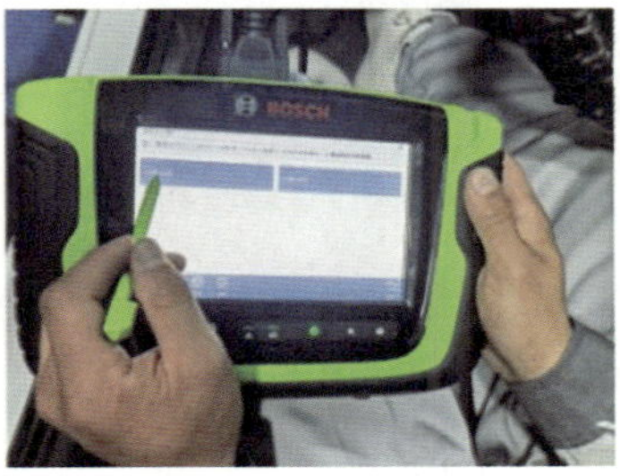

（13）选择变速箱类型（自动）。

（14）选择读取故障码。

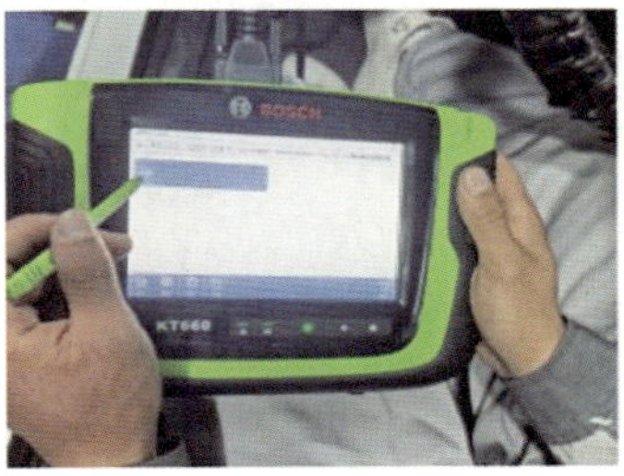

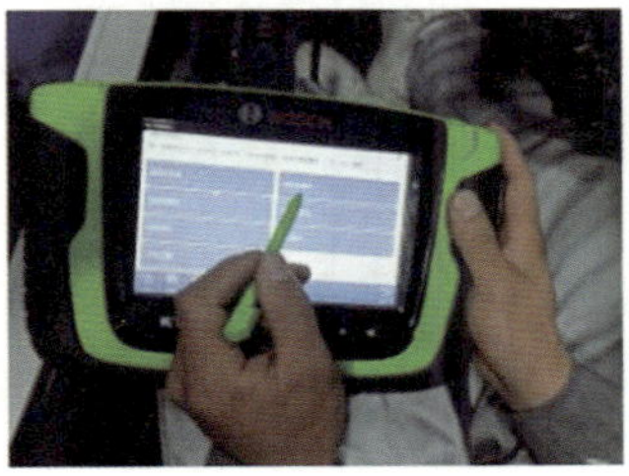

（15）选择 DTC 显示屏。

（16）读取信息并清除故障码。

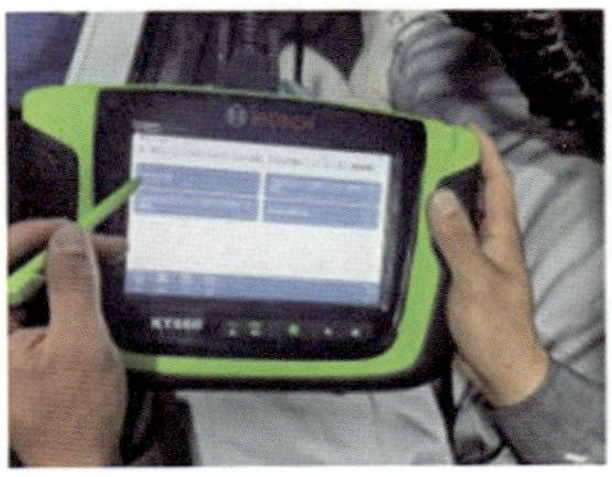

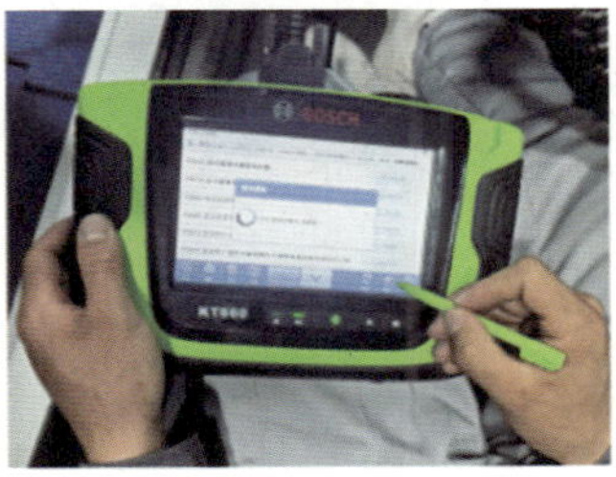

（17）重新选择 DTC 显示屏，读取真实故障码。

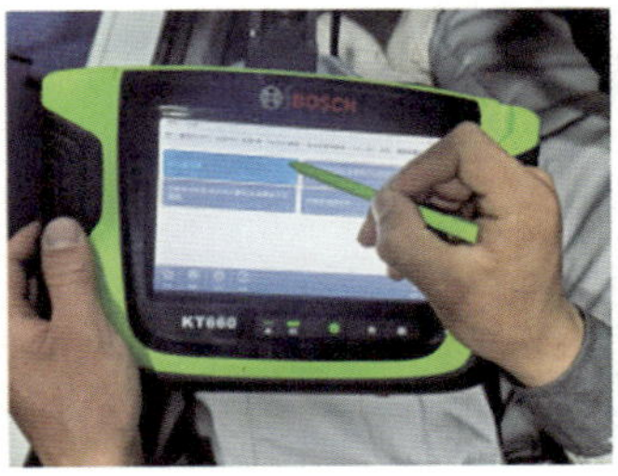

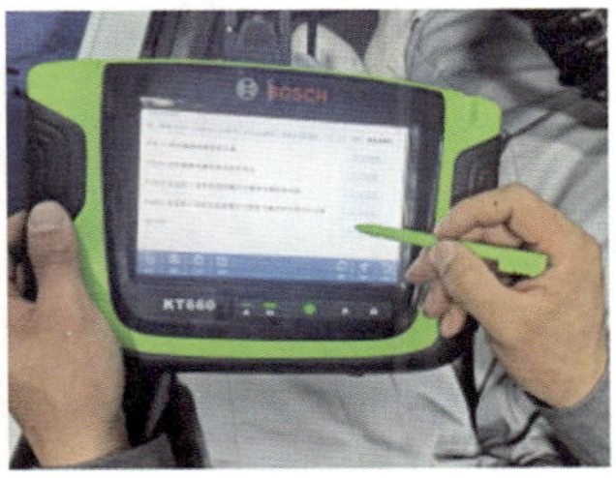

3. 蓄电池智能分析仪的使用

（1）将蓄电池智能分析仪与蓄电池正确连接（红夹子接蓄电池正极，黑夹子接蓄电池负极）。

（2）选择测试项目。

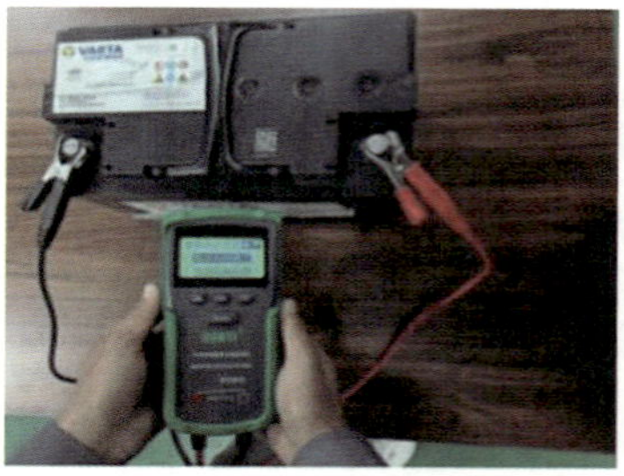

（3）选择电池模型。

（4）选择（快速或精确）测试方式。

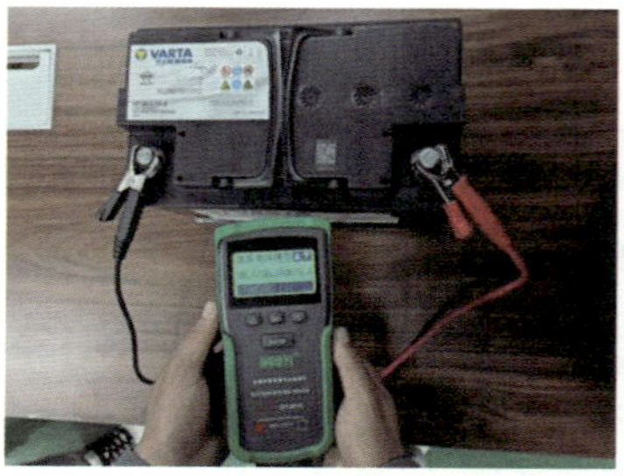

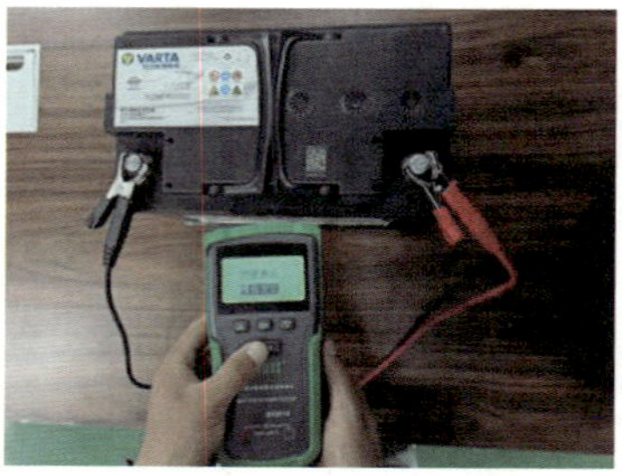

（5）选择电池型号。

（6）选择电池规格。

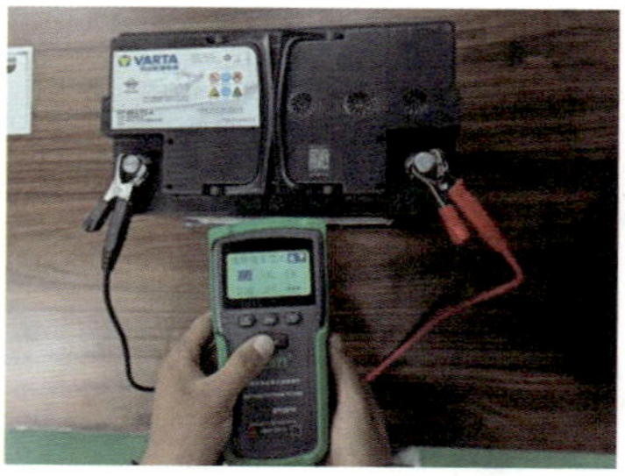

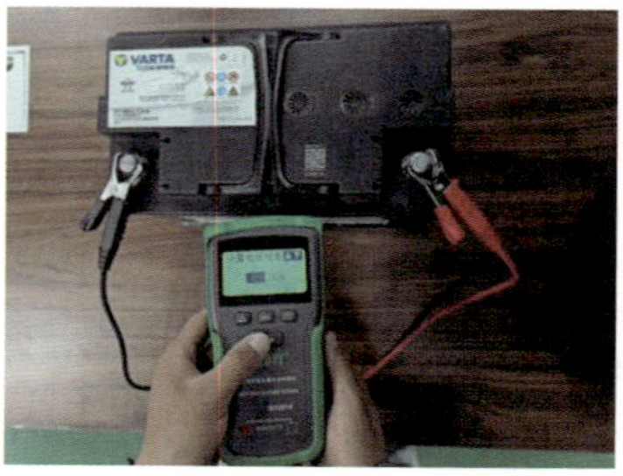

（7）读取电池信息。

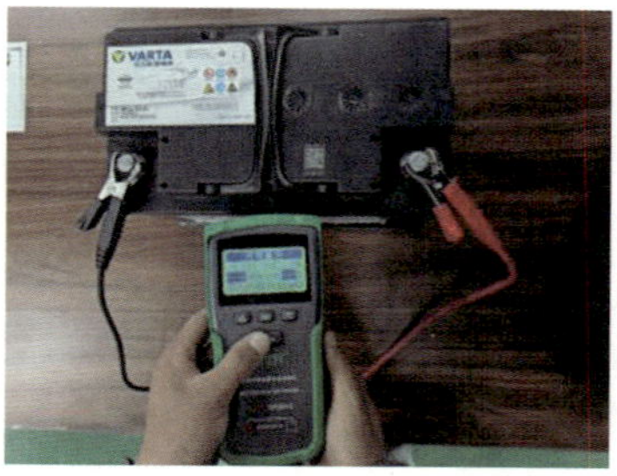

4. 车辆恢复及 8S 管理

（1）断开汽车诊断仪，并放入专用的工具箱内；将蓄电池智能分析仪放入工具车内。

（2）移除车外三件套，并叠放整齐。

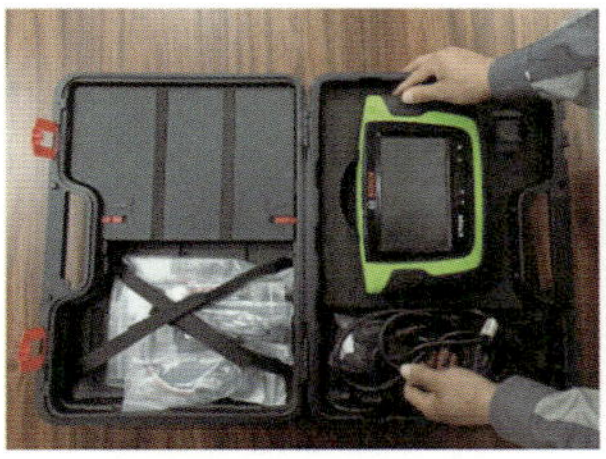

（3）关闭发动机舱盖（升起车窗玻璃，拔下车辆钥匙）。

（4）移除车内三件套，并叠放整齐。

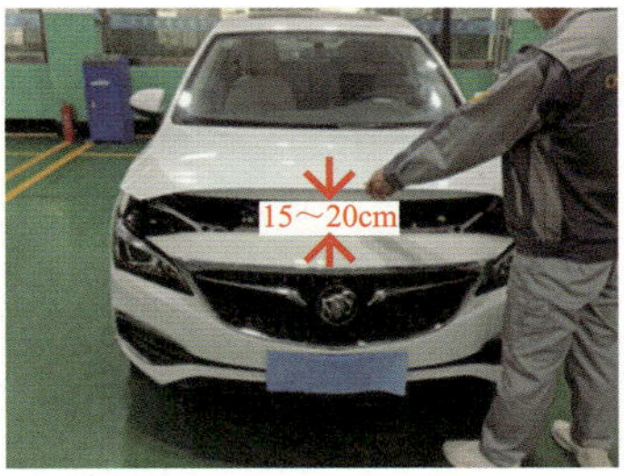

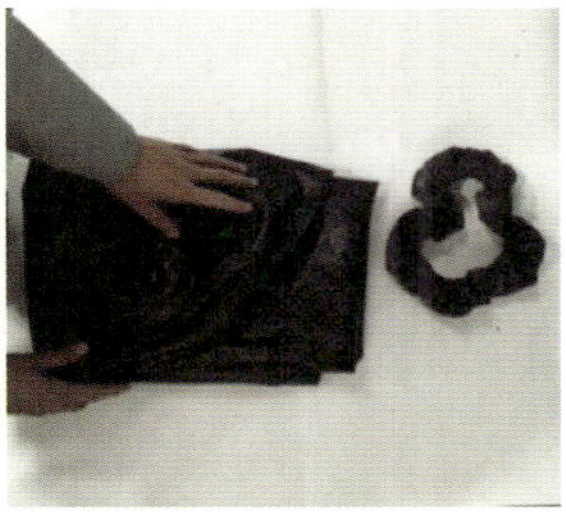

（5）排烟套归位（放置到指定位置，并固定好）。

（6）移除车轮挡块。

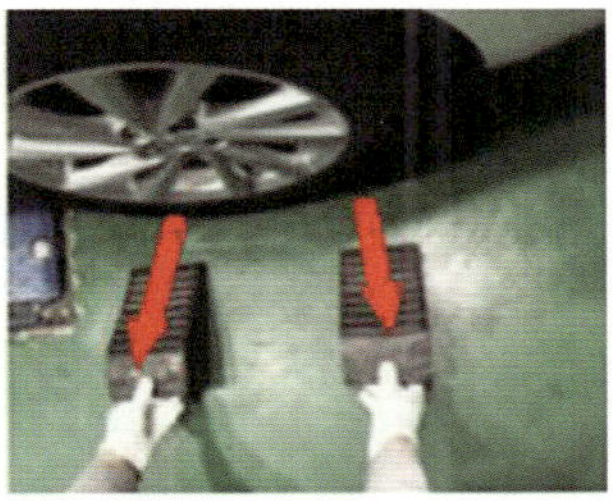

（7）清洁车辆、地面（清洁车辆门把手及手触摸过的地方，地面一般清洁油水处）。

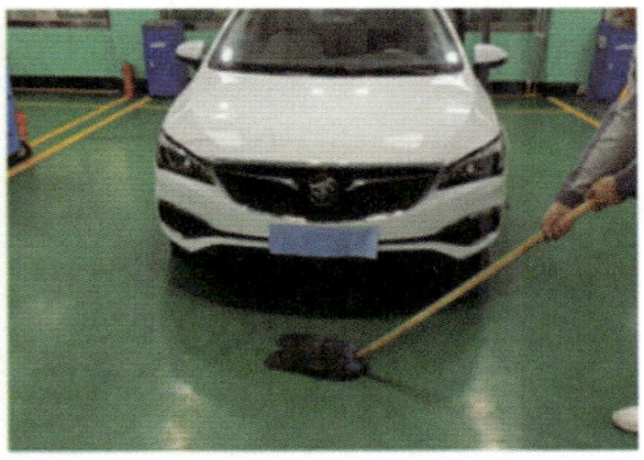

汽车诊断仪、蓄电池智能分析仪的使用　任务工单

操作时间：　　　　分钟			
组长初评　□合格　□不合格		教师复评　□合格　□不合格	
一、前期准备			
汽车诊断仪是否正常使用　□正常　□不正常			
蓄电池智能分析仪是否正常使用　□正常　□不正常			
二、车辆信息记录			

品牌		整车型号		生产年月	
发动机型号		发动机排量		行驶里程	
车辆识别码					

三、车辆防护

车辆维修前检查车外有无划痕、凹坑等，检查车内有无贵重物品　□有　□无

工具防护用品检查　□正常　□不正常

操作项目	操作结果	操作项目	操作结果
1. 安装车轮挡块	□安装　□未安装	2. 安装排烟套	□安装　□未安装
3. 安装车内三件套	□安装　□未安装	4. 安装车外三件套	□安装　□未安装
5. 驻车制动检查	□检查　□未检查		

四、汽车诊断仪的使用

操作项目	操作结果	操作项目	操作结果
1. 数据线与诊断仪连接	□完成　□未完成	2. 数据线与诊断插头连接	□完成　□未完成
3. 诊断插头与车辆诊断接口连接	□完成　□未完成	4. 启动诊断仪	□完成　□未完成
5. 选择汽车诊断	□完成　□未完成	6. 选择车系、年款、产品、车型	□完成　□未完成
7. 选择发动机控制模块、类型	□完成　□未完成	8. 选择变速箱类型、选择读取故障码	□完成　□未完成
9. 选择 DTC 显示屏，选择读取故障码	□完成　□未完成	10. 清除历史故障，重新读取	□完成　□未完成

五、蓄电池智能分析仪的使用

操作项目	操作结果	操作项目	操作结果
1. 将红、黑夹子与电池正负极连接	□完成　□未完成	2. 选择测试项目	□完成　□未完成
3. 选择电池模型	□完成　□未完成	4. 选择测试方式	□完成　□未完成
5. 选择电池型号	□完成　□未完成	6. 选择电池规格	□完成　□未完成
7. 读取电池信息	□完成　□未完成		

六、车辆恢复及 8S 管理

操作项目	操作结果	操作项目	操作结果
1. 车辆恢复	□完成　□未完成	2. 工具归位整理	□完成　□未完成
3. 车辆、地面清洁	□完成　□未完成	4. 团队协作	□合格　□不合格

汽车诊断仪、蓄电池智能分析仪的使用 评分标准

序号	操作步骤	操作要点及得分条件	评分标准	配分	得分
1	仪器准备情况	检查仪表、工具是否正常 6 分	依据得分条件进行评分，按要求完成打√，未按要求完成打 ×，扣分不得超过 100 分	6 分	
2	汽车诊断仪的使用	每一步骤 5 分		50 分	
3	蓄电池智能分析仪的使用	每一步骤 5 分		35 分	
4	车辆恢复及 8S 管理	车辆恢复 2 分、工具清洁整理 1 分、车辆与地面清洁 1 分		4 分	
5	团队协作	具有一定的团队协作能力 5 分		5 分	
总分 100 分					

练一练

一、填空题

1. 有效检测和诊断汽车故障的仪器设备是__________，其基本功能有__________、__________、__________、__________、__________及匹配、设定和编码等。

2. 汽车电气检测仪器除汽车诊断仪、测试灯外，还有很多专用仪器设备，包括__________、__________、前照灯检测仪等。

二、简答题

1. 汽车诊断仪的常用功能有哪些?

2. 以博世 KT600 汽车诊断仪为例，简述读取别克威朗轿车故障码的操作流程。

3. 常见的汽车故障诊断仪有哪些?

任务三　汽车电路与电气元件的检测

学习目标

知识目标：通过对二极管、晶体三极管、继电器等元件的学习，了解二极管、晶体三极管、继电器的作用。

技能目标：通过对万用表的学习，能够对继电器、二极管等器件进行检测；通过对万用表的学习，能正确检测电源电压、电流和导线电阻。

素养目标：养成积极主动的学习习惯；严格按照岗位要求规范操作；养成爱护设备、仪器的习惯，确保工具、设备和自身的安全；具有较强的组织沟通能力和良好的团队合作能力；穿戴要整齐；树立 8S 管理理念。

任务描述

本任务以别克威朗轿车中的一些元器件为例，要求同学们利用万用表检测电源电压、电流、导线电阻等相关数据；学会继电器、二极管、晶体三极管以及保险丝的检测方法。

理论知识

一、汽车专用万用表

汽车专用万用表是汽车电气设备检修过程中常用的检测仪器，它除了具备普通万用表的常用功能，如测电压、电流、电阻、测晶体管等，还具有其他的检测功能，如测转速、频率、温度、电容、接通角、占空比等，并且具有自动断电、自动量程变换、图形显示、峰值保留和数据锁定等功能，因此在汽车电气故障检测中得到了广泛的应用。

1. 汽车专用万用表界面

汽车专用万用表的界面，主要由显示屏、电源按钮、保持按钮、功能选择旋钮（项目测试选择开关）、温度测量插孔、晶体管测量插孔、公用插孔（测量电压、电阻、频率、闭合角、转速等）、搭铁插孔和电流测量插孔等组成。汽车专用万用表界面如图 1－3－1 所示。

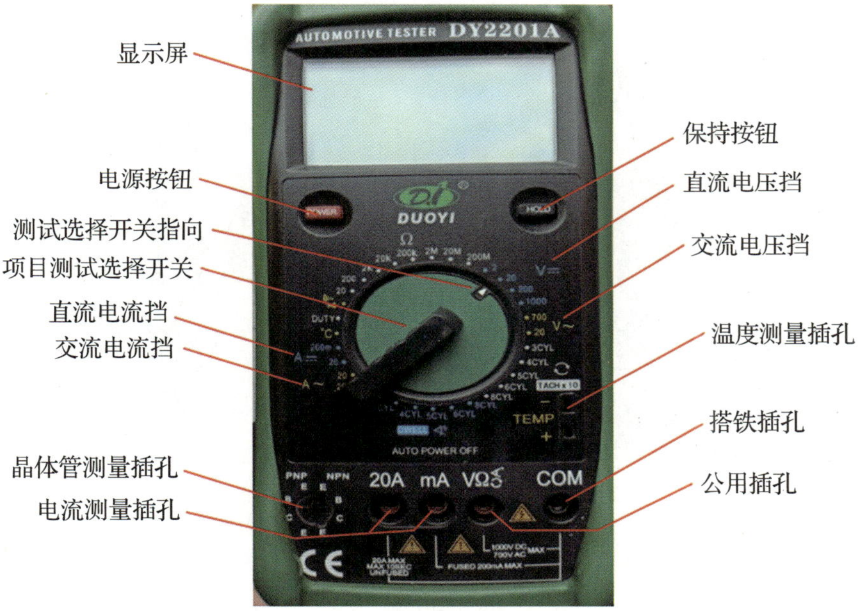

图 1－3－1　汽车专用万用表界面

2. 数字式万用表的使用

（1）仪表检验。

首先检查数字万用表外壳和表笔有无损伤，再做如下检查：

1）打开电源开关，显示屏应有数字显示，若显示屏出现低电压符号应及时更换电池。

2）表笔孔旁的“MAX”符号，表示测量时被测电路的电流、电压不得超过规定值。

3）测量时，应选择合适量程，若不知被测值大小，可将转换开关置于最大量程挡，在测量中按需要逐步下调。

4）如果显示器显示“1”，一般表示量程偏小，称为“溢出”，需选择较大的量程。

5）当项目测试选择开关置于“Ω”“二极管”挡时，不能带电测量。

（2）电压的测量。

项目测试选择开关置于电压测量挡，红、黑表笔笔尖接在被测设备两端。

具体方法：

1）将红表笔插入 VΩ 量孔，黑表笔插入 COM 量孔，如图 1－3－2 所示。

2）先区分交、直流电压，V⎓为直流电压挡，V～为交流电压挡。挡位上对应数字代表对应最大电压值。接着估算电压大小，选择相应的挡位（无法确定时按从大挡打到小挡的顺序进行）。

3）测量时与被测量设备并联。

显示器显示相应的值为“0”时，表示挡位打得太大；显示为“1”时，表示挡位打得太小。如果数字前面有“－”，说明电压实际方向与测量表笔连接方向相反。

（3）电阻的测量。

项目测试选择开关置于电阻测量挡，红、黑表笔笔尖接到被测设备（电阻）两端。

具体方法：

1）将红表笔插入 VΩ 量孔，黑表笔插入 COM 量孔，如图 1－3－3 所示。

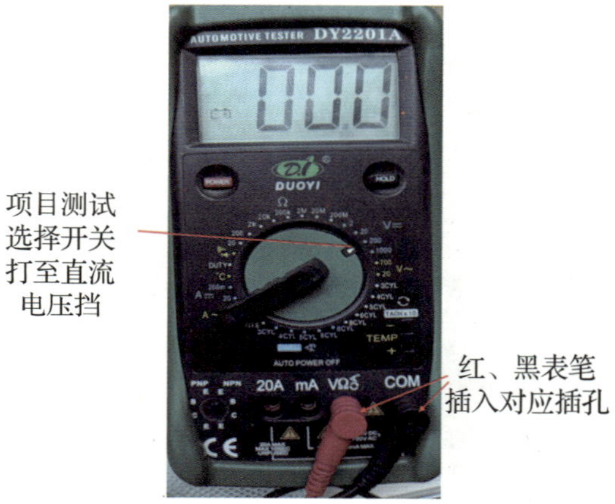

图 1－3－2　测量电压表笔的插接及量程开关的选择

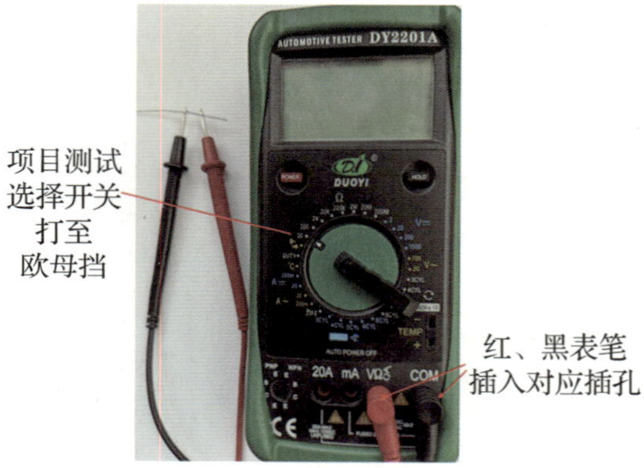

图 1－3－3　测量电阻表笔的插接及量程开关的选择

2）估算电阻大小，选择相应的挡位（无法确定时随便选一挡位进行初测）。

3）测量时与被测量设备并联，设备要在断电状态下测量，测量过程中受其他设备影响时被测设备要脱离电路测量。

显示器显示相应的值，显示为“0”时，表示挡位打得太大；显示为“1”时，表示挡位打得太小。

仪表上的数字表示所能测量的电阻最大值，此挡位可用来测量导线的通断以及阻值的大小。

（4）电流的测量。

项目测试选择开关置于电流测量挡，红、黑表笔笔尖接入被测电路。

具体方法：

1）红表笔根据被测电流大小选择 20A 或 mA 量孔，黑表笔插入 COM 量孔，如图 1－3－4 所示。

2）先区分交、直流电流，A⎓为直流电流挡，A～为交流电流挡。测量挡位上对应数字代表所能流过的最大电流值。接着估算电流大小，选择相应的挡位（无法确定时从大挡位向小挡位选择，直到量程接近实际值）。

3）测量时与被测量设备串联。

显示器显示相应的值，为“0”时，表示挡位选择偏大；为“1”时，表示挡位选择偏小。如果数字前面有“-”，表示电流实际方向与测量表笔连接方向相反。

（5）蜂鸣挡的使用。

该挡位用来测量二极管或晶体三极管，并通过测量数据判断其好坏，也可以利用该挡位来判断导线的好坏，当所测量的元件电阻小于规定值（一般低于 50Ω）时，蜂鸣器会响，根据蜂鸣器是否鸣叫从而迅速地判断电路中是否有断路。当用来测二极管时，显示的数值就是二极管的正向压降值。蜂鸣挡的使用如图 1-3-5 所示。

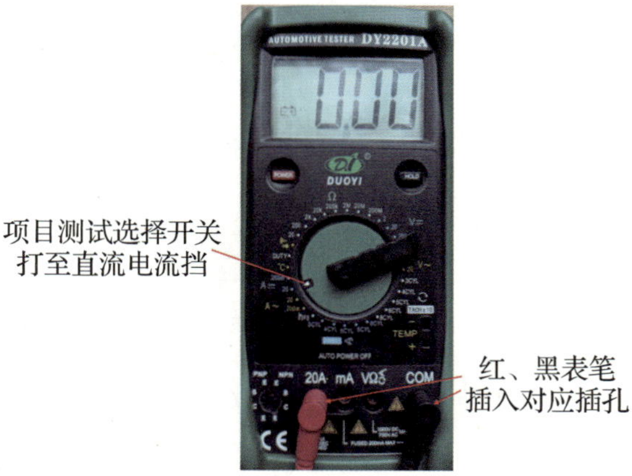

图 1-3-4　测量电流表笔的插接及量程开关的选择

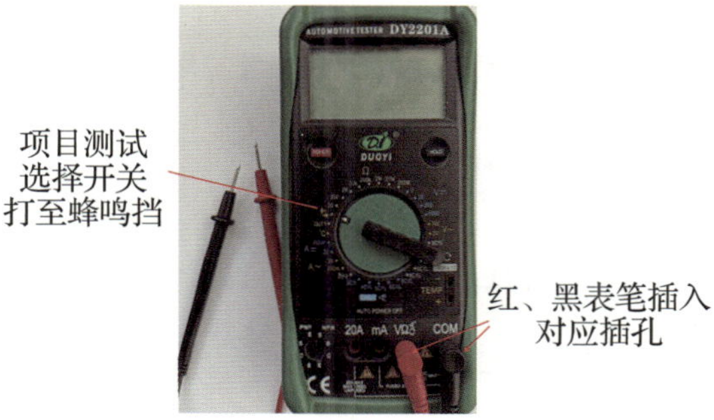

图 1-3-5　蜂鸣挡的使用

（6）温度测量挡的使用。

项目选择开关置于温度测量挡，将黑表笔搭铁，温度探针插头插入汽车专用万用表温度测量孔内，温度传感器探针端接触被测物体，显示屏就会显示温度。

不同的万用表的温度探头并不相同，有的可以测试 1 000℃的温度，而有的只能测试到 200℃，因此，温度探头必须与万用表配套，如图 1-3-6 所示。

3. 安全要求及注意事项

（1）在检测之前，应先检查汽车电控系统中的熔断器、线束、插接器是否良好；

（2）汽车蓄电池应保持充足的电量，电控系统的电源线应接触良好；

（3）测量电子控制器各端子的电压时，各插接器与各执行器、传感器之间应保持连接状态，只有这样才能检测出准确的电压数据；

（4）不要将高电压引入电子控制器内部，以免损坏电子控制器内部的元件；

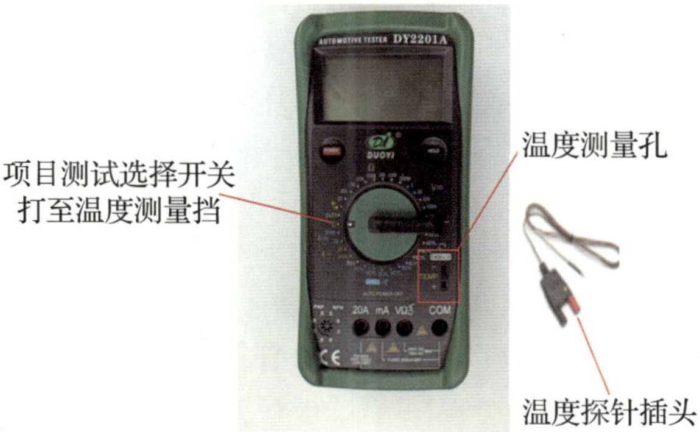

图 1-3-6　温度测量挡的使用

（5）测量电子控制器、传感器及执行器时，因先断开蓄电池负极，不可以带电断开有关电子控制器的外围电路，否则有可能造成电子控制器损坏；

（6）在测量新能源汽车电路时，需戴绝缘手套和护目镜，以免发生意外事故，应始终保持“安全第一”的理念。

二、二极管

二极管是最早诞生的半导体器件，其应用非常广泛，特别是在电子电路中，利用二极管和电阻、电容、电感等元器件进行合理连接，构成不同功能的电路，实现对交流电的整流、调制信号检波等多种功能。二极管外形如图 1－3－7 所示。常见的二极管符号及用途见表 1－3－1。

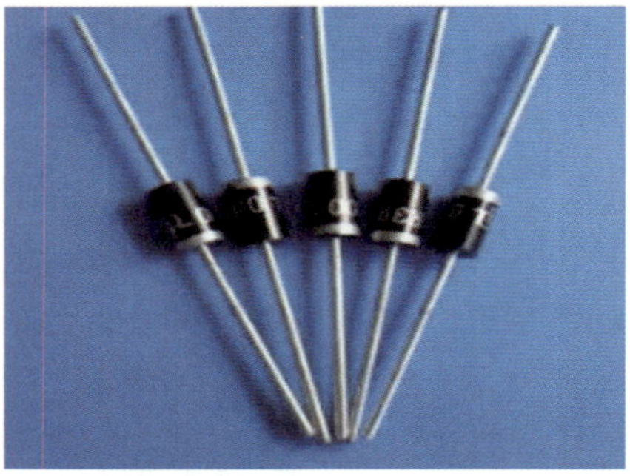

图 1－3－7　二极管外形

表 1－3－1　常见的二极管符号及用途

二极管名称	二极管符号	用途	特性
整流二极管		将交流变直流	
信号二极管		高频整流、检波	T很小，约为几纳秒
稳压二极管	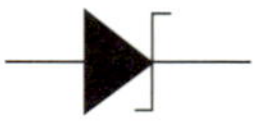	电压参考、调节	用于反向击穿
发光二极管	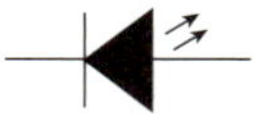	指示、七段显示器	随着导通压降的改变，相应二极管的颜色也会改变
光敏（电）二极管		光控开关、太阳能电池	流过二极管的电流随着光照射强度的增加而增加

1. 二极管的作用

（1）整流。利用二极管单向导电性，可以把交流电变换成脉冲直流电。

（2）开关。二极管在正向电压作用下电阻很小，处于导通状态，二极管相当于一只接通的开关；在反向电压作用下电阻很大，二极管处于截止状态，如同一只断开的开关。利用二极管的开关特性，可以组成各种逻辑电路。

（3）限幅。二极管正向导通后，它的正向压降基本保持不变（硅管为 0.7V，锗管为 0.3V）。利用这一特性，在电路中作为限幅元件，可把信号幅度限制在一定范围内。

此外，二极管还有续流、检波、变容、显示等作用。

2. 二极管的判断

（1）检测。

将数字式万用表挡位选在二极管，红、黑表笔分别接触二极管的正、负极，此时数字式万用表的液晶屏显示二极管正向压降数值。不同材料的二极管正向压降数值不同：硅二极管为 0.6 ～ 0.8V，锗二极管为 0.2 ～ 0.3V。

（2）判断。

在测量时，二极管正反各测量一次，如果液晶屏显示“1”和“0”，则二极管正常；如果液晶屏两次显示均为“1”，则表示二极管已损坏（内部开路）；如果液晶屏两次显示均为“0”，则表示二极管已损坏（内部短路）。二极管的检测见图 1－3－8。

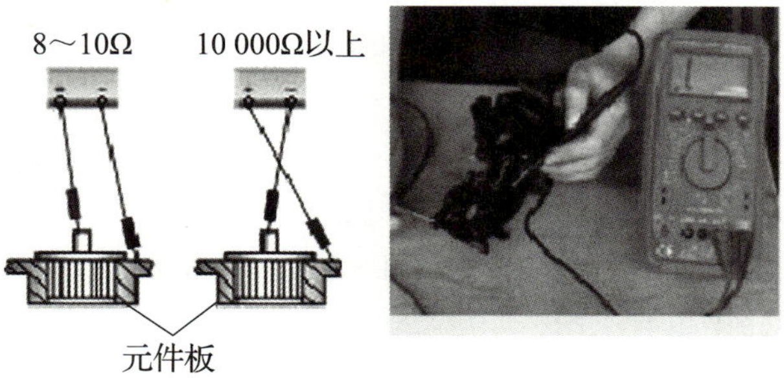

图 1－3－8　二极管的检测

三、晶体三极管

1. 晶体三极管的结构

晶体三极管又称为晶体管，也是一种半导体元件。晶体三极管通常由三个掺杂不同的半导体区构成，分别为发射区、基区和集电区。晶体三极管中的三个极分别为发射极、基极和集电极，发射极和集电极之间有一个 PN 结，基极和发射极之间也有一个 PN 结。PN 结由两种不同掺杂的半导体材料结合而成，具有一定的电阻特性。晶体三极管的结构和符号如图 1－3－9 所示。其中晶体管的符号中有个箭头，箭头朝外的是 NPN 型晶体管，箭头朝内的是 PNP 型晶体管。实际上，箭头所指的方向就是电流的方向。

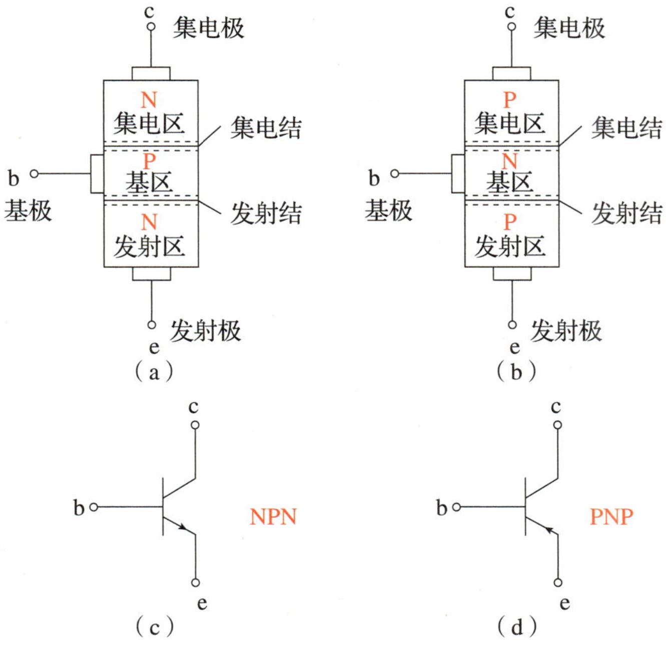

图 1－3－9　晶体三极管的结构和符号

2. 晶体三极管的作用

晶体管的作用是把微弱信号放大成幅度值较大的电信号，也能当作无触点开关来使用，是电子电路中的核心元件，它与电阻、电容等元件组成各种放大电路。晶体管的种类很多，并且不同的型号有不同的用途。晶体管大都是塑料封装或金属封装的形式。晶体三极管的外形如图 1-3-10 所示。

图 1-3-10　晶体三极管的外形

3. 晶体三极管的应用

晶体管在汽车上用作开关的典型电路，如晶体管闪光器、电子电压调节器、点火系统等，如图 1-3-11 所示。另外，在其他电子电路中也有应用，如汽车仪表电路、电动车窗总控开关电路等。

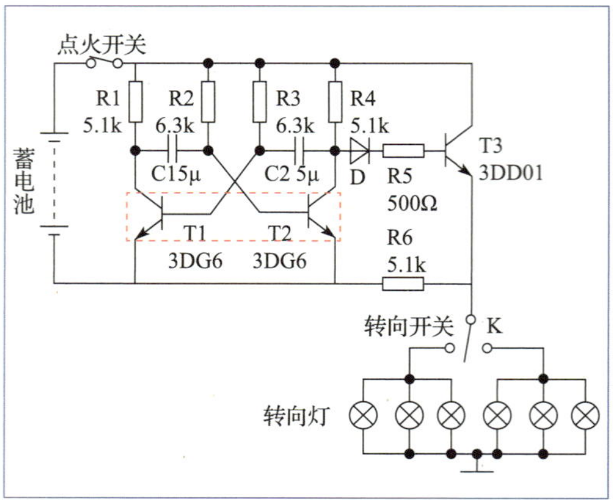

晶体管闪光器

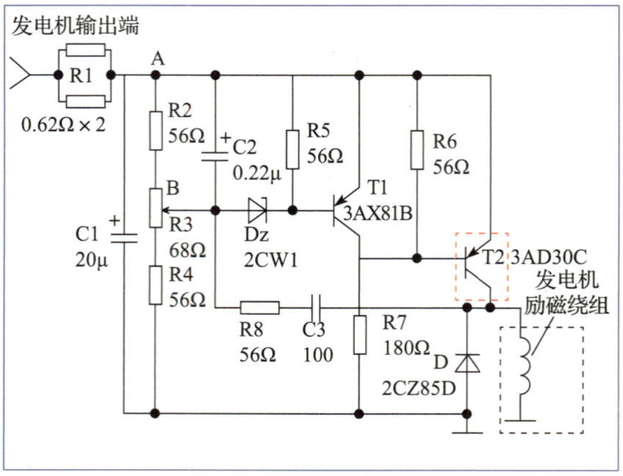

电子电压调节器

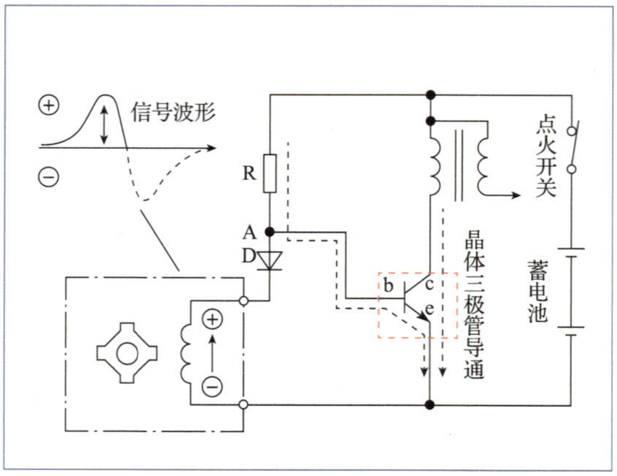

点火系统

图 1-3-11　晶体管在汽车上的应用

四、汽车继电器

1. 汽车继电器的构成及作用

控制继电器有两个主要部分，一个是控制系统，另一个是被控制系统。控制继电器之所以能起控制作用，是因为当它的控制系统中输入某种信号，如电、磁、热、光等物理量达到一定值时，能使被控制系统的被控制量由零突变到一定值，或者由一定值突变到零，达到控制、保护、传递和转换信息等目的，从而达到以小电流控制大电流的作用。汽车用的控制继电器大部分都安装在继电器盒内（通常设置在发动机机舱内），只要掀起发动机机盖就可以找到继电器盒。比如汽车灯光、刮水器、起动机、空调机、电动座椅、电动门窗、防抱死装置、悬挂控制、音响等都要用到控制继电器，它是汽车使用最多的电子元器件之一，全球汽车市场年需求量超过 10 亿个。

2. 汽车控制继电器技术要求

汽车控制继电器技术要求苛刻，因为它要适应震动、高温、低温、潮湿以及油、盐、水等侵蚀性恶劣环境，要求寿命长、高可靠、体积小、低消耗，同时具有电磁兼容性、阻燃性、响应速度快等性能。以常用的汽车灯光控制继电器为例，主要有三脚、四脚及五脚等形式的控制继电器，分别控制前大灯、前小灯及仪表灯、转向灯、后灯、制动灯、倒挡灯、雾灯、车厢照明灯等。当组合开关拨至大灯 ON 挡时，大灯继电器的控制系统（磁场线圈部分）就会通电产生磁场，合金触点立即闭合，被控制系统的电流导通，从而控制大灯的开启。当组合开关拨至大灯 OFF 挡时，断开电源，磁场消失，控制合金触点立即分离，被控制系统的电流截止，大灯关闭。

目前汽车电气系统控制继电器仍以机械式为主，但已向固态继电器发展。继电器的关键是可靠性，因为一旦继电器出现故障，立即会引起该系统部件功能的瘫痪，甚至会导致整辆汽车无法运行。例如，当起动机继电器出现故障时，汽车就无法电起动，尽管起动继电器只要十几块钱一只，但如果没有继电器，汽车就不能运行。

3. 继电器的作用与类型

继电器的作用有：

（1）起到保护汽车开关的作用：由开关控制继电器线圈的通断，再通过继电器触点的开合控制较大电流的负载。此过程中，只有较小的电流通过开关，因而开关不易被损坏，达到延长开关使用寿命的目的。

（2）自动控制作用：继电器线圈由汽车电路中的某个工作电压控制，当电路中的受控电压达到设定的继电器动作电压时，继电器触点会改变工作状态，从而实现电路的自动控制。图 1－3－12 所示为继电器的外形和符号图。

继电器的类型包括以下几种：

（1）常开型继电器：继电器线圈不通电时触点断开，通电时触点闭合。图 1－3－13 所示为常开型继电器的结构和符号图。

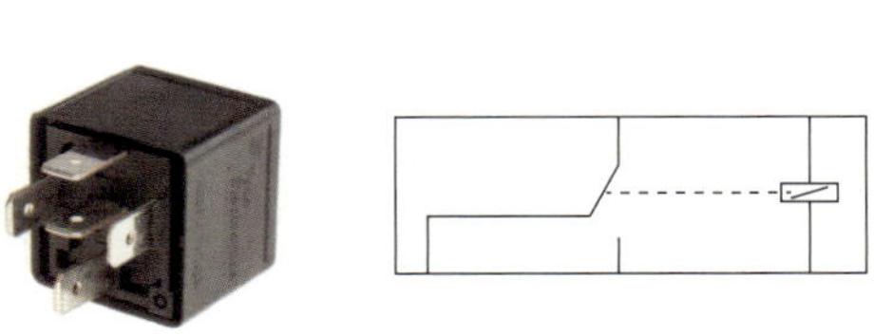

图 1－3－12　继电器的外形和符号图

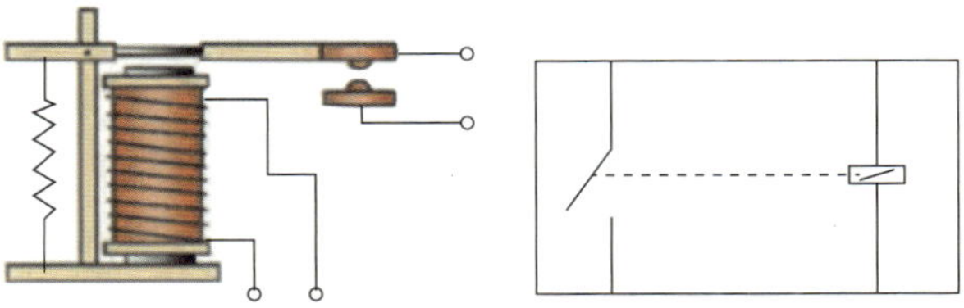

图 1－3－13　常开型继电器的结构和符号图

（2）常闭型继电器：继电器线圈不通电时触点闭合，通电时触点断开。图 1－3－14 所示为常闭型继电器的结构和符号图。

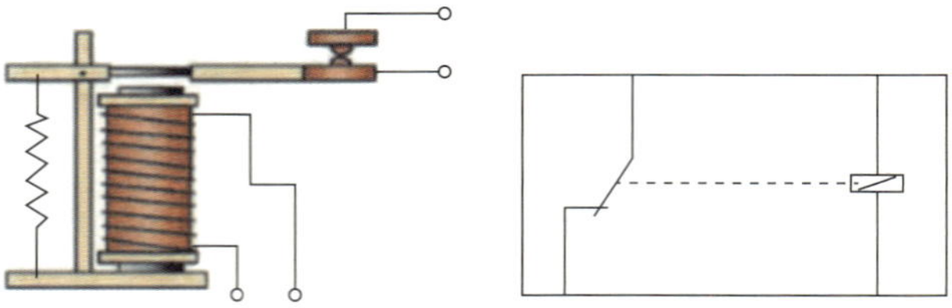

图 1－3－14　常闭型继电器的结构和符号图

（3）常开常闭型继电器：也称为组合继电器，具有常开和常闭触点，继电器线圈不通电时，常开触点断开，常闭触点闭合；继电器线圈通电时，常开触点闭合，常闭触点断开。图 1－3－15 所示为常开常闭型继电器的结构和符号图。

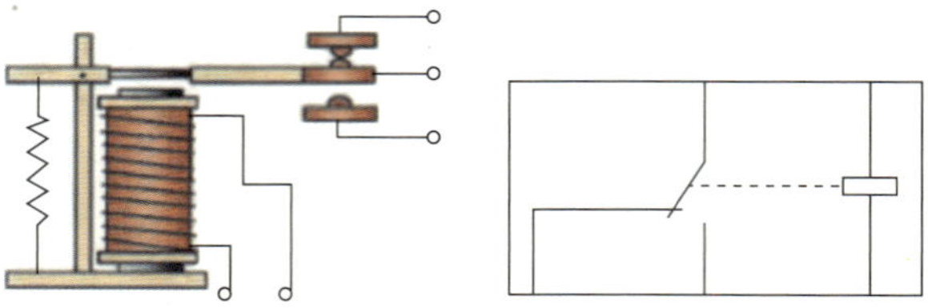

图 1－3－15　常开常闭型继电器的结构和符号图

4. 汽车继电器的应用

汽车继电器普遍用于起动系统、点火系统、照明系统、喇叭电路、刮水系统等大电流电路中，多数装在中央配电盒内，起到保护元器件的作用。图 1－3－16 所示为别克威朗轿车继电器盒。

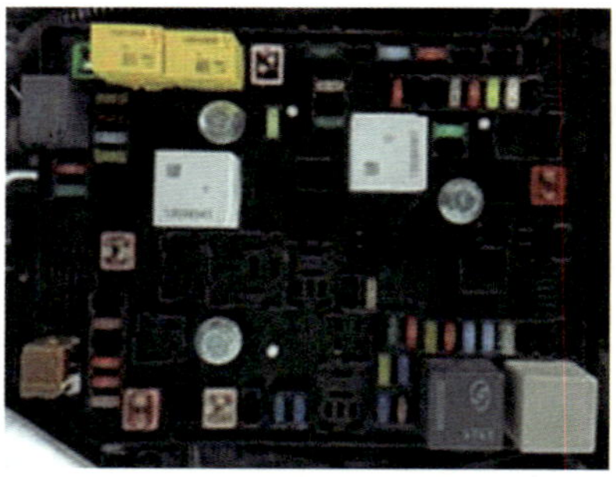

图 1－3－16　别克威朗轿车继电器盒

任务实施

万用表的使用

一、工作内容

汽车专用万用表的使用。

二、工具设备准备及要求

蓄电池、二极管、继电器、导线、汽车专用万用表、抹布、拖布、分类垃圾桶等。

要求：（1）按要求在规定时间内独立或小组合作完成工作任务；

（2）使用前检查仪表是否正常，规范使用汽车专用万用表。

三、任务操作过程

1. 万用表测量蓄电池电压、导线电阻

（1）测量蓄电池电压。

将红、黑表笔插头分别插入 VΩ 插孔和 COM 插孔，项目测试选择开关调至直流电压 20V 挡，红、黑表笔测量头分别接蓄电池的正负极，读取数据并记录。

（2）测量导线电阻。

将红、黑表笔插头分别插入 VΩ 插孔和 COM 插孔，将项目测试选择开关调至 Ω 挡，红、黑表笔测量头分别接导线两端，读取数据并记录（如液晶屏显示“1”，则表示导线内部断开）。

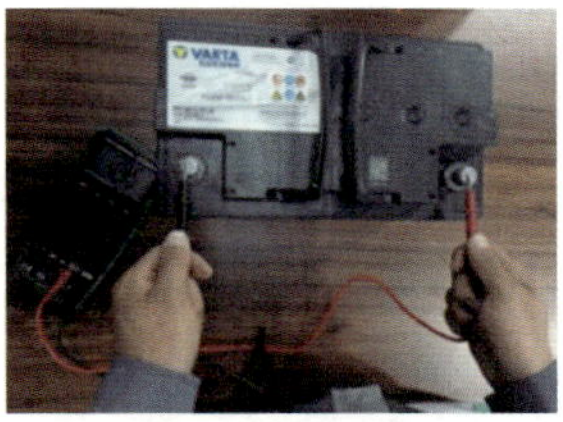

2. 万用表检测继电器

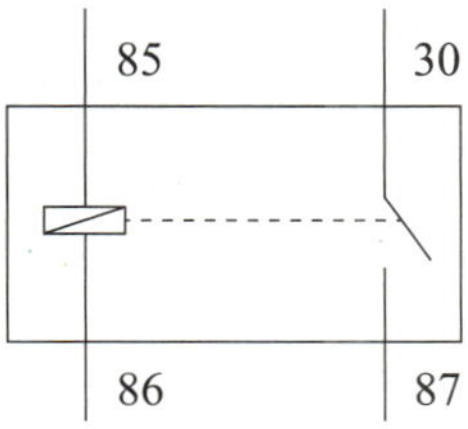

（1）将红、黑表笔插头分别插入 VΩ 插孔和 COM 插孔，万用表项目测试选择开关调至电阻 200Ω 挡，红、黑表笔测量头分别接继电器 85、86 号端子，液晶屏显示检测数据（70 ～ 100Ω 之间为正常），读取数据并记录。

（2）85、86 号端子之间接通 12V 电源（接通一瞬间注意火花），测量 30、87 端子之间的电阻。万用表项目测试选择开关调至电阻 20Ω 挡，红、黑表笔测量头分别接继电器 30、87 端子，正常电阻值小于 1Ω，读取数据并记录。

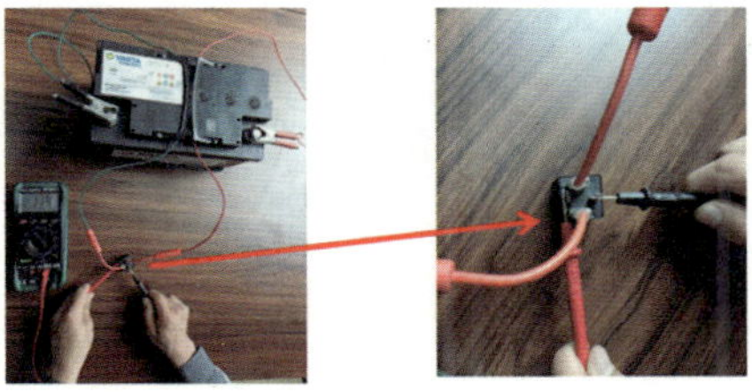

3. 万用表检测保险丝

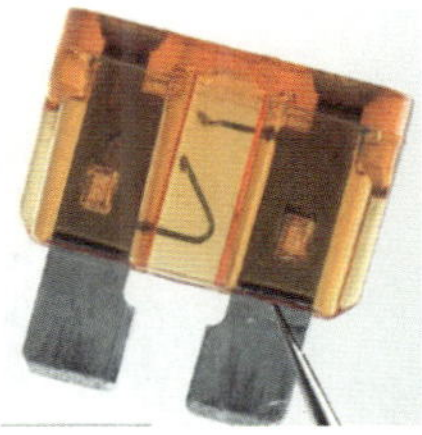

（1）取出保险丝。使用自带保险丝夹拔出保险丝（禁止使用尖嘴钳夹保险丝）。

（2）测量保险丝电阻。万用表项目测试选择开关调至电阻 20Ω 挡，红、黑表笔测量头分别接保险丝两端，正常电阻值小于 1Ω（也

可采用目测法，若发现内部熔丝断开，则损坏），读取数据并记录。

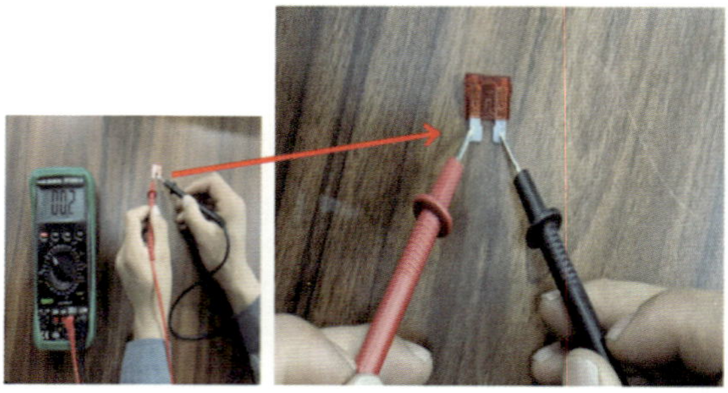

4. 万用表检测二极管

（1）将万用表红、黑表笔插头分别插入 VΩ 插孔和 COM 插孔，项目测试选择开关调至二极管挡，红、黑表笔分别连接二极管的两端测得一个数据，读取数据并记录。

（2）将红、黑表笔对调再次测量二极管，测得另一个数据，读取数据并记录。

注意：若两个数据均显示“1”，则表明二极管内部断开；若两个数据均显示“0”，则表示二极管内部短路。

5. 工具归位及 8S 管理

（1）关闭万用表电源并归位。

（2）将保险丝、继电器等元器件整理好并分类归位。

（3）将废弃元件投放到对应的废弃箱。

（4）场地清洁。

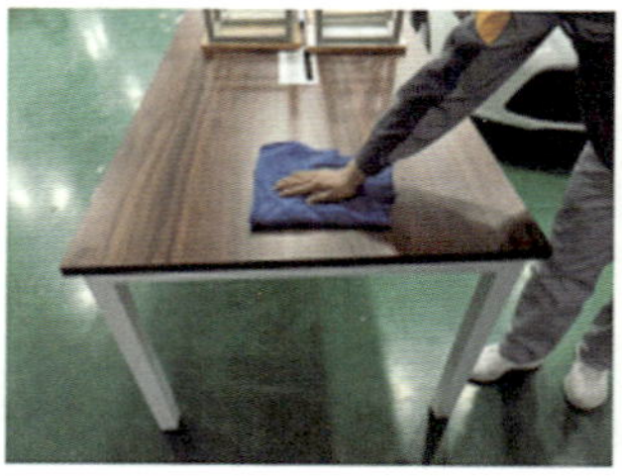

汽车专用万用表的使用　任务工单

操作时间：　　　　分钟			
组长初评　□合格　□不合格		教师复评　□合格　□不合格	
一、前期准备			
万用表是否正常使用　□是　□否			
物料准备：电源、导线、继电器、整流器等　□是　□否			
二、使用万用表测量电压、电阻、电流			
操作项目	**结果记录**	**万用表的使用**	
1. 测量蓄电池电压		万用表电压挡位选择　□合格　□不合格	
2. 测量导线电阻		万用表电阻挡位选择　□合格　□不合格	
3. 检测保险丝		万用表电阻挡位选择　□合格　□不合格	
4. 检测二极管		万用表二极管挡位选择　□合格　□不合格	
三、工具归位及 8S 管理			
1. 工具归位整理	□完成　□未完成	2. 垃圾分类	□完成　□未完成
3. 场地清洁	□完成　□未完成	4. 团队协作	□合格　□不合格

汽车专用万用表的使用　评分标准

序号	操作步骤	操作要点及得分条件	评分标准	配分	得分
1	仪表、物料准备情况	检查仪表是否正常使用、物料是否准备齐全 10 分	依据得分条件进行评分，按要求完成打√，未按要求完成打 ×，扣分不得超过 100 分	10 分	
2	电压测量	绘出电源的符号 3 分、仪表连接正确 4 分、量程选择正确 4 分、记录数据 3 分，最终做出判断 4 分		18 分	
3	电阻测量	绘出电阻的符号 3 分、仪表连接正确 3 分、量程选择正确 3 分、记录数据 3 分，最终做出判断 3 分		15 分	
4	保险丝的检测	保险丝的取出方法合理 2 分，对保险丝的检测方法合理 2 分，最终做出判断 4 分		8 分	
5	继电器的检测	绘出继电器的符号图 4 分、测量继电器线圈的电阻 4 分、测量开关端通电状态时的电阻 4 分、测量开关端断电状态时的电阻 4 分，最终做出判断 4 分		20 分	
6	整流器的检测	绘出二极管符号图 4 分、使用万用表检测二极管 10 分、记录结果 2 分、最终做出判断 4 分		20 分	
7	工具归位及 8S 管理	工具归位整理 2 分、垃圾分类正确 1 分、场地清洁 1 分		4 分	
8	团队协作	具有一定的团队协作能力 5 分		5 分	
总分 100 分					

练一练

一、填空题

1. 能够检测电压、电流、电阻的测量工具是__________，它还有温度检测、测量转速、闭合角检测等功能。

2. 一种具有两个电极，只允许电流由单一方向流过的电子元件是__________。

3. 电子电路中的核心元件中具有电流放大作用的是__________。

4. 在汽车上主要作用为小电流控制大电流方式的元器件是__________。

二、简答题

1. 简述二极管的作用。

2. 简述二极管的检测方法。

3. 简述继电器的检测方法。

项目二

汽车电气系统

项目描述

本项目主要介绍汽车电气系统的组成、特点及发展，常见的电气符号以及电路图的识读方法。技能任务是掌握维修资料的查阅方法，找到实车中与维修资料相对应的电气元件。通过本项目的学习，学生能掌握汽车电气相关基础知识，并能利用维修手册在车上找到对应的电气设备和电子元件，能完成汽车专业领域职业技能等级证书标准中汽车电路识读的技能操作任务。

- 汽车电气系统
  - 汽车电气系统认知
    - 汽车电气系统的组成
    - 汽车电气系统的特点
    - 汽车电气系统的发展
  - 汽车电路图的识读
    - 汽车电路
    - 汽车电路的控制元件
    - 常见的电路符号
    - 汽车电路图的识读原则
  - 别克汽车电路图识读
    - 汽车电路图
    - 电路图识读

任务一　汽车电气系统认知

学习目标

知识目标：通过对汽车电气系统的学习，了解汽车电气系统的组成、特点和发展。

技能目标： 能正确找出发电机、蓄电池、起动机的安装位置，并能与维修手册中的电气位置图相对应。能正确找出照明灯及信号灯的安装位置，并能与维修手册对应电路图中的电气符号相对应。

素养目标： 养成积极主动的学习习惯；严格按照岗位要求规范操作；养成爱护设备、仪器的良好习惯，确保工具、设备和自身的安全；具有较强的组织沟通能力和良好的团队合作能力；穿戴要整齐；树立8S管理理念。

任务描述

本任务主要介绍汽车电气系统的组成、特点及发展趋势，为后续课程的学习打好基础。

理论知识

一、汽车电气系统的组成

汽车电路是汽车电气线路的简称，是用选定的导线将全车所有的电气设备相互连接成直流电路，构成一个完整的供用电系统。汽车电气系统按其用途可大致归纳并划分为电源系统、用电系统、检测系统和配电系统。

1. 电源系统

电源系统包括蓄电池、发电机及其调节器。发电机是主电源，其作用是在发动机工作的状态下给全车负载供电，同时给蓄电池补充充电。蓄电池是辅助电源，其作用是在起动发动机的过程中，供给起动系统和点火系统电能。调节器与发电机组装在一起，调节器的作用是当发电机的转速发生改变时，自动调节发电机转子绕组内的平均电流，使发电机的输出电压稳定在一定的范围内。电源系统在车上的安装位置如图2-1-1所示。

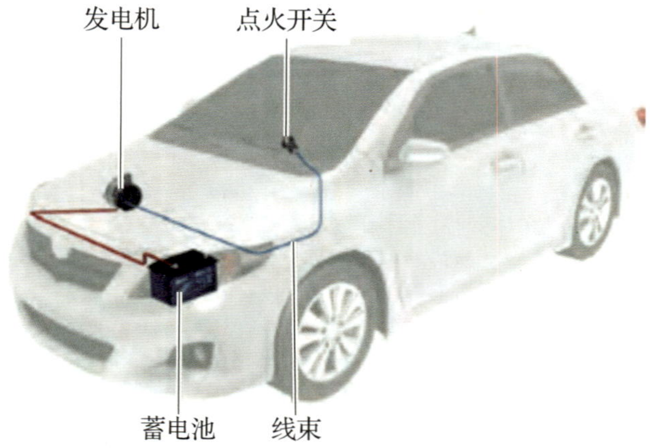

图2-1-1　电源系统在车上的安装位置

2. 用电系统

汽车上的用电设备数量比较多，按其各自的功能特点大致可分为以下几个系统。

（1）起动系统。

起动系统的功用是通过起动机将蓄电池的电能转换成机械能，起动发动机运转。现代汽车发动机以电动机作为起动动力。起动系统由蓄电池、点火开关、起动继电器、起动机等组成。起动系统的功用是通过起动机将蓄电池的电能转换成机械能，起动发动机运转。

1）起动开关接通起动机电磁开关电路，以使电磁开关通电工作。汽油发动机的起动开关与点火开关组合在一起。

2）起动继电器由起动继电器触点（常开型）控制起动机电磁开关电路的通断，起动开关只是控制起动继电器线圈电路，从而有效地保护起动开关，延长使用寿命，常见的有单联型（保护起动开关）和复合型。

（2）点火系统。

它是汽油发动机的重要组成部分，包括点火线圈、火花塞、电控单元、点火开关以及各种传感器等部件，其作用是将电源提供的低电压变为高电压，按发动机的工作顺序准确地将高电压分配给对应气缸的火花塞，使火花塞跳火，点燃混合气。

（3）照明系统。

汽车照明系统包括车外照明和车内照明，其主要作用是保证夜间安全行车所必需的灯光照明。汽车照明灯按照其安装的位置及功用包括前照灯、雾灯、牌照灯、仪表灯、顶灯、工作灯。汽车灯光信号灯包括转向信号灯、危险警告灯、示宽灯、尾灯、制动灯、倒车灯。

（4）信号系统。

信号系统包括电喇叭、蜂鸣器、闪光器及各种信号灯等，作用是给驾驶员、行人或对方车辆发出信号，保证行车安全。

（5）电子控制系统。

电子控制系统主要指由微机控制的装置，电子控制系统与汽车上的机械系统配合使用，并利用电缆或无线电波互相传输信息，即所谓的“机电整合”，其应用大体可分为四个部分：发动机电子控制系统、底盘电子控制系统、车身电子安全系统和信息通信系统。其中，发动机电子控制系统和底盘电子控制系统与汽车的行驶性能有直接关系。

（6）辅助电气系统。

辅助电气系统包括玻璃升降器和中控门锁、电动座椅、电动后视镜、电动刮水器、空调、收录机、点烟器等。辅助电气系统主要朝保障安全、舒适、娱乐等方面发展，而且有日益增多的趋势。

3. 检测系统

检测系统主要检测车辆的运行状况，并通过仪表盘显示实现人机交互，主要包括发动机转速表、车速里程表、冷却液温度表、燃油表、油压表以及各种警告灯，如图 2－1－2 所示。

4. 配电系统

配电系统的作用是保证电路工作的可靠性和安全性，包括中央接线盒、开关、保险装置、插接件和线束等。图 2－1－3 所示为别克威朗轿车中央配电盒。

图 2－1－2　汽车检测系统的仪表

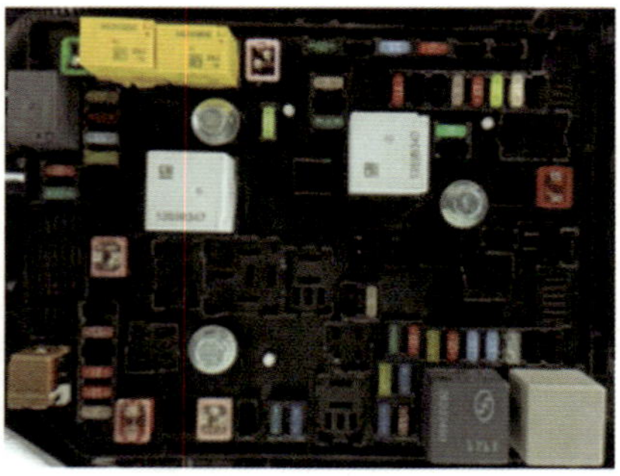

图 2－1－3　别克威朗轿车中央配电盒

二、汽车电气系统的特点

1. 双电源供电

汽车电源系统由蓄电池和发电机并联供电。当汽车需要起动时，由蓄电池向起动系统和点火系统供电。当发动机正常运行后，发动机带动发电机工作，发电机向全车（起动系统除外）负载供电，同时给蓄电池补充充电。

2. 直流、低压

现在的汽车发动机是由起动机驱动运行的，而起动机运转所需的电能是由蓄电池供给的，当蓄电池放电后又需要发电机（用直流电）给其充电，因此汽车电气系统用的是直流电。

汽车电气系统的额定电压有 12V、24V 两种，汽油车采用 12V 电压，柴油车多采用 24V 电压（由 2 个蓄电池串联组成）。发电机运行时输出的额定端电压，对汽油车而言输出电压为 14V 左右，对柴油车而言输出电压为 28V 左右。对全车用电设备而言，电压在 0.9 ～ 1.25 倍额定电压范围内变动时能正常工作。

3. 并联连接方式

汽车上所有用电设备均采用并联连接方式，通常采用单线制。

4. 单线制

单线制指的是在汽车电子系统中从电源到用电设备只用一根导线相连，而另一根导线则用汽车底盘、发动机等金属机体来代替作为电器的回路。由于单线制节省导线，线路简单清晰，安装和检修方便，且电器机件也不需要与车体绝缘，所以现在的汽车电气系统普遍采用单线制。单线制电路如图 2－1－4 所示。

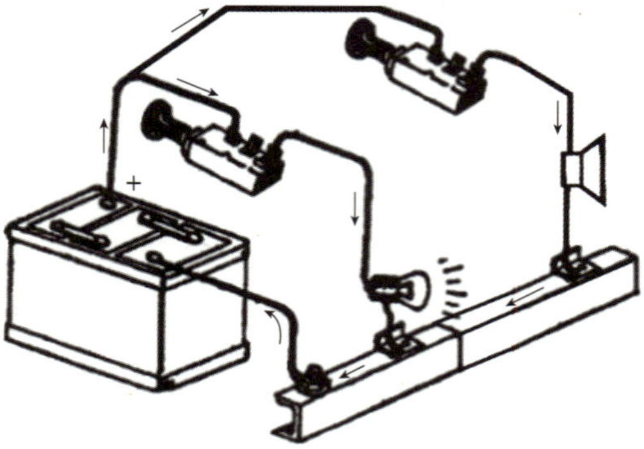

图 2－1－4　单线制电路

5. 负极搭铁

由于汽车电气系统采用单线制，蓄电池的一个电极接到车体上，俗称“搭铁”。蓄电池的负极与车体相接，称为负极搭铁；反之称为正极搭铁。对直流电源系统来说，从原理的角度，电源系统的正极或者负极均可作为搭铁极。国家标准规定，国产汽车的电气系统均采用负极搭铁。负极搭铁的优点是对车架和车身金属的化学腐蚀较轻，对无线电干扰小。

6. 汽车导线有颜色和编号特征

为了便于维修和线路的连接，汽车上所有的低压导线都用不同的颜色进行区分，并且在每一根导线上都标有编号。这个编号是由生产厂家按国家统一标准编定的。

7. 电路设有保护装置

为了防止由于短路故障引起负载或导线被烧坏，线路上一般设有保险丝或易熔线等保护装置。

三、汽车电气系统的发展

1. 汽车电气系统的发展阶段

汽车电气系统最早出现在 20 世纪初期，当时主要是为了满足照明和点火等基本功能而设计的。随着汽车技术的不断进步和市场需求的增加，汽车电气系统也逐渐从简单的点火装置演变为复杂的控制系统。20 世纪 50 年代，随着晶体管技术的应用，汽车电气系统开始实现自动化控制。70 年代以后，计算机技术得到广泛应用，使得汽车电气系统能够实现更加精确的控制和监测。

随着科学技术的不断发展，各种新兴技术在汽车上不断得到运用，汽车上装备的电气设备日益增多，各控制模块之间的信息交换越来越密集，电路导线和传感器的数量随之增多，汽车电路日趋复杂，给汽车电路检测维修带来许多不便。总体来说，汽车电气系统的发展主要有以下几个阶段：

第一阶段：1965—1975 年，汽车电子产品由分立元件和集成电路 IC 组成；

第二阶段：1975—1985 年，主要发展专用的独立控制系统，如电子控制汽油喷射系统、防盗系统等，使汽车工作性能得到提高；

第三阶段：1985 年至今，主要是微型计算机在汽车上获得应用，实现多个微型计算机之间的信息通信，并实现对诸多功能的集中控制。

2. 汽车电气系统的发展趋势

（1）使用高压电技术的车载电气设备（如氙气灯的起动）逐渐增多，这就要求汽车上采用能量大、体积小、效率高的电源。

（2）随着计算机技术和人工智能的不断发展，汽车电气系统将实现更加智能化的控制和监测。例如智能驾驶辅助系统、自动泊车系统等都需要汽车电气系统提供支持，尤其是智能网联技术在汽车上的应用越来越广泛。

（3）汽车电气系统的发展更加电动化。随着环保意识的增强和油价的上涨，越来越多的汽车制造商开始研发电动汽车。电动汽车需要更加先进和高效的电气系统来支持其运行。由于微处理器逐渐增多，汽车内部局域网趋于总线技术，数据交换趋于网络化，使用集成电路和模块化设计技术，车载电路的集成度越来越高，功能越来越强。

任务实施

认识车辆主要电气设备

一、工作内容

汽车电气系统认知。

二、工具设备准备及要求

别克威朗实训车辆、举升机、车内三件套、车外三件套、车轮挡块、抹布、拖布、手套、手电筒等。

要求：（1）按要求在规定时间内独立或小组合作完成工作任务；

（2）按操作规范做好车辆安全防护，确保人、车安全。

（3）正确认识汽车主要电气设备及照明和信号系统部件。

三、任务操作过程

1. 前期准备

检查车外有无划痕、凹坑，检查车内有无贵重物品，并记录说明。

（1）安装车轮挡块（安装时要贴紧非驱动车轮）。

（2）解锁车辆，在工单上正确填写车辆基本信息。

（3）安装车内三件套（包括转向盘套、座椅套和地板垫）。

（4）检查挡位和制动状态（确保车辆挡位处于 P 位）。

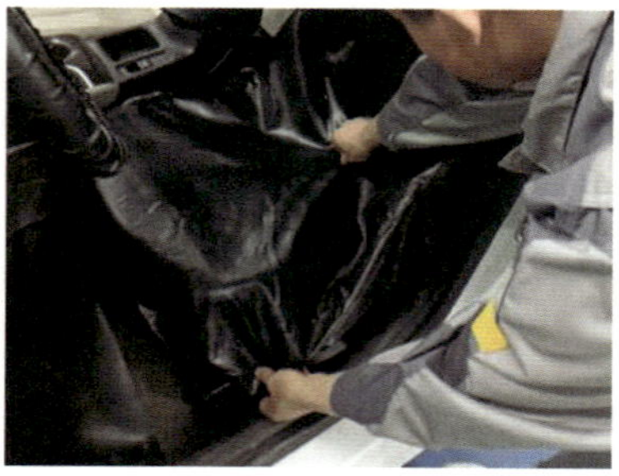

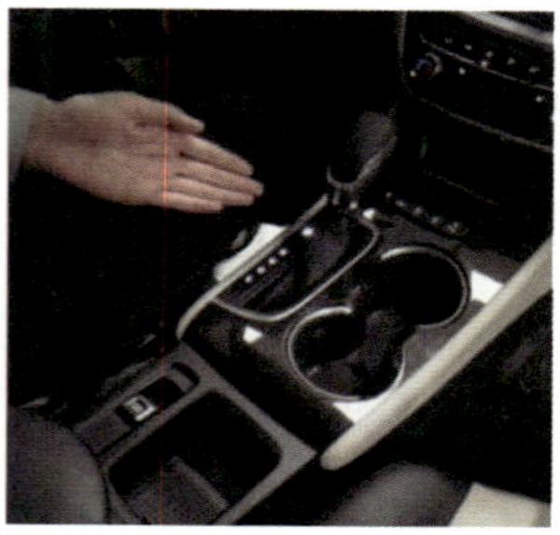

（5）拉起转向盘左下方释放杆（发动机舱盖弹起）。

（6）在发动机舱盖中间处扣动机械锁，打开发动机舱盖。

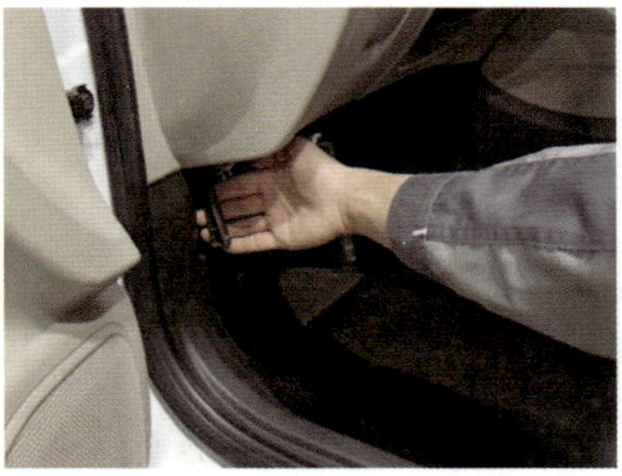 

（7）安装车外三件套（包括左、右翼子板布和前格栅布）。

2. 实车指认汽车主要电气设备

指认蓄电池、发电机、起动机，并将其型号、额定电压、搭铁极性、安装位置等信息填入表中。

名称	型号	额定电压	搭铁极性	安装位置
蓄电池				
发电机				
起动机				

3. 实车指认汽车照明和信号系统部件

指认照明系统、信号系统，并将对应数量、颜色、功率等信息填入表中。

名称	数量	颜色	功率	名称	数量	颜色	功率
前照灯（近光）				转向信号灯			
前照灯（远光）				制动灯			
示宽灯				倒车信号灯			
牌照灯				电喇叭			

4. 车辆恢复及 8S 管理

（1）移除车外三件套，并叠放整齐。

（2）移除车内三件套，并叠放整齐。

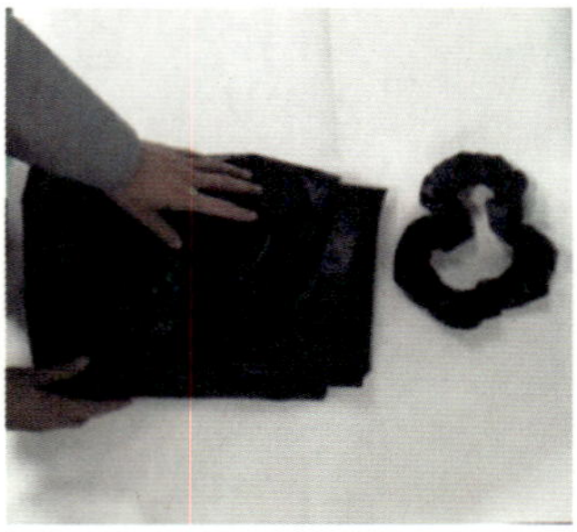

（3）关闭发动机舱盖（升起车窗玻璃，拔下车辆钥匙）。

（4）移除车轮挡块。

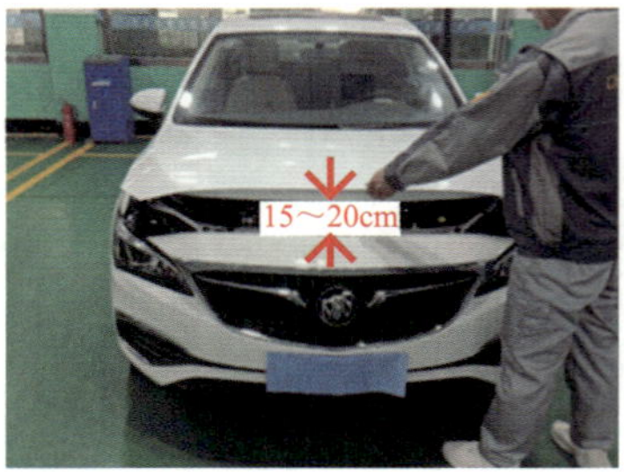

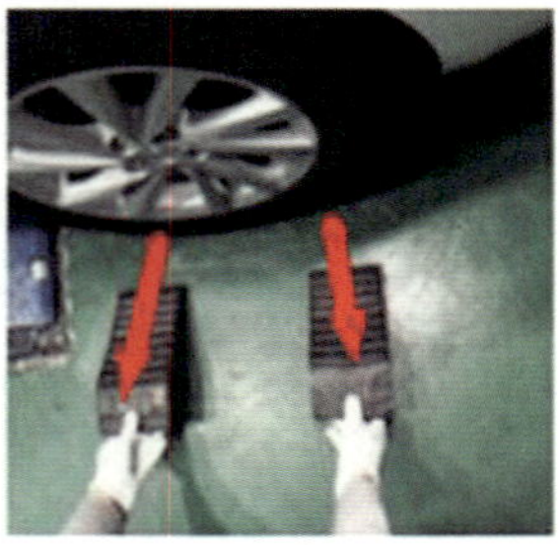

（5）车辆、场地清洁。

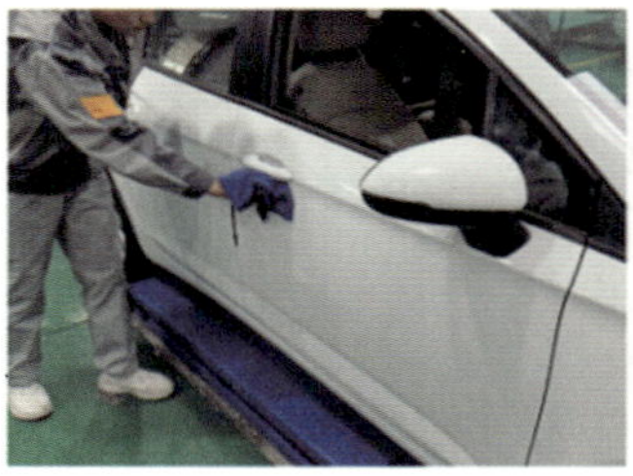

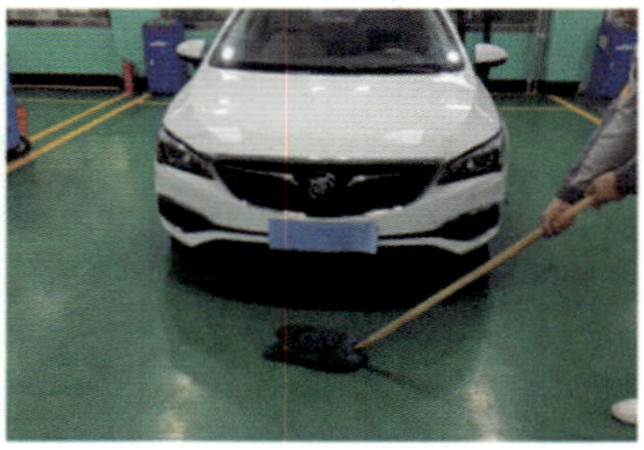

汽车电气系统认知　任务工单

操作时间：　　　　分钟					
组长初评　□合格　□不合格			教师复评　□合格　□不合格		
一、车辆安全防护及信息记录					
检查车外有无划痕、凹坑，检查车内有无贵重物品　□有　□无					
工具、防护用品检查　□正常　□不正常					
安装车轮挡块　□安装　□未安装			安装车内三件套　□安装　□未安装		
安装车外三件套　□安装　□未安装			检查驻车制动　□检查　□未检查		
品牌		整车型号		生产年月	
发动机型号		发动机排量		行驶里程	
车辆识别码					

二、实车指认汽车主要电气设备
指认蓄电池、发电机、起动机，并将其额定电压、搭铁极性、安装位置等信息填入表中

名称	额定电压	搭铁极性	安装位置	操作结果
蓄电池				□完成　□未完成
发电机				□完成　□未完成
起动机				□完成　□未完成

三、实车指认汽车照明和信号系统部件
指认照明系统、信号系统，并将对应数量、颜色、功率等信息填入表中

名称	数量	颜色	功率	操作结果
前照灯（近光）				□完成　□未完成
前照灯（远光）				□完成　□未完成
示宽灯				□完成　□未完成
牌照灯				□完成　□未完成
转向信号灯				□完成　□未完成
制动灯				□完成　□未完成
倒车信号灯				□完成　□未完成
电喇叭				□完成　□未完成

四、车辆恢复及 8S 管理

操作项目	操作结果	操作项目	操作结果
1. 移除车外三件套	□完成　□未完成	2. 移除车内三件套	□完成　□未完成
3. 关闭发动机舱盖	□完成　□未完成	4. 移除车轮挡块	□完成　□未完成
5. 车辆、场地清洁	□完成　□未完成	6. 团队协作	□合格　□不合格

汽车电气系统认知　评分标准

序号	操作步骤	操作要点及得分条件	评分标准	配分	得分
1	场地、工位、工具准备	车轮挡块、车外三件套、车内三件套、手电筒等工具的检查 4 分（每项 1 分）	依据得分条件进行评分，按要求完成打√，未按要求完成打 ×，扣分不得超过 100 分	4 分	
2	安装车轮挡块	左、右车轮挡块安装 2 分（每项 0.5 分）		2 分	
3	安装车内三件套	车内三件套安装 3 分（每项 1 分）		3 分	
4	安装车外三件套	车外三件套安装 3 分（每项 1 分）		3 分	
5	驻车制动检查	驻车制动检查 1 分		1 分	
6	车辆信息记录	记录发动机型号、整车型号、生产年月、发动机排量、行驶里程等信息 5 分（每项 1 分）		5 分	
7	蓄电池	填写额定电压、搭铁极性、安装位置 6 分（每项 2 分）		6 分	
8	发电机	填写额定电压、搭铁极性、安装位置 6 分（每项 2 分）		6 分	
9	起动机	填写额定电压、搭铁极性、安装位置 6 分（每项 2 分）		6 分	
10	前照灯（近光）	填写数量、颜色、功率等信息 6 分（每项 2 分）		6 分	
11	前照灯（远光）	填写数量、颜色、功率等信息 6 分（每项 2 分）		6 分	
12	示宽灯	填写数量、颜色、功率等信息 6 分（每项 2 分）		6 分	
13	牌照灯	填写数量、颜色、功率等信息 6 分（每项 2 分）		6 分	
14	转向信号灯	填写数量、颜色、功率等信息 6 分（每项 2 分）		6 分	
15	制动灯	填写数量、颜色、功率等信息 6 分（每项 2 分）		6 分	
16	倒车信号灯	填写数量、颜色、功率等信息 6 分（每项 2 分）		6 分	
17	电喇叭	填写数量、颜色、功率等信息 6 分（每项 2 分）		6 分	
18	移除车外三件套	车外三件套移除 3 分（每项 1 分）		3 分	
19	移除车内三件套	车内三件套移除 3 分（每项 1 分）		3 分	
20	关闭发动机舱盖	关闭发动机舱盖，升起车窗玻璃，拔下车辆钥匙 1 分		1 分	
21	移除车轮挡块	车轮挡块移除并归位 2 分（每项 0.5 分）		2 分	
22	车辆、场地清洁	车辆、场地清洁 4 分（每项 2 分）		4 分	
23	团队协作	具有一定的团队协作能力 3 分		3 分	
总分 100 分					

练一练

一、填空题

1. 汽车电气系统按其用途可大致分为________、________、________、________。

2. 汽车用电系统由________、________、________、________、________和________组成。

二、简答题

1. 简述汽车电气系统的特点。

2. 请结合你看到的某一品牌汽车，简述汽车，电气系统的发展趋势。

任务二 汽车电路图的识读

学习目标

知识目标：通过对汽车电路的学习，了解汽车电路图形符号、导线、插接器、控制开关与电路保护装置。

技能目标：能认识电路图中常见的电子元件符号；掌握识读汽车电路图的基本要领；能使用维修手册查阅汽车部件的相关技术参数，按照标准流程规范操作。

素养目标：养成积极主动的学习习惯；严格按照岗位要求规范操作；养成爱护设备、仪器的习惯，确保工具、设备和自身的安全；具有较强的组织沟通能力和良好的团队合作能力；穿戴要整齐；树立 8S 管理理念。

任务描述

本任务以别克威朗轿车为例，学习汽车的几个用电系统、常见的电气符号以及电路图识读的原则；学会使用维修手册查询电路，并结合汽车电路图在维修手册上找出对应的元器件。

理论知识

一、汽车电路

汽车电路按照其功能特点分为电源系统电路、起动系统电路、点火系统电路、照明与信号系统电路、仪表系统电路、辅助电气系统电路、电子控制系统电路和空调控制电路。

1. 电源系统电路

由蓄电池、发电机及电压调节器和充电指示灯等组成，其主要作用是对全车所有用电设备进行供电并保持供电电压稳定。

2. 起动系统电路

由起动机、起动继电器、起动开关等组成，其主要作用是将蓄电池供给的电能转换为机械能，使发动机由静止状态转变为自行运转状态。

3. 点火系统电路

由点火开关、点火线圈、火花塞、电子点火控制器、发动机电子控制单元 ECU 及各类传感器等组成，其主要作用是将电源低电压转变为高电压，再按照发动机各气缸的工作顺序适时将高电压送给需要点火的火花塞，点燃可燃混合气。

4. 照明与信号系统电路

一般汽车照明可分为车外照明和车内照明。由前照灯、雾灯、示宽灯、转向灯、制动灯、倒车灯、牌照灯以及控制继电器和开关组成，其主要作用是夜间道路照明、车辆内部照明、车辆宽度标示、仪表检修等。

5. 仪表系统电路

由仪表、指示表、传感器、各种报警器等组成，其主要作用是各种仪表显示信息参数及报警，为驾驶员随时提示车辆的运行状况，保证行车的安全，同时为维修人员发现和排除故障提供依据。

6. 辅助电气系统电路

由各种辅助电气设备、控制继电器以及控制开关组成，其主要作用是根据需要控制各种辅助电气设备的工作。

7. 电子控制系统电路

由电子控制单元 ECU 和各种传感器组成，根据车辆上所安装的电控系统内容的不同，采用不同的控制方式完成功能控制。

8. 空调控制电路

由控制开关、电磁离合器、空调压缩机、空调控制器及风机控制电路等组成，其主要作用是利用多种方式对车内的空气进行调节，使车内空气在温度、湿度、流速和洁净度上能够满足人体舒适的需要，并且可去除玻璃上的雾、霜和冰雪，确保行车安全。

二、汽车电路的控制元件

汽车电路控制元件由控制开关、电路保护装置、导线、线束和插接器等组成。

1. 控制开关

（1）电源开关。用于切断或接通电源与外电路的连接。常见类型有电磁式开关和闸刀式开关，如图 2-2-1 所示。

（2）点火开关。这是一个多挡开关，需要用相对应的钥匙才能对其进行操纵。通常用于接通或断开起动电路、点火电路、仪表电路及其辅助电气电路等。图 2-2-2 所示为汽车点火开关。

图 2-2-1　电源开关

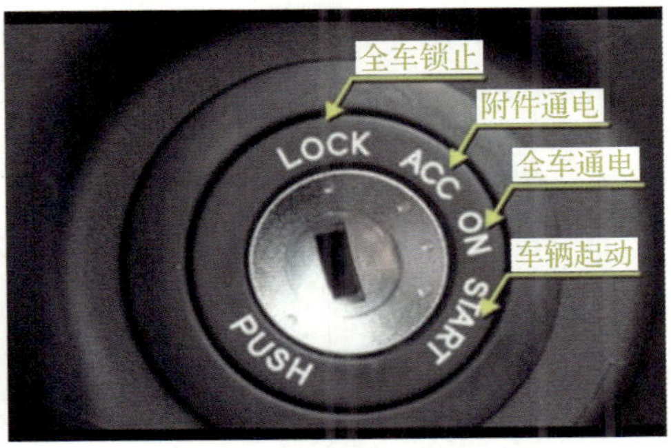

图 2-2-2　汽车点火开关

（3）灯光开关。由两种以上的开关组合在一起，属于组合开关，操纵更加方便。图 2-2-3 所示为别克威朗汽车灯光组合开关，可接通示宽灯、仪表灯、近光灯、远光灯、左右转向灯以及雾灯。

图 2-2-3　别克威朗汽车灯光组合开关

2. 电路保护装置

当电路因负荷超载或短路故障而引起电流过大时，保护装置自动断开电源电路，以防电路或用电设备烧坏，常见的有熔断器和易熔线。

（1）熔断器（保险丝）。当熔断器中通过的电流超过其规定值时，熔丝发热而熔断，从而保护用电设备不被烧坏。通常使用插接式熔断器，与熔断器盒中的插座配合使用。图 2-2-4 所示为汽车电路中各种型号的熔断器。

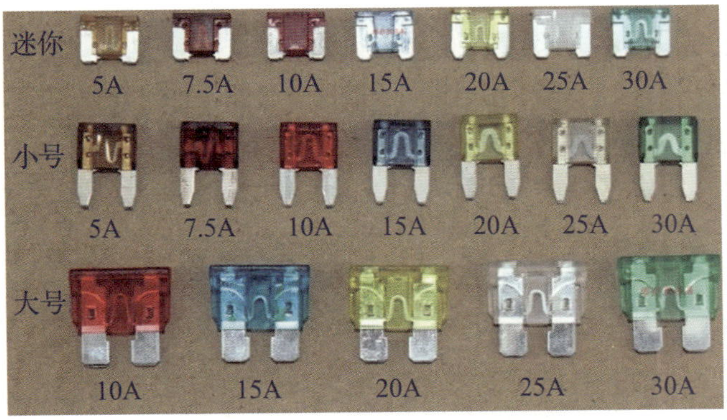

图 2-2-4　汽车电路中各种型号的熔断器

（2）易熔线是一种横截面积小于被保护电线横截面积且可以长时间通过额定电流的铜芯低压导线或合金线，比熔丝粗一些，通常连接在电源电路和通过电流较大的电路上，如图 2 - 2 - 5 所示。

3. 导线

导线是电路的基础部件，在汽车上均采用多股铜线，如图 2 - 2 - 6 所示。

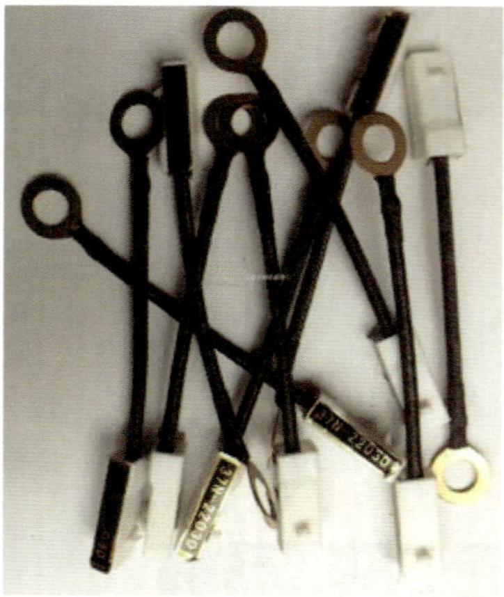

图 2 - 2 - 5　易熔线

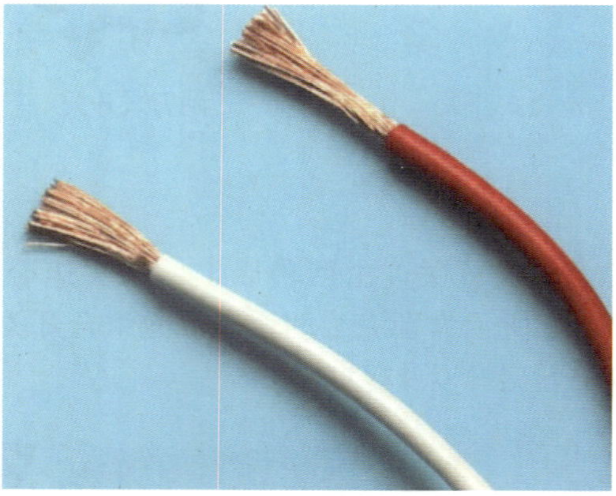

图 2 - 2 - 6　导线

（1）导线横截面积。导线的横截面积根据所用电气设备的电流确定。为保证导线有足够的机械强度，规定横截面积不能小于 0.5mm^2。

采用 12V 电压的车辆电路导线的标称截面面积推荐值如表 2 - 2 - 1 所示。

表 2 - 2 - 1　主要电路导线的标称截面面积推荐值

标称截面面积（mm^2）	适用的电路
0.5	尾灯、顶灯、仪表灯、指示灯、牌照灯、燃油表等
0.8	转向灯、制动灯、停车灯、点火线圈初级绕组等
1.0	前照灯、电喇叭等（3A 以下）
1.5	前照灯、电喇叭等（3A 以上）
1.5 ～ 4.0	其他 5A 以上电路
4.0 ～ 6.0	柴油车电热塞电路
6.0 ～ 25.0	电源电路
16 ～ 95.0	起动电路

（2）汽车电路导线标注。在维修汽车电路时，为了快速方便地根据电路图在线束中查找到导线，在汽车电路图中对导线的颜色、所属的电气系统，甚至线束编号等进行标注。表 2 - 2 - 2 所示为别克车系的电路图导线颜色代号。

表 2－2－2　别克车系电路图导线颜色代号

缩写	颜色	缩写	颜色
BK	黑色	WH	白色
RD	红色	BU	蓝色
OG	橙色	PK	粉红色
GN	绿色	YE	黄色
GY	灰色	PU	紫色
AM	琥珀色	BN	棕色

注：如果导线的颜色代号为“××”格式，则表示此导线为单一主色导线；如果其颜色代号为“××/××”格式，则表示此导线为辅色导线，其前面的缩写代表主色，后面的缩写代表辅色，如“BK/GY”即表示该导线的主色为黑色，辅色为灰色。

此外，别克车系的所有搭铁、直列式插接器和插头都有相应的识别编号，与其在车辆上的位置相对应。

4. 线束

线束由同路的导线包扎而成，可使电路不凌乱，便于安装，也起到保护导线的作用，汽车中的线束如图 2－2－7 所示。

5. 插接器

（1）插接器的作用。

现代汽车线束中设有很多插接器。汽车电气系统插接器是一种连接分线束之间、线束与使用的设备之间、线束与开关之间的电器装置，又称为插接器。因为插接器连接可靠、检修方便，从而得到广泛的应用。

（2）插接器的结构特点。

由于插接器不能松动、腐蚀，为保证插接器的可靠连接，其上都有锁紧装置，而且为了避免安装中出现差错，插接器还制成不同的规格形状，并以颜色等加以区分。插接器由导线端子与塑料壳体或橡胶壳体组成。根据线束连接的需要，插接器有单路、双路或多路式几种，如图 2－2－8 所示。

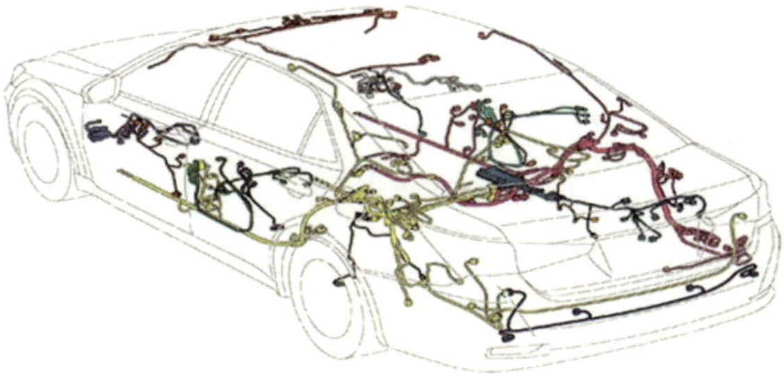

图 2－2－7　汽车中的线束

图 2－2－8　线束插接器

汽车上的插接器分布位置各不相同，为了便于维修，对所有插接器进行了区域分布。图 2－2－9 所示为别克威朗轿车插接器分布图，表 2－2－3 所示为别克威朗轿车插接器编号。

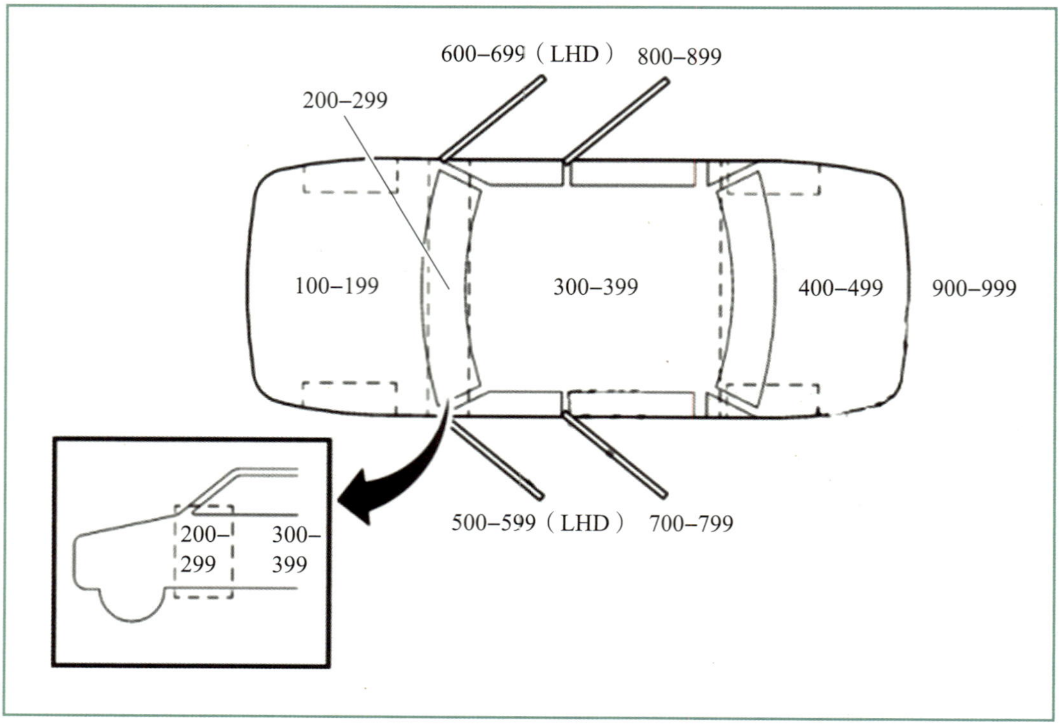

图 2－2－9　别克威朗轿车插接器分布图

表 2－2－3　别克威朗轿车插接器编号

插接器编号	区位说明
100–199	发动机舱（仪表板的所有前部区域）
200–299	仪表板区域（隔板与仪表板前面板之间）
300–399	乘客舱（从仪表板到后排座椅后部）
400–499	行李舱（从后排座椅后部到车辆后部）
500–599	连至或内置于驾驶人车门的直列式线束插接器
600–699	连至或内置于前乘客车门的直列式线束插接器
700–799	连至或内置于左后车门的直列式线束插接器
800–899	连至或内置于右后车门的直列式线束插接器
900–999	连至或内置于行李舱盖的直列式线束插接器

三、常见的电路符号

要看懂或分析汽车电路图，首先必须了解电路图中的图形符号和文字符号的含义。表 2－2－4 所示为通用车系常用电气符号示意图及其说明。

表 2-2-4　通用车系常用电气符号示意图及其说明

符号	说明	符号	说明
B+	蓄电池电压	IGN	点火电压
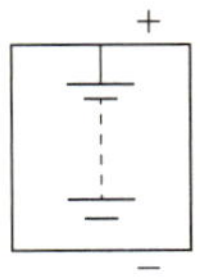	蓄电池		保险丝
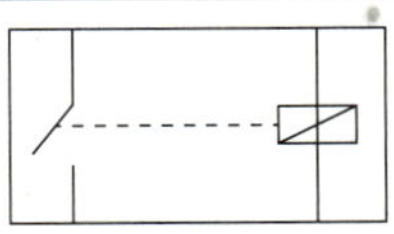	4 针继电器——常开	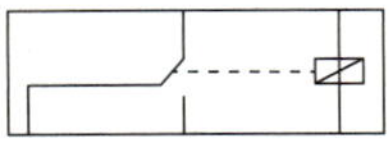	5 针继电器——常闭
	低电平参考电压	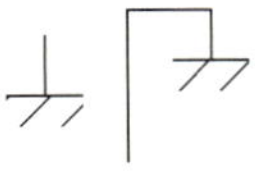	搭铁
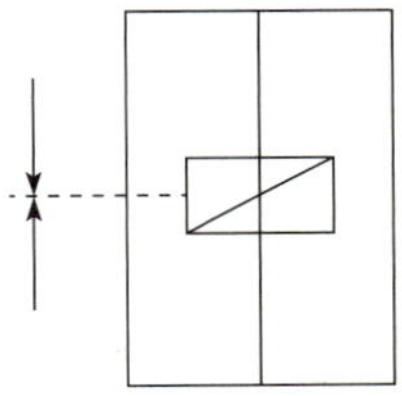	电磁阀	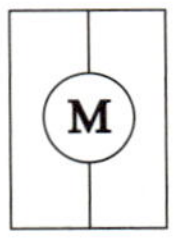	电机
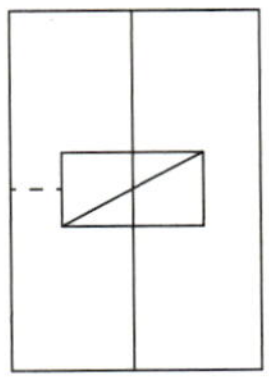	执行器电磁阀		串行数据
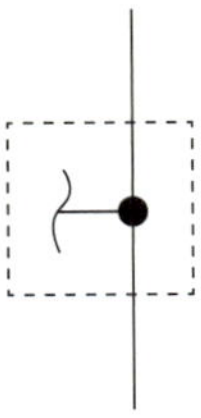	不完整物理插头	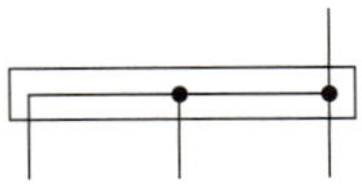	完整物理插头——三线或多线
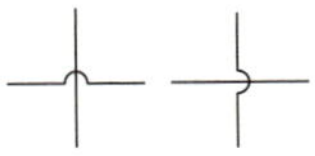	导线交叉	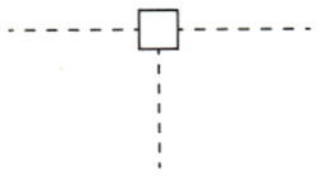	搭铁电路连接
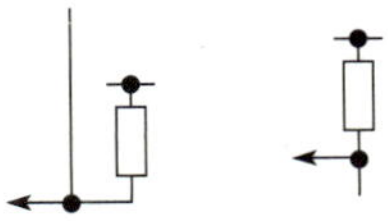	输入 / 输出上拉电阻器（+）	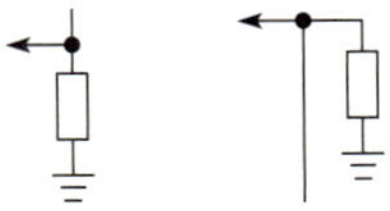	输入 / 输出下拉电阻器（-）
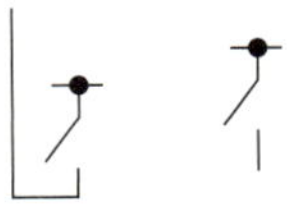	输入 / 输出高压侧驱动开关（+）		输入 / 输出低压侧驱动开关（-）

四、汽车电路图的识读原则

由于各国汽车电路图的绘制方法、符号标注、文字标注、技术标准不同，各汽车生产厂家的汽车电路图的画法有很大差异，甚至同一国家不同公司汽车电路图的表示方法也存在较大的差异，因此掌握汽车电路图识读的基本方法十分重要。

1. 了解汽车电路图的一般规律

（1）电源部分到各用电器熔断器或开关的导线是电气设备的公共火线。在电路原理图中一般画在上部。

（2）标准画法的电路图开关的触点位于静态，即开关处于断开状态或继电器线圈处于不通电状态，晶体管、晶闸管等具有开关特性的元件的导通与截止视具体情况而定。

（3）汽车电路的特点是双电源、单线制，各用电器采用并联连接方式，继电器和开关串联在电路中。

（4）大部分用电器都经过熔断器，受熔断器的保护。

（5）整车电路按功能及工作原理可划分为若干个独立的电路系统。

2. 阅读图注

认真阅读图注，了解电路图的名称、技术规范，明确图形符号的含义，建立元器件和图形符号间一一对应的关系，这样才能快速准确地识图。

3. 利用回路原则

任何一个完整的电路都由电源、用电器、开关、导线等组成。对于直流电路而言，电流从电源的正极出发，经过导线、熔断器、开关到达用电器，再经过导线（或搭铁）回到同一电源的负极。

4. 熟悉开关作用

开关是控制电路通、断的关键，电路中主要的开关往往汇集许多导线，如点火开关、灯光组合开关、刮水开关等，读图时应注意以下问题：

（1）注意开关的接线柱哪个是接电源，哪个是接用电器的；

（2）开关有几个挡位，在每个挡位中，哪些接线柱通电、哪些断电；

（3）蓄电池或发电机电流是通过什么路径到达这个开关的，中间是否经过别的开关和熔断器，这个开关是手动控制的还是电控的；

（4）各个开关分别控制哪些用电器，被控用电器的作用和功能是什么；

（5）在被控的用电器中要分清楚哪些处于常通、哪些处于短暂接通、哪些应先接通、哪些应后接通、哪些应单独工作、哪些应同时工作等。

任务实施

一、工作内容

点火系统电路图查阅。

以别克威朗轿车为例，根据电路图找到端视图；根据电路图在车中找到对应的位置。

点火系统电路图查阅

二、工具设备准备及要求

别克威朗实训车辆、维修手册、车轮挡块、车内三件套、车外三件套、抹布、拖布、手套、手电筒等。

要求：（1）按要求在规定时间内独立或小组合作完成工作任务；

（2）按操作规范做好车辆安全防护，确保人、车安全；

（3）反复练习查阅维修手册，并与实车中的元件、线束插头一一对应。

三、任务操作过程

1. 前期准备

检查车外有无划痕、凹坑，检查车内有无贵重物品，并记录说明。

（1）安装车轮挡块（安装在非驱动轮处，安装要贴紧车轮）。

（2）解锁车辆，在工单上正确填写车辆基本信息。

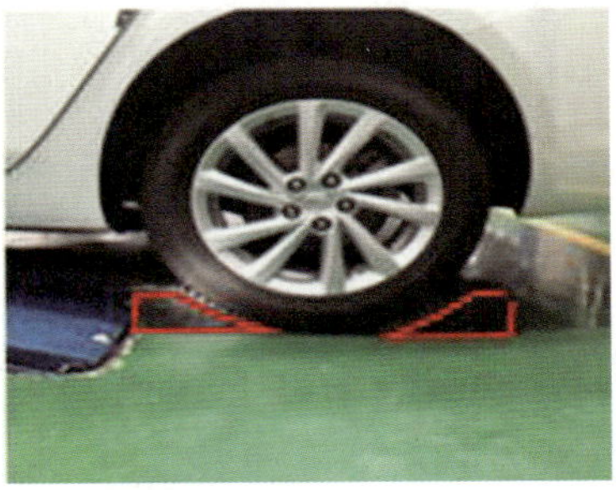

（3）安装车内三件套（包括转向盘套、座椅套和地板垫）。

（4）检查挡位和制动状态（确保车辆挡位处于 P 位）。

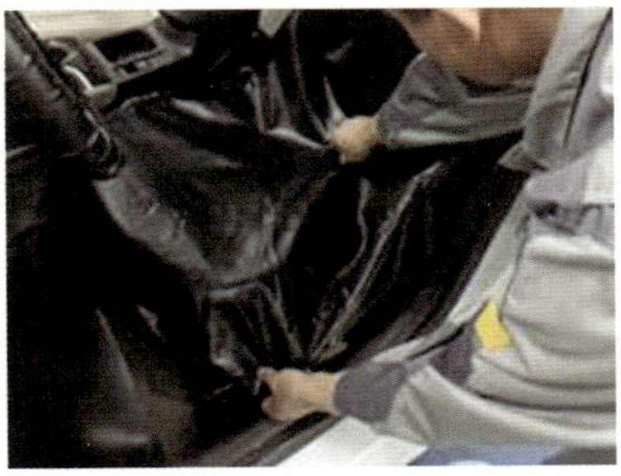

（5）拉起转向盘左下方释放杆（发动机舱盖弹起）。

（6）在发动机舱盖中间处扣动机械锁，打开发动机舱盖。

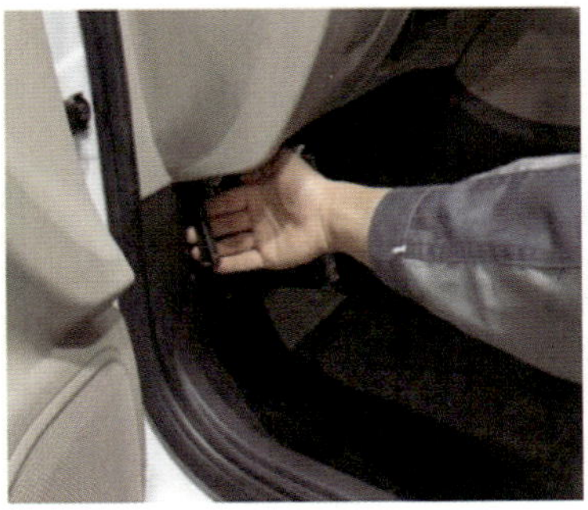

（7）安装车外三件套（包括左、右翼子板布和前格栅布）。

2. 电路的识读

使用维修手册查询发动机控制系统和燃油系统，找到别克威朗轿车点火系统电路图。

（1）找到点火线圈 T8A、T8B、T8C、T8D，并与实车对应。

（2）找到点火线圈 T8A/4 端子（电源线），与实车对应，并进行验证（可测出电源电压）。

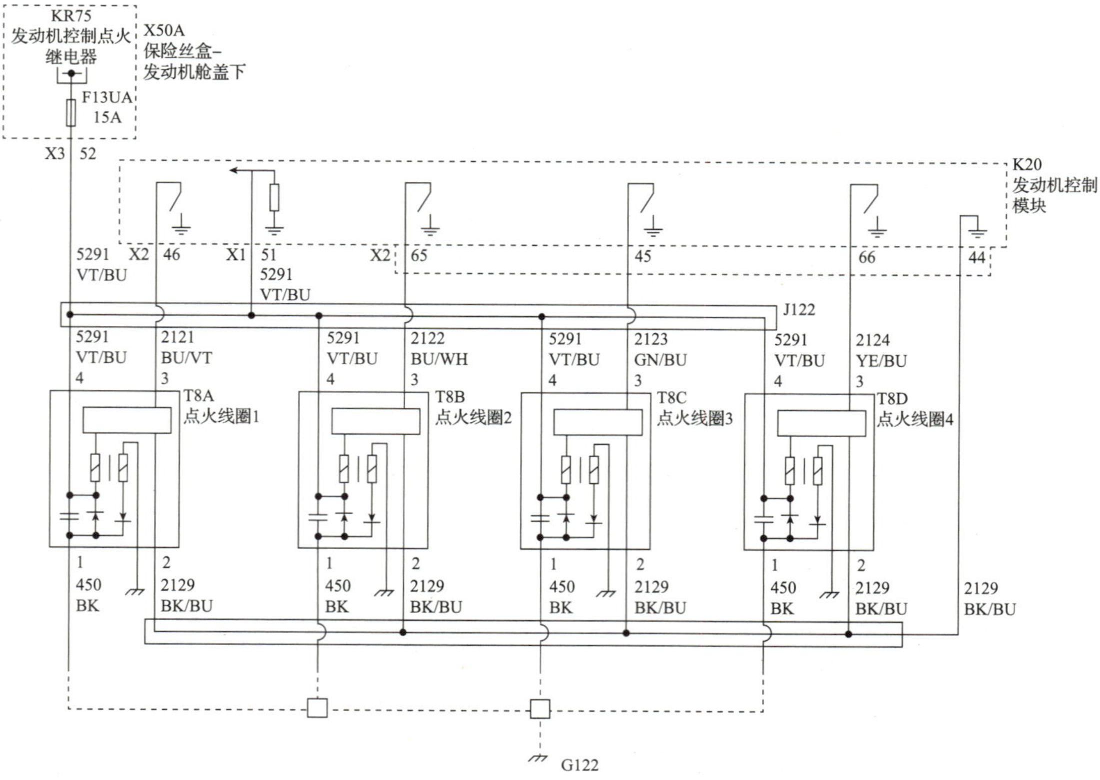

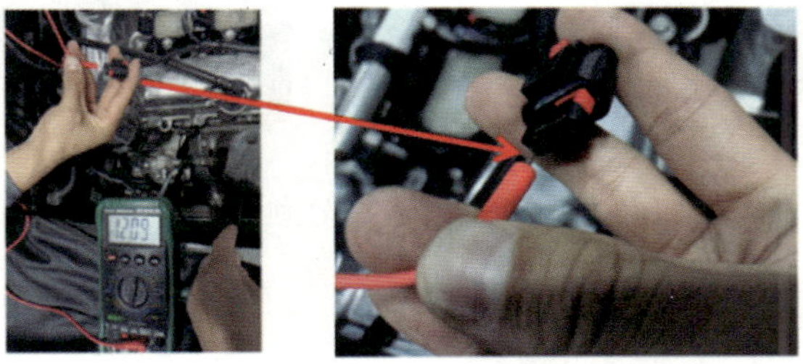

（3）找到 T8A/3 端子（点火信号线），与实车对应，并进行验证（发动机熄火状态下的电阻为无穷大；工作状态下，用试灯检验更为明显）。

（4）找到 T8A/1 端子（搭铁线），与实车对应。

（5）找到 K20/X1/51 端子（发动机电脑内部点火模块供电线），与实车对应。

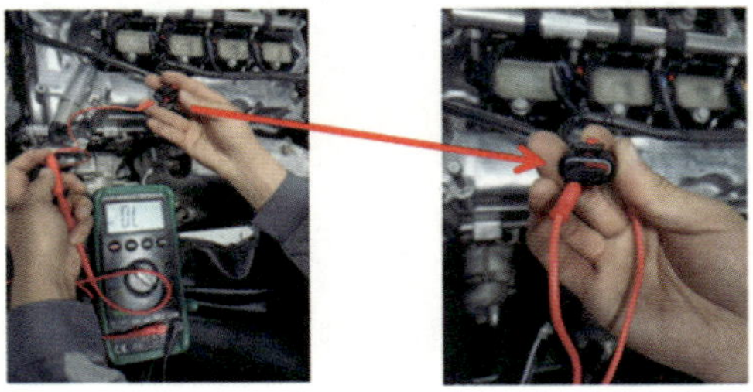

3. 车辆恢复及 8S 管理

（1）移除车外三件套，并叠放整齐。

（2）移除车内三件套，并叠放整齐。

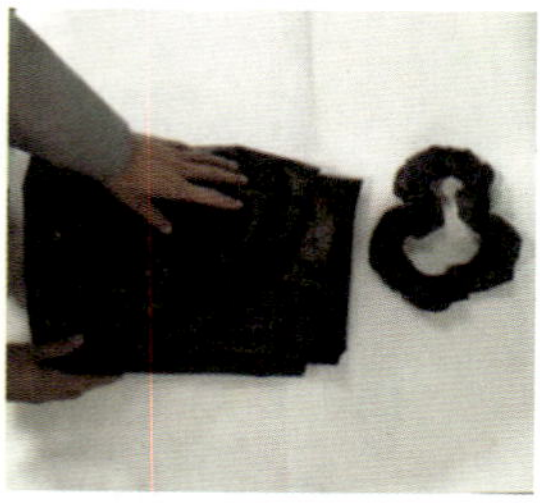

（3）关闭发动机舱盖（升起车窗玻璃，拔下车辆钥匙）。

（4）移除车轮挡块。

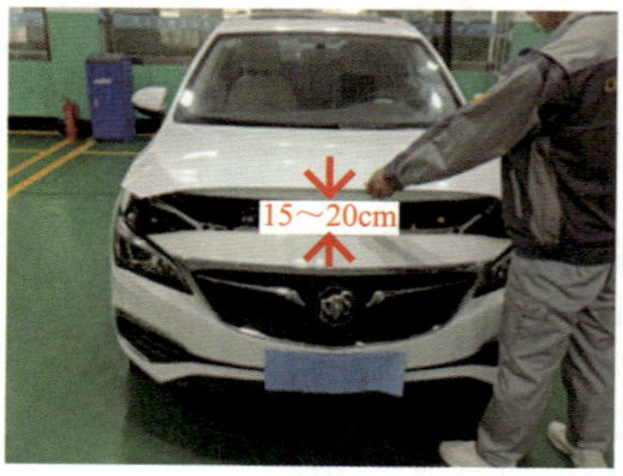

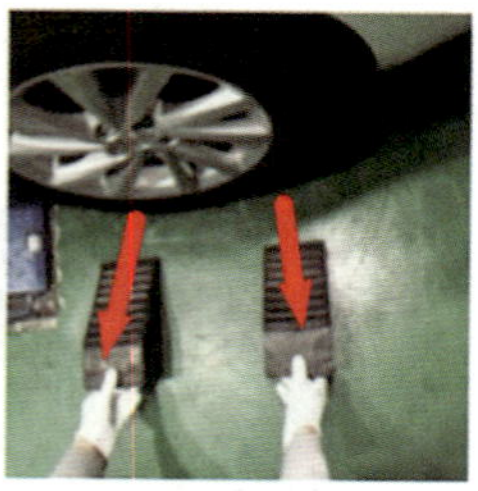

（5）车辆、场地清洁。

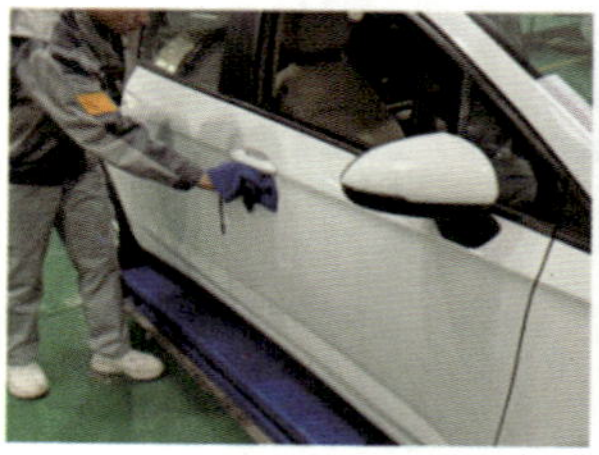

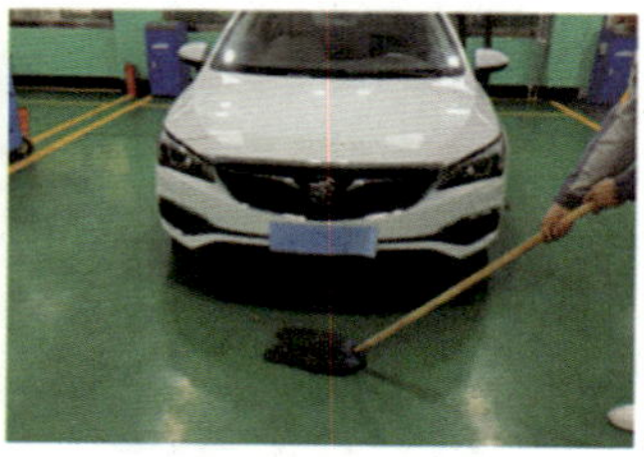

点火系统电路图查阅　任务工单

操作时间：　　　　分钟					
组长初评　□合格　□不合格			教师复评　□合格　□不合格		
一、车辆安全防护及信息记录					
车辆维修前检查车外有无划痕、凹坑等，检查车内有无贵重物品　□有　□无					
工具及防护用品检查　□正常　□不正常					
安装车轮挡块　□安装　□未安装			安装车内三件套　□安装　□未安装		
安装车外三件套　□安装　□未安装			检查驻车制动　□检查　□未检查		
品牌		整车型号		生产年月	
发动机型号		发动机排量		行驶里程	
车辆识别码					

二、电子维修手册使用（查询电路）

指定元件名称	针脚编号	针脚功能	操作结果
1.KR27 继电器			□完成　□未完成
KR27 继电器相关电路图信息（记录所查询的电路图在维修手册中的章节页码或电路图代码）			□完成　□未完成

指定元件名称	针脚编号	针脚线束颜色（中文）	针脚功能	操作结果
2. 点火线圈 T8A				□完成　□未完成
点火线圈相关电路图信息（记录所查询的电路图在维修手册中的章节页码或电路图代码）				□完成　□未完成
3.F21UA 保险丝相关信息（作用）				□完成　□未完成

三、车辆恢复及 8S 管理

操作项目	操作结果	操作项目	操作结果
1. 移除车内三件套	□完成　□未完成	2. 移除车外三件套	□完成　□未完成
3. 关闭发动机舱盖	□完成　□未完成	4. 移除车轮挡块	□完成　□未完成
5. 车辆、场地清洁	□完成　□未完成	6. 团队协作	□合格　□不合格

点火系统电路图查阅　评分标准

序号	操作步骤	操作要点及得分条件	评分标准	配分	得分
1	场地、工位、工具准备情况	车轮挡块、车外三件套、车内三件套、工具等检查 8 分（每项 2 分）	依据得分条件进行评分，按要求完成打√，未按要求完成打 ×，扣分不得超过 100 分	8 分	
2	车辆防护	安装左、右车轮挡块，安装车内三件套，安装车外三件套 20 分（每项 2 分）；检查驻车制动 4 分		24 分	
3	车辆信息记录	记录发动机型号、整车型号、生产年月、发动机排量、行驶里程等信息 10 分（每项 2 分）		10 分	
4	KR27 继电器	正确查询维修手册目录 8 分，正确记录信息 4 分		12 分	
5	点火线圈 T8A	正确查询维修手册目录 8 分，正确记录信息 4 分		12 分	
6	F21UA 保险丝	正确查询维修手册目录 8 分，正确记录信息 4 分		12 分	
7	车辆恢复及 8S 管理	车辆恢复 16 分；车辆、场地清洁 4 分		20 分	
8	团队协作	具有一定的团队协作能力 2 分		2 分	
总分 100 分					

练一练

一、填空题

1. 为了方便识别和维修，电线的各种颜色均用字母表示，其中黑色缩写是________、白色缩写是________、红色缩写是________________、YE 是________色、BU 是________色、BN 是________色、GN 是________色、PU 是________色、OG 是________色。

2. 为保证导线有足够的机械强度，规定横截面积不能小于________mm^2。

二、简答题

1. 简述汽车电路图的一般规律。

2. 简述识图的一般方法。

3. 别克威朗轿车常见的电气符号有哪些？

任务三　别克汽车电路图识读

学习目标

知识目标： 通过对汽车电路的学习，掌握别克汽车电路图的组成及识读方法；认识电路图中的电气符号。

技能目标： 能准确说明电路图中部分系统的工作原理；能正确掌握电路图的识读方法；能正确使用维修资料查阅相关信息。

素养目标： 养成积极主动的学习习惯；严格按照岗位要求规范操作；养成爱护设备、仪器的习惯，确保工具、设备和自身的安全；具有较强的组织沟通能力和良好的团队合作能力；穿戴要整齐；树立 8S 管理理念。

任务描述

本任务以别克威朗轿车中部分电路图为例，学习电路图识读的一般方法，电路图中符号标识的含义，并学会使用维修手册查询对应系统的电路，分析其工作原理，在汽车上找出对应的元器件。

理论知识

一、汽车电路图

汽车电路的基本特点是低电压、单线、并联和负极搭铁。当汽车电路图所要表达的汽车电路较多时，电路会很复杂。如果在识读中牢记汽车电路的基本特点，那么看起来较为复杂的汽车电路就会变得简单。根据汽车电路的基本特点，在读图和故障查询时应明确汽车电路图主要用于表达各电气系统的工作原理及各用电器之间的连接关系。常见的表达方式主要有电路原理图、电气线路图和线束图。汽车电路原理图是用规定的图形符号，根据汽车各系统的工作原理和电气设备的连接关系绘制而成的。汽车电路原理图既可以是全车电路图，也可以是单元电路图，是现在最常见的汽车电路图。我们以别克威朗轿车采用的汽车电路原理图为例，介绍电路图识读的相关知识。

1. 汽车电路原理图的特点

（1）导线都有颜色代码和规格的标注；

（2）汽车电气设备符号旁边都有设备名称和代码的标注；

（3）过载保护装置都有规格、代码和安装位置的标注；

（4）电路图中的开关、继电器等都处于断开状态；

（5）用电器都处于停止工作状态。

汽车电路原理图如图 2－3－1 所示。

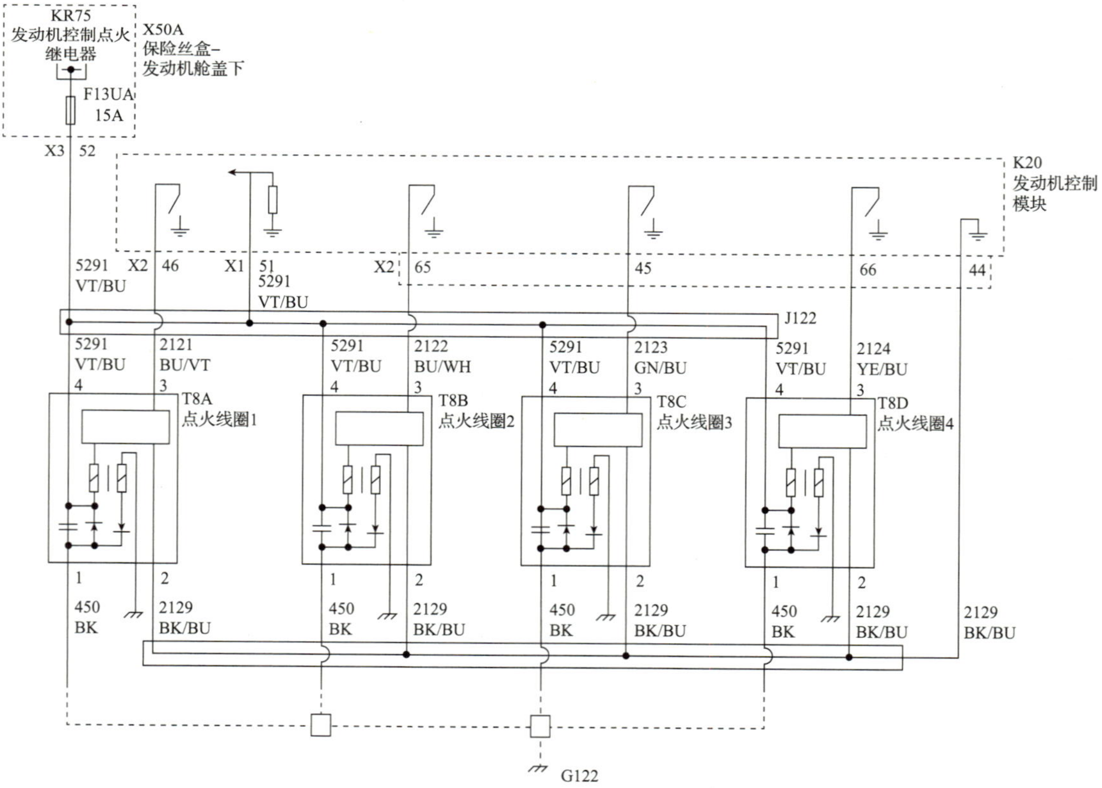

图 2－3－1　汽车电路原理图

2. 汽车电路原理图识图的一般方法

（1）从全图中把需要识读的系统分出来进行识读。

（2）牢记汽车电气设备符号。电气设备符号代替电气设备表现电气设备结构及电气设备间的关系，因此牢记汽车电气设备符号是读懂汽车电路原理图的基本要求。

（3）分析各系统的工作过程、相互间的联系。在分析某个电气系统之前，要清楚该电气系统所包含各部件的功能、作用和技术参数等。在分析过程中，应特别注意开关、继电器触点的工作状态（大多数电气系统都是通过开关以及继电器不同的工作状态来改变回路，实现不同的功能）。

（4）判断汽车电路原理图的类型。根据汽车电气系统的工作原理可把汽车电路原理图分为电控电路原理图和非电控电路原理图。对于电控电路，以电控单元为核心把电路原理图分为四部分：1）电控单元信号输入电路；2）执行器工作电路；3）电控单元电源电路；4）其他电气设备电路。电控电路原理图如图 2－3－2 所示。

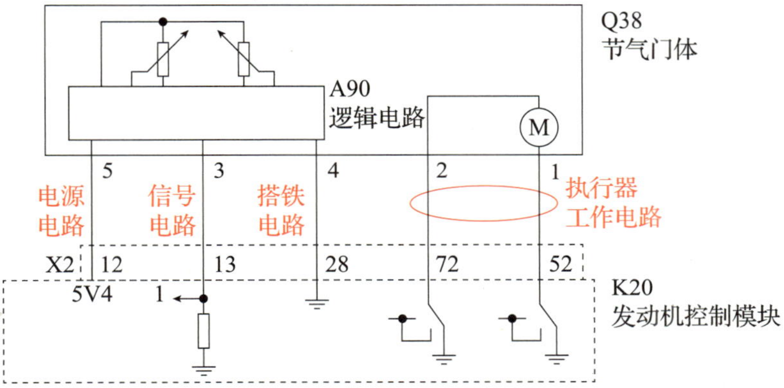

图 2－3－2　电控电路原理图

对于非电控电路，从用电器入手，然后根据用电器找出控制器。若控制器为继电器，则要先分析继电器线圈电路，再分析继电器控制用电器电路。应注意继电器有时候不止控制一个用电器，这时应对电路加以区分。图 2－3－3 所示为非电控电路原理图。

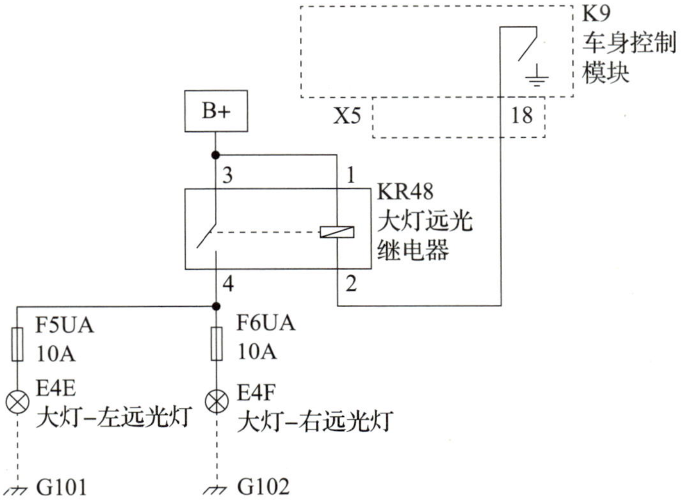

图 2－3－3　非电控电路原理图

以图 2-3-3 为例，左、右远光灯的控制器均为“KR48 大灯远光继电器”，而远光继电器受车身控制模块控制。当车身控制模块指令远光继电器线圈电路闭合时，继电器线圈通电使得继电器触点开关闭合。

（5）通过对典型电路的分析，掌握汽车电路原理图的一些共同规律，再以这些规律为指导，了解其他型号汽车的电路原理，起到触类旁通的作用。

二、电路图识读

下面以上海通用别克威朗发动机控制系统示意图（电源、搭铁、串行数据）为例进行说明。在图 2-3-4 中，电路图中符号标识的含义如下：

1“B+”表示该电路任何时间都有电，电压为蓄电池工作电压；

2表示 F31UA 7.5A 保险丝；

3虚线框表示没有完全标示出发动机罩下保险丝盒的所有部分；

4表示导线是由发动机罩下保险丝盒的 X3 连接插头的 8 号脚引出，连接插头编号 X3 写在左侧，插脚编号 8 写在右侧；

5虚线表示 18、31、51、52、54 号插脚都属于 X3 连接插头；

6数字“140”表示该导线所在的电路号码，“RD/WH”表示带白色条的红色导线，白色为主色，红色为辅助色；

7表示发动机控制模块 K20 的 73 号插脚；

8表示输出低压侧驱动开关（-），这里发动机控制模块 K20 的 67 插脚输出低电压信号，控制发动机控制继电器 KR75 的线圈工作；

9表示发动机控制模块 K20 的 73 插脚接收来自发动机控制点火继电器 KR75 的点火信号；

10符号表示搭铁；

11表示选装件断裂点，这里“MM1”与“MM3”是指两种配置或年款不同车型的电路；

12表示输出下拉电阻器，这里把来自 F13UA 保险丝的电压信号输出给发动机控制模块的内部控制电路；

13表示串行数据通信功能，该图标表明该串行数据电路详细信息未完全显示；

14表示部件的名称“K20 发动机控制模块”；

15表示需要参考数据通信电气线路图；

16表示不完整物理插头；

17表示发动机内部搭铁；

18表示直列线束插接器，左侧“X403”表示连接插头编号（其中 X 表示连接插头），右侧“21”表示直列线束插接器的 21 插脚。

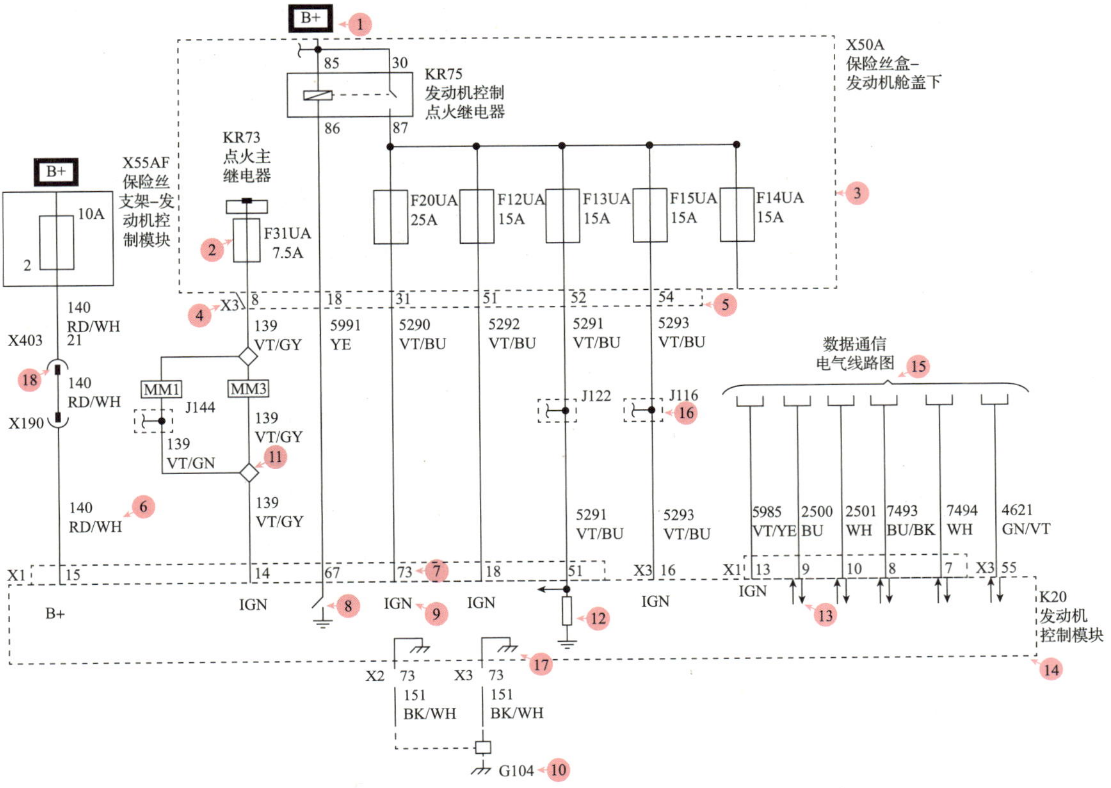

图 2-3-4　别克威朗发动机控制系统示意图

任务实施

起动系统电路图
查阅

一、工作内容

起动系统电路图识读。

查阅起动系统电路图，在实车中找到对应元件的位置。

二、工具设备准备及要求

别克威朗实训车辆、维修手册、车轮挡块、车内三件套、车外三件套、抹布、拖布、手套和手电筒等。

要求：（1）按要求在规定时间内独立或小组合作完成工作任务；

（2）按操作规范做好车辆安全防护，确保人、车安全；

（3）反复练习查阅维修手册，与实车中的元件、线束插头一一对应，掌握查阅方法。

三、任务操作过程

1. 车辆防护

检查车外有无划痕、凹坑，检查车内有无贵重物品，并记录说明。

（1）安装车轮挡块（安装要贴紧非驱动车轮）。

（2）解锁车辆，在工单上正确填写车辆基本信息。

（3）安装车内三件套（包括转向盘套、座椅套和地板垫）。
（4）检查挡位和制动状态（确保车辆挡位处于 P 位）。

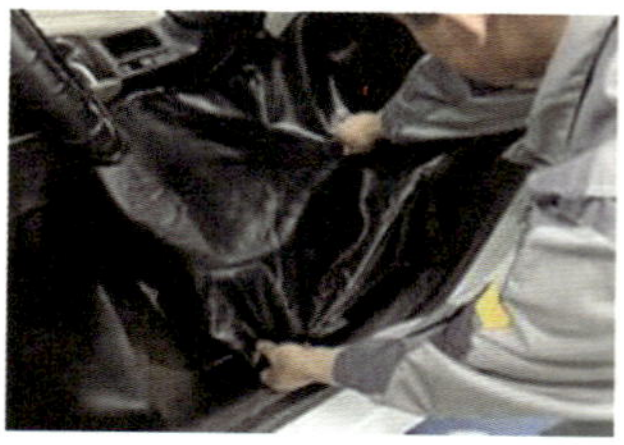

（5）拉起转向盘左下方释放杆（发动机舱盖弹起）。
（6）在发动机舱盖中间处扣动机械锁，打开发动机舱盖。

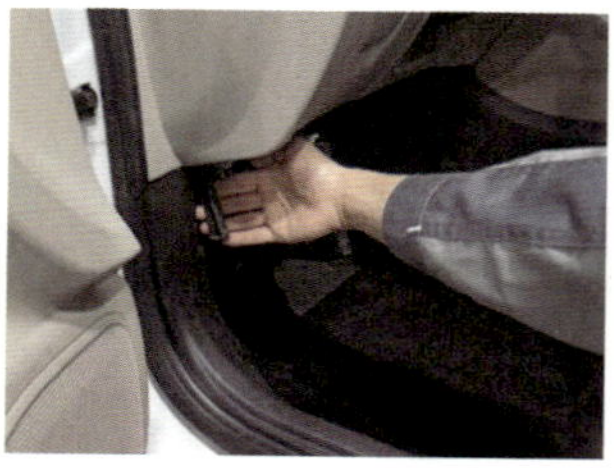
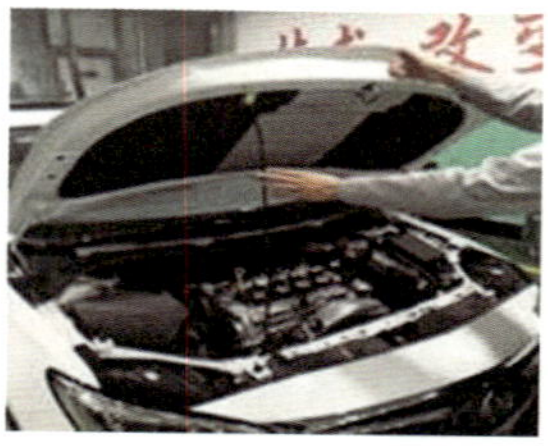

（7）安装车外三件套（包括左、右翼子板布和前格栅布）。

2. 使用维修手册查找起动系统电路

（1）打开维修手册目录。使用电子维修手册，打开书签找到“12 伏启动和充电”菜单。
（2）打开“起动和充电示意图”。

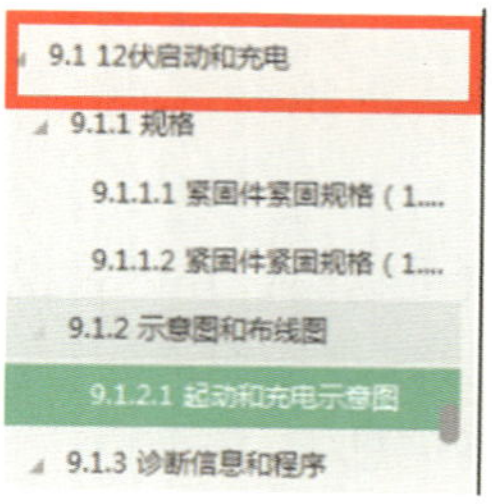

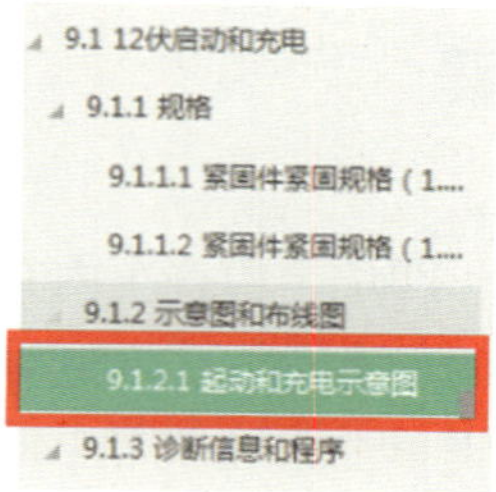

（3）找到起动系统电路图。

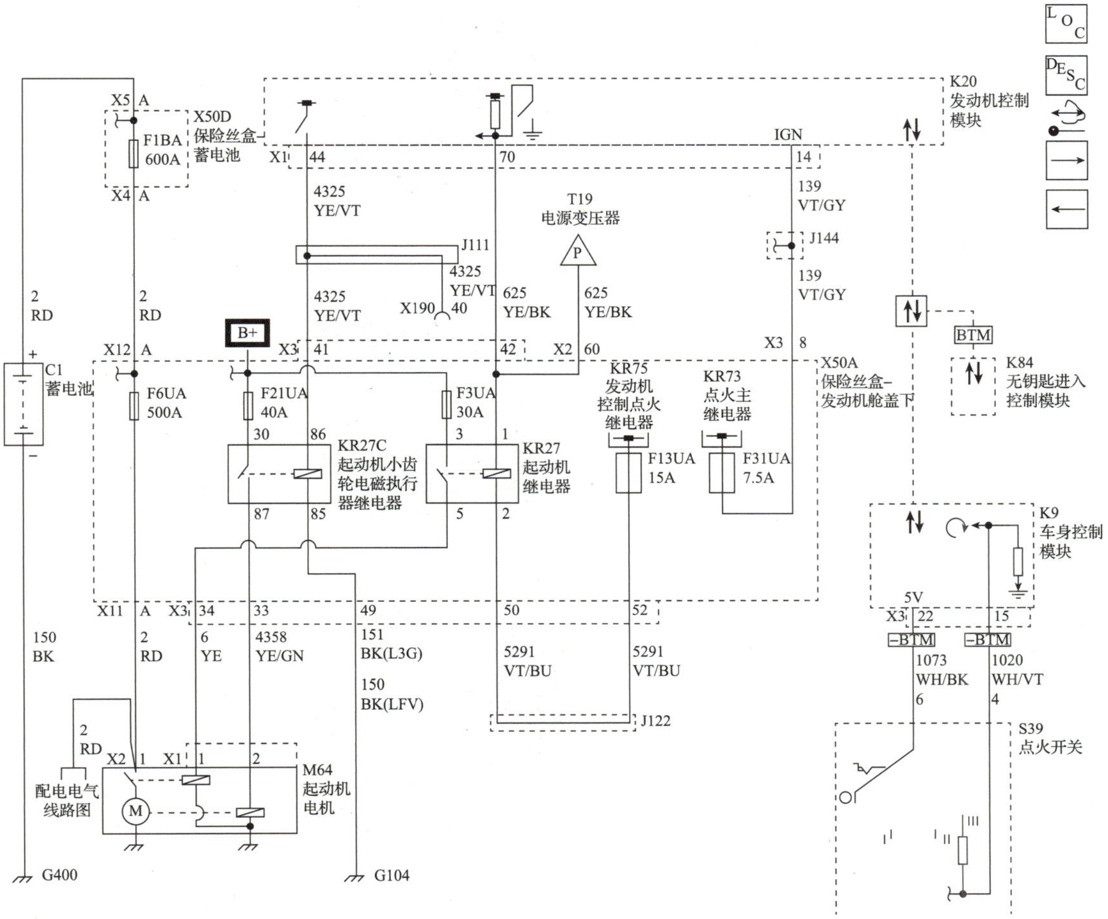

（4）找到 KR27 继电器，与实车对应。

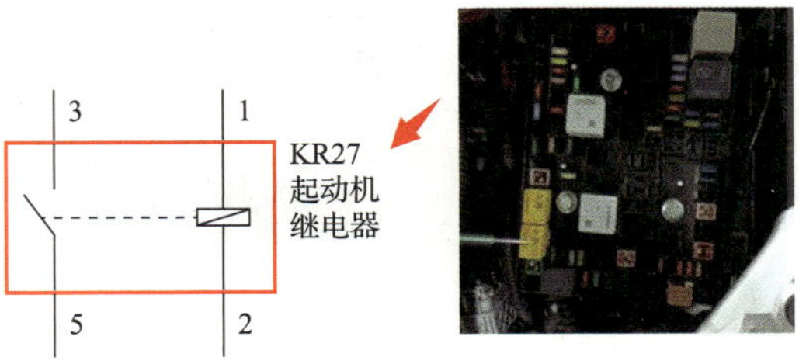

（5）找到 KR27C 继电器，与实车对应。

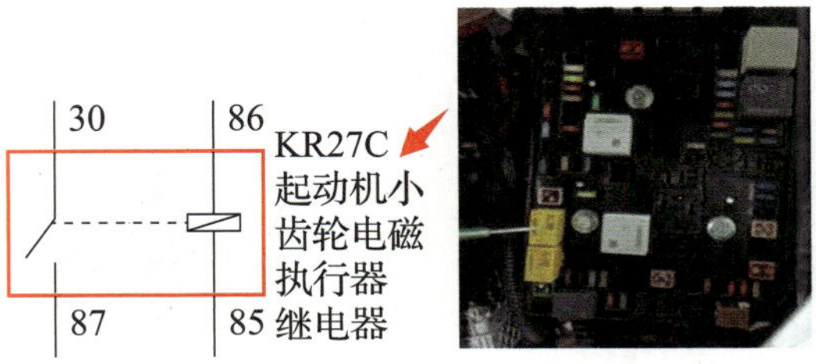

（6）找到 F21UA 保险，与实车对应。

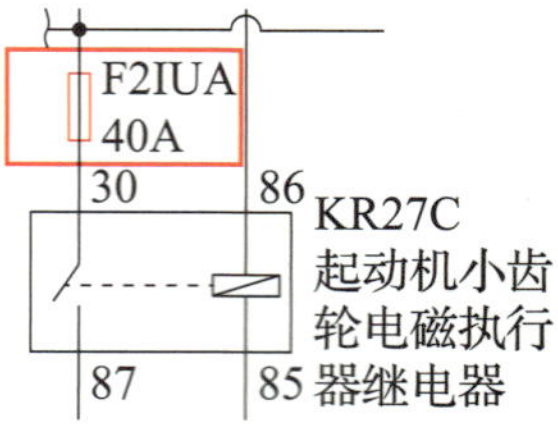

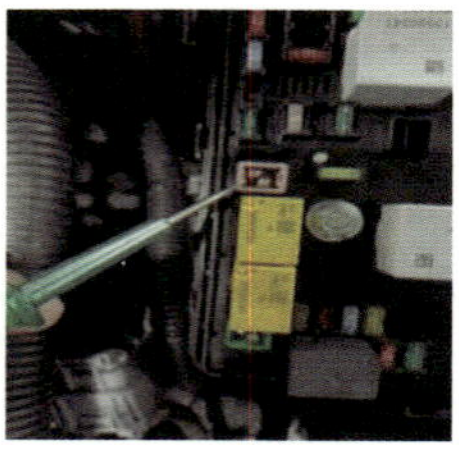

（7）找到 F3UA 保险，与实车对应。

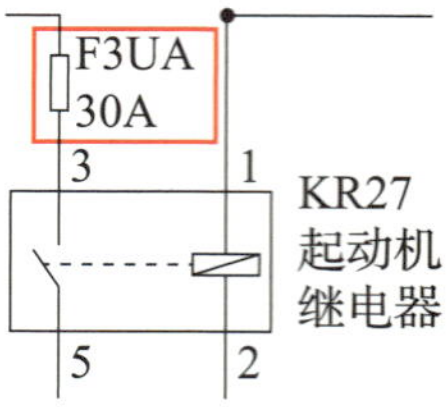

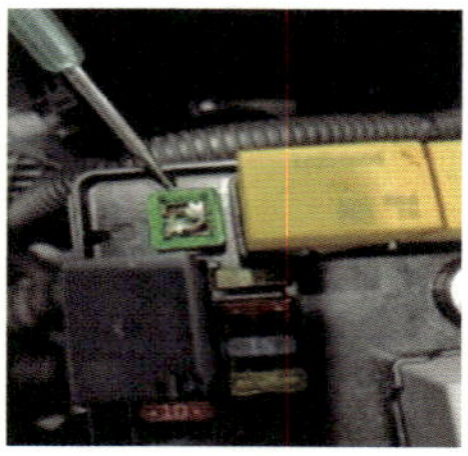

（8）找到 F13UA 保险，与实车对应。

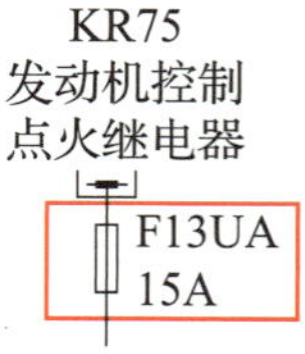

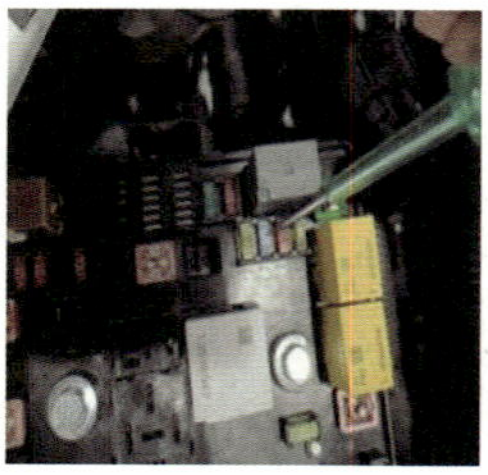

（9）找到 F31UA 保险，与实车对应。

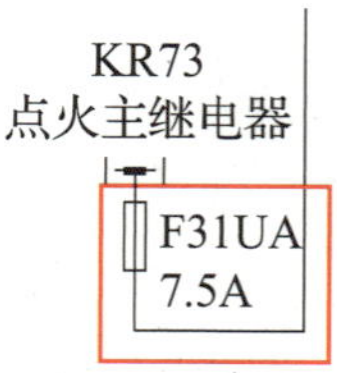

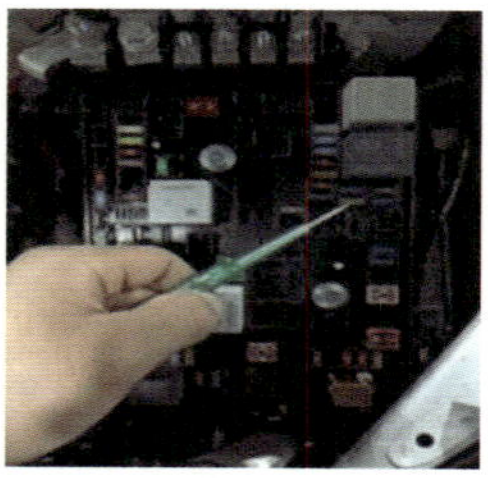

3. 车辆恢复及 8S 管理

（1）移除车外三件套，并叠放整齐。

（2）移除车内三件套，并叠放整齐。

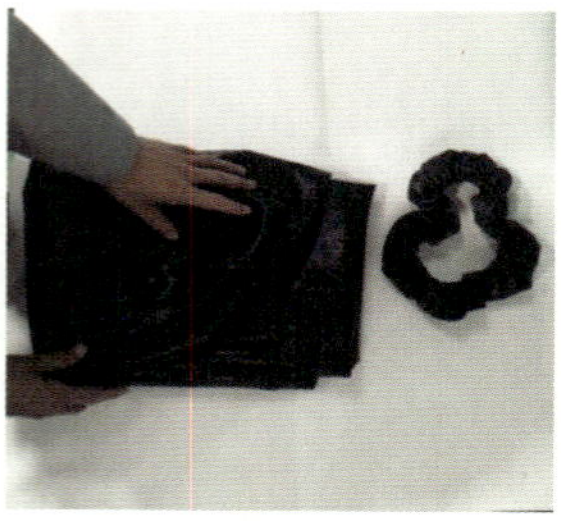

（3）关闭发动机舱盖（升起车窗玻璃，拔下车辆钥匙）。

（4）移除车轮挡块。

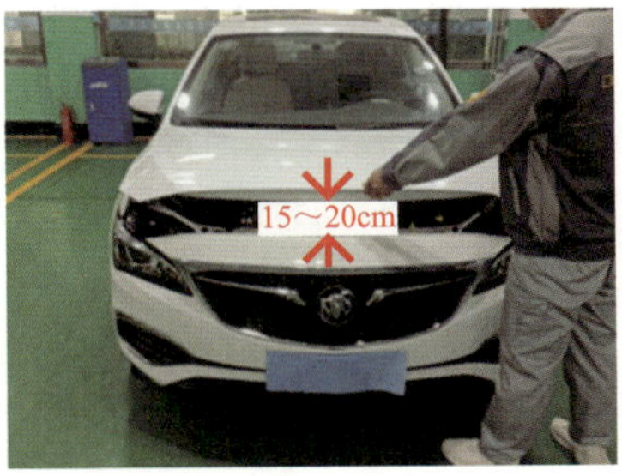

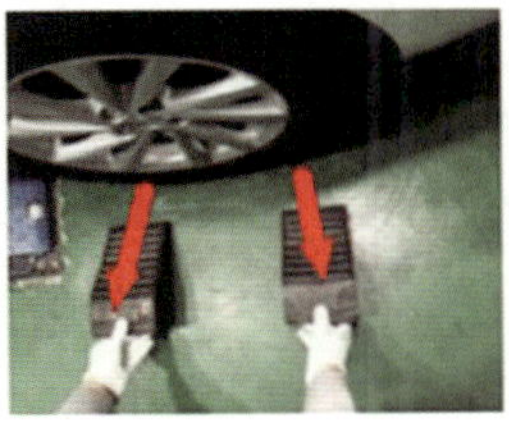

（5）车辆、场地清洁。

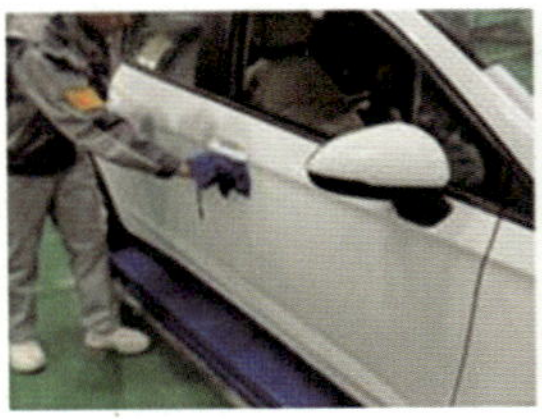

起动系统电路图识读　任务工单

<table>
<tr><td colspan="6">操作时间：　　　　　分钟</td></tr>
<tr><td colspan="3">组长初评　□合格　□不合格</td><td colspan="3">教师复评　□合格　□不合格</td></tr>
<tr><td colspan="6">一、车辆安全防护及信息记录</td></tr>
<tr><td colspan="6">车辆维修前检查车外有无划痕、凹坑等，检查车内有无贵重物品　□有　□无</td></tr>
<tr><td colspan="6">工具及防护用品检查　□正常　□不正常</td></tr>
<tr><td colspan="3">安装车轮挡块　□安装　□未安装</td><td colspan="3">安装车内三件套　□安装　□未安装</td></tr>
<tr><td colspan="3">安装车外三件套　□安装　□未安装</td><td colspan="3">检查驻车制动　□检查　□未检查</td></tr>
<tr><td>品牌</td><td></td><td>整车型号</td><td></td><td>生产年月</td><td></td></tr>
<tr><td>发动机型号</td><td></td><td>发动机排量</td><td></td><td>行驶里程</td><td></td></tr>
<tr><td>车辆识别码</td><td colspan="5"></td></tr>
</table>

<table>
<tr><td colspan="2">二、使用维修手册查询起动系统电路</td></tr>
<tr><th>操作项目</th><th>操作结果</th></tr>
<tr><td>1. 使用维修手册找到“起动和充电示意图”</td><td>□完成　□未完成</td></tr>
<tr><td>2. 找到起动系统电路图并找到 KR27、KR27C 继电器在电路图中的位置</td><td>□完成　□未完成</td></tr>
<tr><td>3. 找到 KR27、KR27C 继电器在实车上的位置</td><td>□完成　□未完成</td></tr>
<tr><td>4. 将 KR27、KR27C 继电器的针脚与电路图中的编号对应</td><td>□完成　□未完成</td></tr>
<tr><td>5. 找到 F21UA、F3UA 保险丝并与实车位置对应</td><td>□完成　□未完成</td></tr>
<tr><td>6. 找到 F13UA、F31UA 保险丝并与实车位置对应</td><td>□完成　□未完成</td></tr>
</table>

<table>
<tr><td colspan="4">三、车辆恢复及 8S 管理</td></tr>
<tr><th>操作项目</th><th>操作结果</th><th>操作项目</th><th>操作结果</th></tr>
<tr><td>1. 移除车内三件套</td><td>□完成　□未完成</td><td>2. 移除车外三件套</td><td>□完成　□未完成</td></tr>
<tr><td>3. 移除车轮挡块</td><td>□完成　□未完成</td><td>4. 关闭发动机舱盖</td><td>□完成　□未完成</td></tr>
<tr><td>5. 车辆、场地清洁</td><td>□完成　□未完成</td><td>6. 团队协作</td><td>□合格　□不合格</td></tr>
</table>

起动系统电路图识读　评分标准

序号	操作步骤	操作要点及得分条件	评分标准	配分	得分
1	场地、工位、工具准备情况	检查车轮挡块 2 分、车外三件套 3 分、车内三件套 3 分	依据得分条件进行评分，按要求完成打√，未按要求完成打 ×，扣分不得超过 100 分	8 分	
2	车辆防护	安装左、右车轮挡块，安装车内三件套，安装车外三件套 20 分（每项 2 分）；检查驻车制动 4 分		24 分	
3	车辆信息记录	记录发动机型号、整车型号、生产年月、发动机排量、行驶里程等信息 10 分（每项 2 分）		10 分	
4	查询“起动和充电示意图”	“起动和充电示意图”查询方法合理 4 分		4 分	
5	找到 KR27、KR27C 并与实车继电器对应，查询针脚信息	KR27、KR27C 查询方法合理 2 分，针脚与实物能对应 4 分，工作页信息填写 2 分		8 分	
6	找到 F21UA、F3UA 保险丝	F21UA、F3UA 保险丝能与实车对应 4 分，工作页信息填写 2 分		6 分	
7	找到 F13UA、F31UA 保险丝	F13UA、F31UA 保险丝能与实车对应 4 分，工作页信息填写 2 分		6 分	
8	起动机搭铁点位置查询	能找到起动机搭铁点位置 4 分		4 分	
9	车辆恢复及 8S 管理	车辆恢复 20 分；清洁车辆、场地 4 分		24 分	
10	团队协作	具有一定的团队协作能力 6 分		6 分	
总分 100 分					

练一练

一、填空题

1. 在电路图中，F12 控制____________________。
2. 在电路图中，KR27 控制______________________________，KR27C 控制__________。

二、简答题

1. 汽车电路原理图通常有哪些特点?

2. 根据起动系统电路图，叙述一下你是如何进行识读的。

项目三 汽车电源和起动系统

项目描述

本项目主要介绍汽车电源和起动系统的作用、结构与工作原理。技能任务包括蓄电池的拆装、维护、充电操作；发电机的拆装、传动皮带松紧度的检查以及充电系统性能检测；起动机的拆装及性能检测。通过本项目的学习，理解汽车电源和起动系统中的知识要点，能完成蓄电池的检查与维护、充电系统的检查与维护及起动系统的检查与维护等技能操作任务。

- 汽车电源和起动系统
  - 蓄电池的检查与维护
    - 蓄电池的作用
    - 铅酸蓄电池的结构
    - 蓄电池的型号、类型、容量
    - 蓄电池的工作原理
    - 蓄电池常见的故障
    - 蓄电池技术状态检测
    - 蓄电池的维护
  - 充电系统的检查与维护
    - 发电机的作用
    - 发电机的分类
    - 发电机的结构
    - 交流发电机的工作原理
    - 充电系统常见的故障及解决方法
    - 别克威朗汽车充电系统电路
  - 起动系统的检查与维护
    - 起动系统的作用
    - 起动系统的基本要求
    - 起动机的分类
    - 起动机的结构
    - 起动系统的工作原理
    - 起动系统常见的故障及解决方法
    - 别克威朗汽车起动系统电路

任务一　蓄电池的检查与维护

学习目标

知识目标：通过对蓄电池理论知识的学习，了解蓄电池的作用、分类和工作原理；掌握蓄电池的结构及型号的含义。

技能目标：能对蓄电池进行正确的检测与维护；能对蓄电池进行正确的拆装与充电。

素养目标：养成积极主动的学习习惯；严格按照岗位要求规范操作；养成爱护设备、仪器的习惯，确保工具、设备和自身的安全；具有较强的组织沟通能力和良好的团队合作能力；穿戴要整齐；树立 8S 管理理念。

任务描述

客户赵女士的别克威朗轿车无法起动，被运送到别克 4S 店，经维修技师检查，判断是蓄电池故障。下面将学习汽车蓄电池的相关知识，并按要求完成蓄电池的更换、检测以及充电任务。

理论知识

一、蓄电池的作用

蓄电池是一种既可将化学能转变为电能，又可将电能转换为化学能的装置，属于可逆的直流电源。汽车上采用的蓄电池通常称为起动型蓄电池，其结构简单、价格低廉、内阻小、起动性能好，能在短时间内提供起动机所需的大电流（汽油机 200 ～ 600A，柴油机 1 000A），因此得到了广泛的应用。

蓄电池的作用如下：

（1）起动发动机时，向起动机和点火系统供电；

（2）当发电机电压较低或超载而造成供电能力不足时，蓄电池协助发电机向用电设备供电；

（3）当发电机端电压高于蓄电池电压时，蓄电池将发电机多余电能转化为化学能储存起来；

（4）起大电容器作用，能够吸收发电机和电路中形成的过电压，保护电路元件不被烧坏。

二、铅酸蓄电池的结构

铅酸蓄电池由三只或六只单格蓄电池串联而成，每只单格蓄电池的额定电压为 2V，串联成 6V 或 12V，供给汽车选用。其主要由极板、隔板、电解液、壳体、链条、接线柱和排气孔等组成。蓄电池的外形与基本结构如图 3 - 1 - 1 所示。

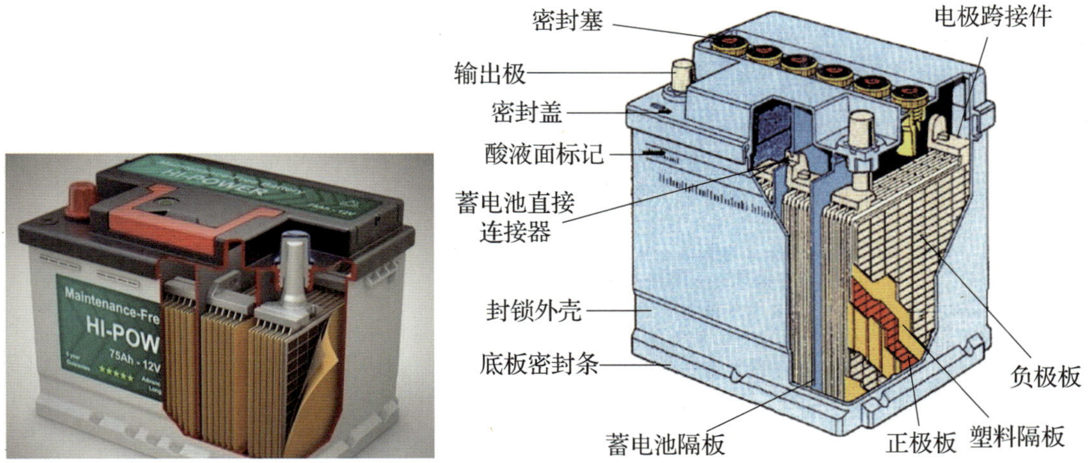

图 3 - 1 - 1 蓄电池的外形与基本结构

1. 极板

极板是蓄电池的基本部件，由它接收充入的电能并向外释放电能。极板分正极板和负极板两种。正极板上的活性物质是棕红色的二氧化铅（PbO_2），负极板上的活性物质是青灰色海绵状的纯铅（Pb）。正、负极板上的活性物质分别填充在铅锑合金铸成的栅架上，如图 3 - 1 - 2 所示。

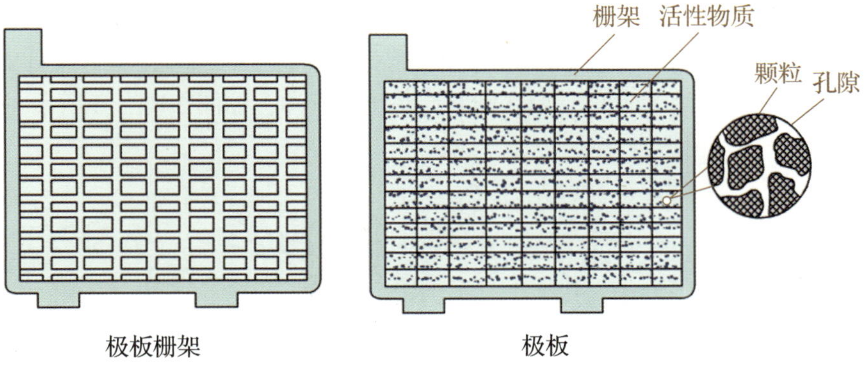

图 3 - 1 - 2 极板栅架

蓄电池极板上的活性物质通过与电解液中硫酸的化学反应，实现充电与放电过程中电能和化学能之间的相互转换。在每只单格蓄电池中，通常负极板比正极板多一片。

2. 隔板

为了避免正、负极板间相互接触而短路，在正、负极板之间采用绝缘的隔板隔开，如图 3 - 1 - 3 所示。隔板材料具有多孔性结构，使电

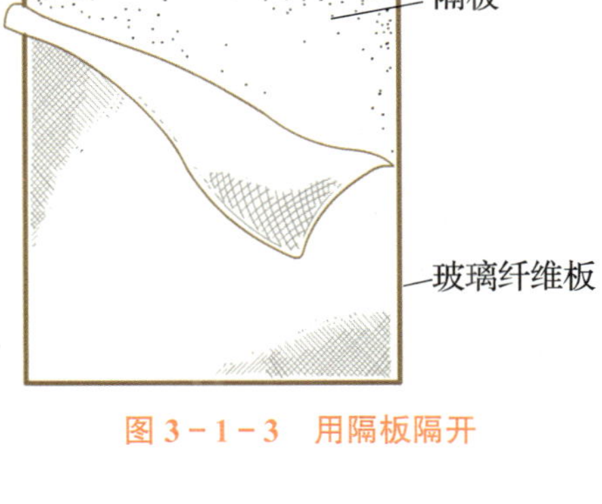

图 3 - 1 - 3 用隔板隔开

解液自由渗透，而且它的化学性能稳定，具有良好的耐酸性和抗氧化性。

常见的隔板材料有木材、微孔橡胶、微孔塑料、玻璃纤维纸浆和玻璃丝棉等几类。

3. 电解液

铅酸蓄电池的电解液由密度为 1.84g/cm³ 的浓硫酸和蒸馏水按一定的比例（蒸馏水占 64%，浓硫酸占 36%）配制而成。铅酸蓄电池的电解液密度一般为 1.24 ~ 1.30g/cm³。电解液的密度对蓄电池的工作有重要影响，密度大，可减少结冰的危险并提高蓄电池的容量，但是如果密度过大，则黏度会增加，电解液不易渗透，流动性降低，反而降低了蓄电池的容量。

4. 壳体

壳体由一个具有整体式结构的容器构成，如图 3－1－4 所示，极板、隔板和电解液均装入壳体内。通常所用的材料有硬橡胶、聚丙烯塑料两种，要求具有耐酸、耐热、耐振动、抗冲击的能力。

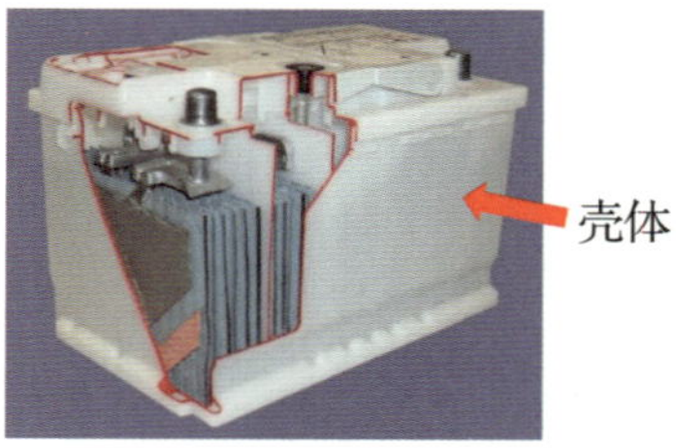

图 3－1－4　壳体

5. 链条

链条是将单格蓄电池串联起来以提高蓄电池总成端电压的部件，有传统外露式（用在硬橡胶壳体上）、穿壁式和跨越式（用在塑料壳体上）三种，加图 3－1－5 所示。

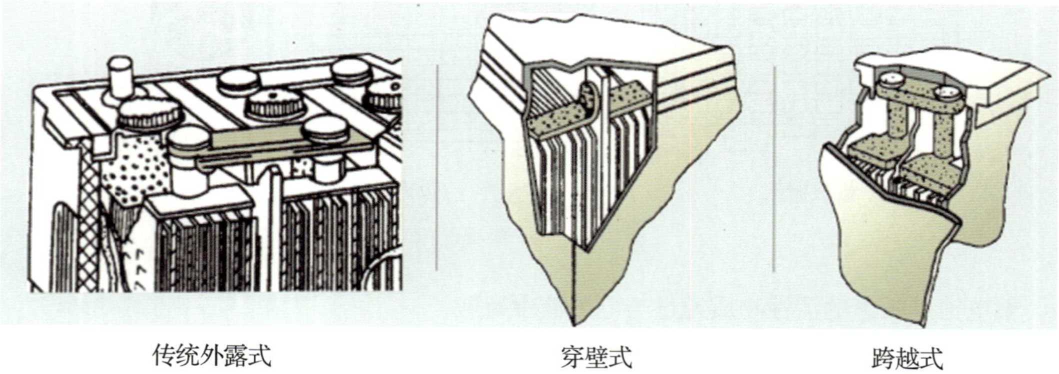

图 3－1－5　链条

6. 接线柱

接线柱又叫极柱，分为正极接线柱和负极接线柱，其形状有圆锥形、L 形两种，如图 3－1－6 所示。

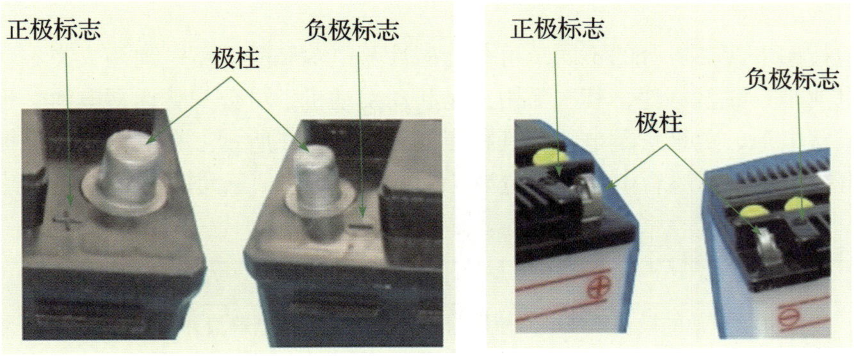

圆锥形　　L 形

图 3－1－6　接线桩

7. 排气孔

加液孔盖上设有排气孔（排气孔是采用橡胶或塑料制成的），其作用是保持电池内外压力平衡。加液孔盖上的排气孔应保持畅通，使蓄电池发生化学反应时内部产生的氢气（H_2）与氧气（O_2）顺利排出。加液孔下端有隔板。拧开加液孔盖后可进行添加电解液或蒸馏水、测量电解液密度、测量温度和液面高度等操作。在加液孔盖上还安装有一个过滤器，可以避免水蒸气逸出，减少水的消耗。

三、蓄电池的型号、类型、容量

1. 蓄电池的型号

国产蓄电池的型号一般标注在壳体上，分为 3 段 5 部分，如表 3－1－1 所示。

表 3－1－1　蓄电池的型号

Ⅰ	Ⅱ		Ⅲ	
1. 串联的单格蓄电池数	2. 蓄电池类型	3. 蓄电池特征	4. 额定容量	5. 特殊性能

国产蓄电池的型号表示如下：

串联的单格蓄电池数－蓄电池的类型和特征－额定容量和特殊性能，如 6-QA-105D，其含义如下：

6——用阿拉伯数字表示串联的单格蓄电池数；

QA——用汉语拼音字母表示蓄电池的主要用途和类型：Q——起动用蓄电池，M——摩托车用蓄电池，JC——船用蓄电池，HK——飞机用蓄电池，A——用汉语拼音字母表示蓄电池的特征（无字为干封式普通铅蓄电池，A 为干荷式蓄电池，B 为薄型极板蓄电池，W 为免维护蓄电池）；

105——数字表示 20h 放电率额定容量为 105A · h（充足电的蓄电池，在常温下以 20h 放电率的电流放电 20h 对外输出的电量）；

D——用汉语拼音字母表示蓄电池的特殊性能（G 表示高起动率蓄电池；S 表示塑料壳体；D 表示低温起动性能好）。

2. 蓄电池的类型

蓄电池按照电解液成分的不同，可分为碱性蓄电池和酸性蓄电池两大类。目前汽车上常用的蓄电池是铅酸蓄电池，其主要用途是起动发动机，可分为普通蓄电池、干荷式蓄电池、湿荷式蓄电池、免维护蓄电池，其特点如表 3－1－2 所示。在电动汽车上提供动力的电池主要有镍氢电池、燃料电池和锂电池（磷酸铁锂电池、三元锂电池）、电容电池等。

表 3－1－2　四种铅酸蓄电池的特点

类型	特点
普通蓄电池	新蓄电池的极板不带电，使用前需按照规定加注电解液并且进行初充电，初充电的时间较长。使用过程中需要定期维护
干荷式蓄电池	新蓄电池的极板处于干燥的已充电状态，电池内部无电解液。在规定的保存期内如需使用，则按照规定加入电解液，静置 20 ～ 30min。使用过程中需要定期维护
湿荷式蓄电池	新蓄电池的极板处于已充电状态，蓄电池内部带有少量的电解液。在规定的保存期内如需使用，则按照规定加入电解液，静置 20 ～ 30min。使用过程中需要定期维护
免维护蓄电池	使用过程中不需要维护，可用 3 ～ 4 年不需补加蒸馏水，极柱腐蚀极少，自放电少

3. 蓄电池的容量

蓄电池在完全充足电的条件下，在允许放电的范围内对外输出的电量叫容量，单位为安培·小时（A·h）。蓄电池的容量可分为额定容量和起动容量。

额定容量是指完全充足电的电池，在电解液平均温度为 25℃的条件下，以 20h 放电率的电流连续放电，直至单格蓄电池电压下降到 1.75V 时所输出的电量。

起动容量是指以 5min 放电率的电流连续放电至规定的终止电压时所输出的电量，又分为常温起动容量和低温起动容量。常温起动容量在电解液平均温度为 25℃的情况下产生，低温起动容量在电解液平均温度为 −18℃的情况下产生。

四、蓄电池的工作原理

1. 蓄电池放电

（1）放电过程。

当蓄电池的正、负极板浸入电解液中时，在正极板上会产生 2V 的正电位，在负极板上会产生 0.1V 的负电位，因此在正负极板间产生 2.1V 的电位差。当接通电路时，在 2.1V 电位差的作用下，电流从正极流出，经过负载流回负极。在放电过程中，极板上的活性物质与电解液反应生成硫酸铅和水，电解液中的硫酸（H_2SO_4）被消耗，而水（H_2O）增多，电解液的密度逐渐下降，如图 3－1－7 所示。

放电时的化学反应式如下：

$$PbO_2+Pb+2H_2SO_4 \rightarrow 2PbSO_4+2H_2O$$

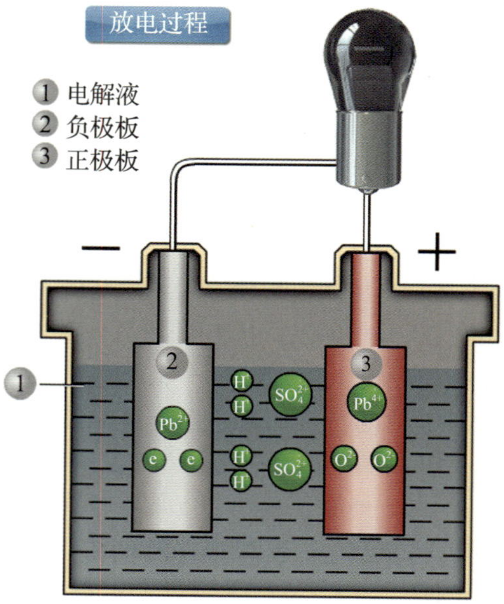

图 3－1－7　放电过程

（2）放电过程的特征。

1）正极板上的活性物质（PbO_2）、负极板上的活性物质（Pb）逐渐转变为 $PbSO_4$；

2）随着放电的进行，电解液中硫酸（H_2SO_4）的含量逐渐减少，水（H_2O）的含量逐渐增多，电解液的密度逐渐下降；

3）随着 $PbSO_4$ 的增多，蓄电池的内电阻逐渐增大。同时，由于 $PbSO_4$ 附着于极板表面，使电解液与 PbO_2 和 Pb 的接触面积越来越小，蓄电池的供电能力逐渐下降。

（3）放电终了的特征。

1）以 20h 放电率电流放电时，单格蓄电池电压降到放电终止电压（约为 1.75V）；

2）电解液的密度降到最小许可值，约为 $1.11g/cm^3$。

2. 蓄电池充电

（1）充电过程。

当外加直流源电压高于蓄电池电动势时，电流将以与放电相反的方向流过蓄电池，使蓄电池正、负极发生与放电过程相反的化学反应。充电过程中，H_2O 被消耗，而 H_2SO_4 逐渐增多，电解液的密度逐渐上升。

充电时的化学反应式如下：

$$2PbSO_4+2H_2O \rightarrow PbO_2+Pb+2H_2SO_4$$

（2）充电过程的特征。

1）正、负极板上的活性物质逐渐由 $PbSO_4$ 转变为 PbO_2 和 Pb；

2）随着充电的进行，电解液中 H_2O 的含量逐渐减少，H_2SO_4 的含量逐渐增多，电解液的密度逐渐上升；

3）随着 $PbSO_4$ 的减少，PbO_2 和 Pb 的增多，蓄电池的内电阻逐渐减小；同时，蓄电池的供电能力逐渐恢复。

（3）充电终了的特征。

1）单格蓄电池的电压上升到最大值（2.7V），电解液的密度上升到最大值（$1.30g/cm^3$），且在 2 ～ 3h 内不再上升；

2）电解液中剧烈地冒气泡，呈沸腾现象（电解水）。

五、蓄电池常见的故障

随着电瓶使用次数的增加，放电容量不断减小，一般来讲，正常使用的电池，当容量低于额定容量的 60% 时即可报废。由于蓄电池的使用方式或制造条件不同，电池报废的原因各不相同。同时，由于人们对电池的使用要求不一，因此报废标准也不相同。

导致蓄电池容量降低的常见故障原因有电解液液面过低、电池内部电压不平衡、失水、硫酸盐化、短路、开路等。

失水：在蓄电池充电过程中会发生水的电解，产生氧气和氢气，使水以氢气、氧气的形式散失（又称为析气），导致水分减少，使参与反应的活性物质减少，电池容量下降。

硫酸盐化：又叫极板硫化。蓄电池放电时，在正、负极板产生硫酸铅，正极板由于氧化作用的存在，易溶的硫酸铅在氧化作用下可形成难溶解的硫酸铅晶粒。而在长期亏电保存、经常过放电或长期充电不足的情况下，在负极板表面会逐渐形成一层质密、坚硬且难溶解的硫酸铅层，从而导致蓄电池容量下降。

短路：正、负极板间由隔板（膜）隔开，但如果有枝晶穿透，可使正、负极板相连形成内部短路，从而导致蓄电池端电压下降。

开路：一般发生在汇流排焊接以及极柱焊接和端子焊接阶段，表现形式通常不是完全断路，而是虚焊（通常是由于在焊接时没有焊好，存在裂隙，在使用过程中，这一区域将产生尖端腐蚀），从而在虚焊处产生较大的内电阻，导致蓄电池容量下降。

六、蓄电池技术状态检测

在使用过程中要对蓄电池的电解液液面、电池内部电压的不平衡等参数进行技术检查。

1. 外部检测

蓄电池的壳体封胶，应无开裂和破损，极柱无破损，如图 3－1－8 所示。

图 3－1－8　蓄电池的外部

2. 电解液液面的高度检查

（1）玻璃管测量法。

将试管插至蓄电池单格内极板的上平面上，用拇指压住玻璃管上端，使管口密封后提起玻璃管，此时玻璃管中液体的高度即为蓄电池电解液液面的高度，其标准高度值应为 10 ～ 15mm，低于此值时，应加注蒸馏水并使其符合标准值，如图 3－1－9 所示。此方法只适用于有加液孔的蓄电池。

（2）液面指示线观察法。

透明塑料壳体的蓄电池上刻有两条指示线，可通过这两条指示线进行检查，电解液液面在两条线之间即为正常，如图 3－1－10 所示。

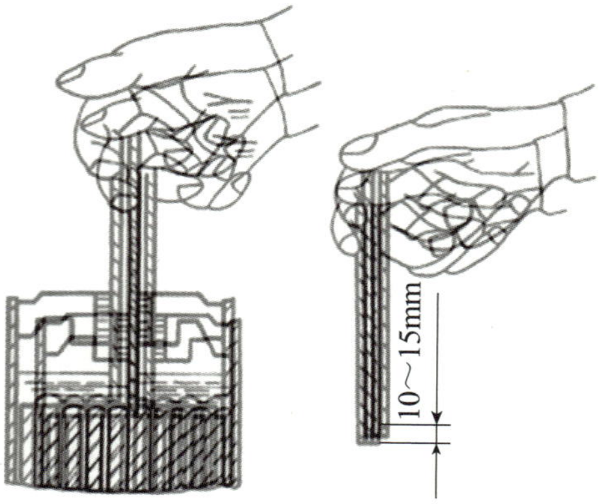

图 3－1－9　玻璃管测量法

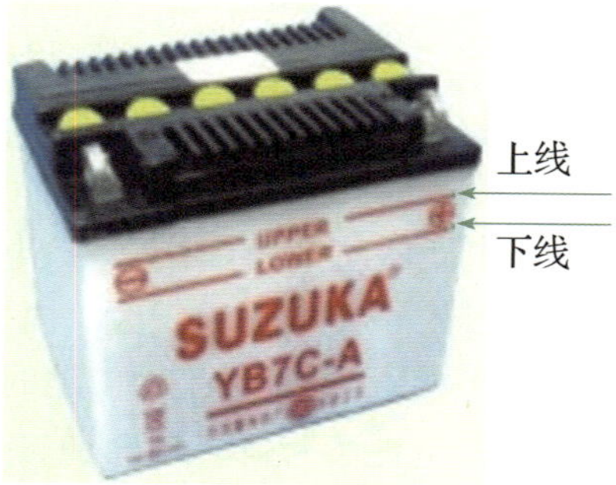

图 3－1－10　电解液液面指示线

3. 蓄电池电量检查

通过检测电解液密度的方法来判断蓄电池的电量，如图 3－1－11、表 3－1－3 所示。

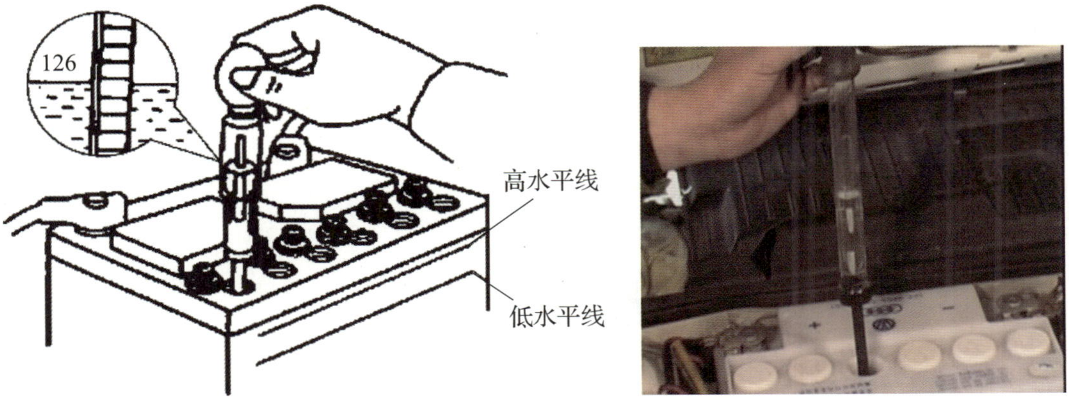

图 3－1－11　电解液密度计检测电解液

表 3－1－3　电解液密度与放电程度、放电电压的关系

温度条件	蓄电池放电程度	电解液密度（g/cm^3）	放电电压（V）
常温下	全放电（75% ～ 100%）	1.15 ～ 1.12	<9.6
	半充电（25% ～ 50%）	1.24 ～ 1.20	10.6 ～ 9.6
	全充电（0）	1.28	10.6 ～ 11.6

对于免维护蓄电池，可通过透视窗观察电解液的颜色判断具体情况，如图 3－1－12 所示。

4. 蓄电池端电压检测

利用万用表检测蓄电池静止状态时的端电压，如图 3－1－13 所示。若电压大于 12.5V，说明电量充足；若电压为 12.2 ～ 12.5V，说明蓄电池部分放电；若电压小于 12V，说明蓄电池过量放电；若电压低于 9.6V，说明电已放完，需要进行充电。

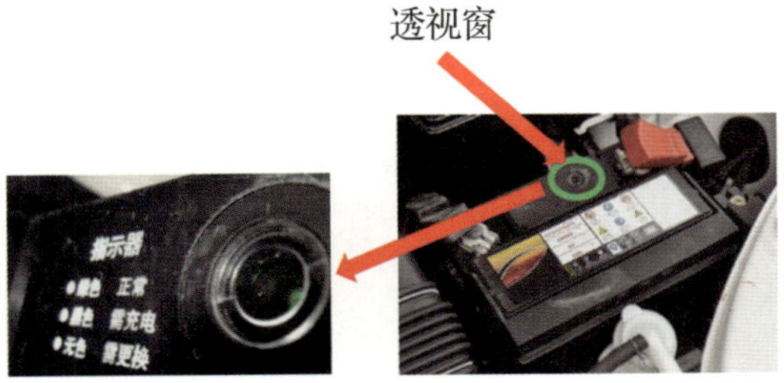

图 3－1－12　通过透视窗判断蓄电池电量

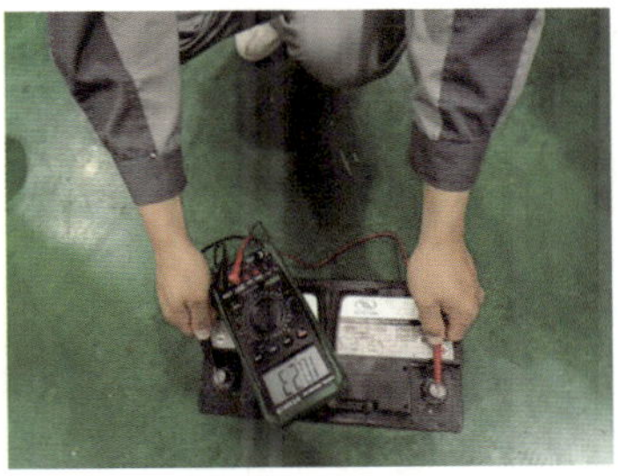

图 3－1－13　用万用表检测蓄电池端电压

5. 蓄电池起动性能检测

利用蓄电池智能分析仪或高率放电计进行检测。利用蓄电池智能分析仪检测时，红、黑夹子分别连接蓄电池正、负极，选择蓄电池起动性能分析，即可得出蓄电池的相关数据，如图 3－1－14 所示。

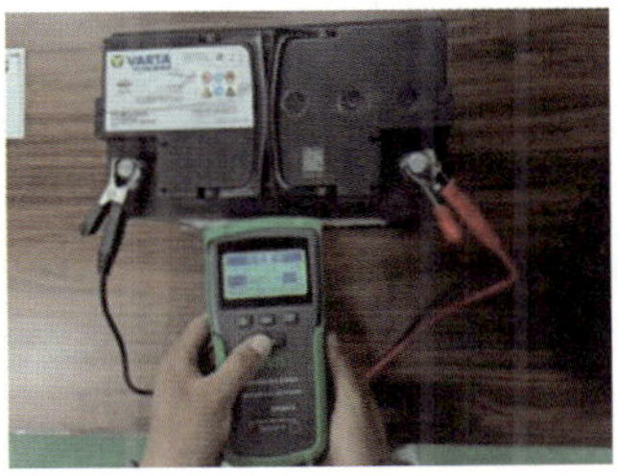

图 3－1－14　用蓄电池智能分析仪检测

用高率放电计检测蓄电池性能时，将高率放电计的两个尖紧压在蓄电池的正、负极柱上，历时 5s 左

右，观察放电情况下蓄电池所能保持的端电压，如图 3－1－15 所示。一般技术状况良好的蓄电池，用高率放电计检测时，单体电池电压应在 1.5V 以上，并在 5s 内保持稳定。若 5s 内电压迅速下降，或某一单体电池的电压比其他单体电池低 0.1V 以上，表示该单体电池有故障，应进行修理。

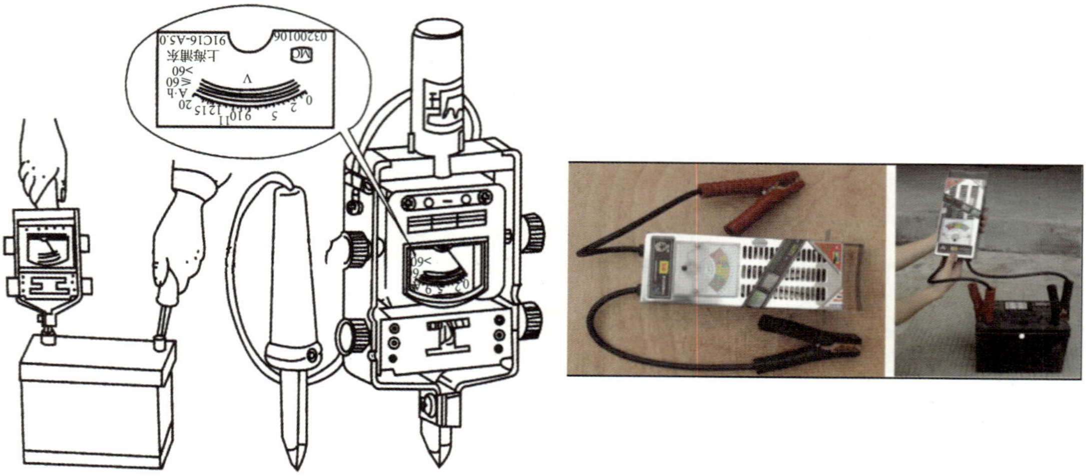

图 3－1－15　用高率放电计检测

七、蓄电池的维护

1. 四个定期

（1）定期对蓄电池进行外观检查，应经常清除蓄电池表面的灰尘、污物，保持蓄电池表面清洁、干燥；

（2）定期检查电解液的液面高度，防止液面过低；

（3）定期检查蓄电池的放电程度，及时进行补充充电；

（4）定期对蓄电池进行补充充电，放完电的蓄电池应在 24h 内送到充电室进行充电；蓄电池每两个月至少应补充充电一次。

2. 五个防止

（1）防止过度放电；

（2）防止过充和充电电流过大；

（3）防止电解液的液面过低；

（4）防止电解液的密度过大；

（5）防止电解液内混入杂质。

任务实施

一、工作内容

蓄电池的拆装及充电维护。

蓄电池维护

二、工具设备准备及要求

别克威朗实训车辆、世达 120 件套装工具、车轮挡块、车内三件套、车外三件套、充电机、蓄电池、万用表、蓄电池智能分析仪、抹布、拖布、手套等。

要求：（1）按要求在规定时间内独立或小组合作完成工作任务；

（2）按操作规范做好车辆安全防护，确保人、车安全。

（3）按操作规范正确拆装和维护蓄电池。

三、任务操作过程

1. 车辆防护

检查车外有无划痕、凹坑，检查车内有无贵重物品。

（1）安装车轮挡块（安装在非驱动轮处，并贴紧车轮）。

（2）解锁车辆，在工单上正确填写车辆基本信息。

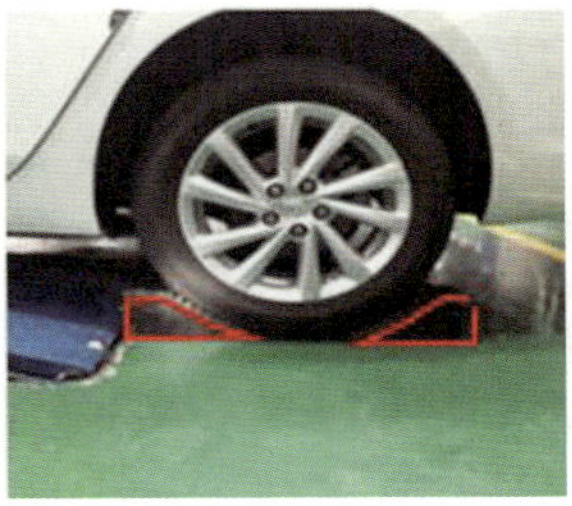

（3）安装车内三件套（包括转向盘套、座椅套和地板垫）。

（4）检查挡位和制动状态（确保车辆挡位处于 P 位）。

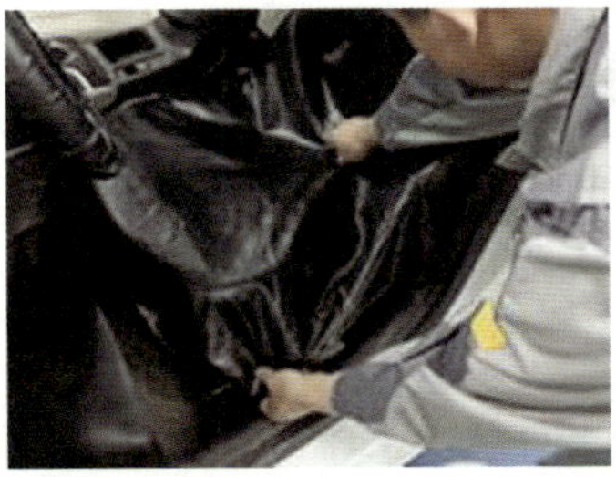

（5）拉起转向盘左下方的释放杆（发动机舱盖弹起）。

（6）在发动机舱盖中间处扣动机械锁，打开发动机舱盖。

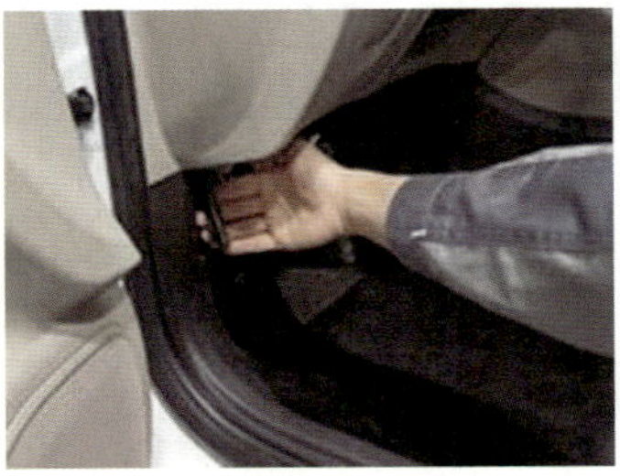

（7）安装车外三件套（包括左、右翼子板布和前格栅布）。

2. 拆卸蓄电池

（1）关闭点火开关→拔下车辆钥匙→打开右后车门→向前折叠后排座椅→打开行李舱盖。

（2）移开行李舱地毯。

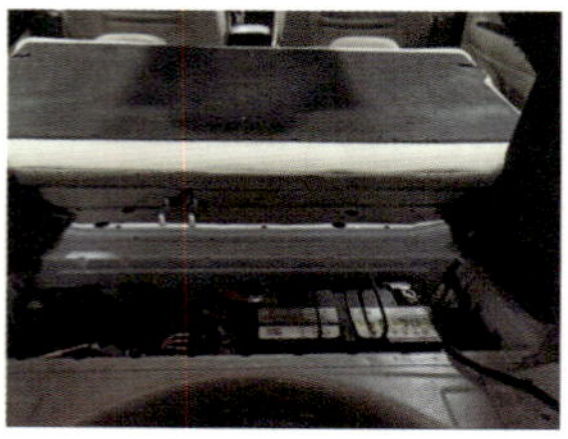

（3）松开蓄电池负极电缆螺母，取下极柱夹头。

（4）松开蓄电池正极电缆螺母，取下极柱夹头。

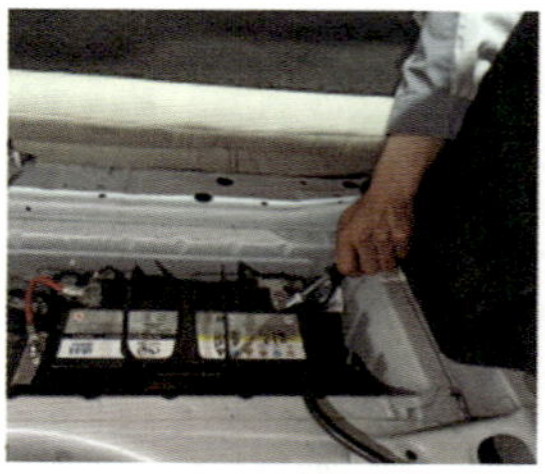

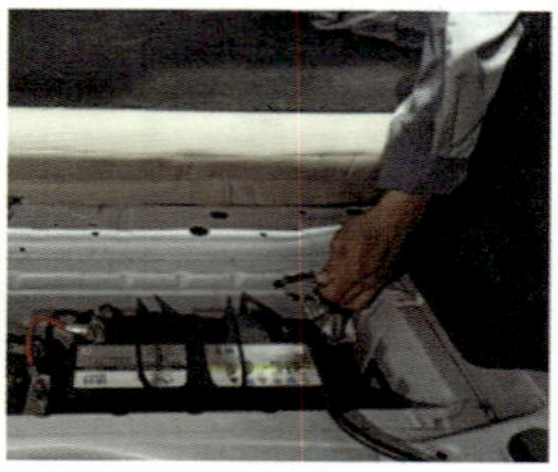

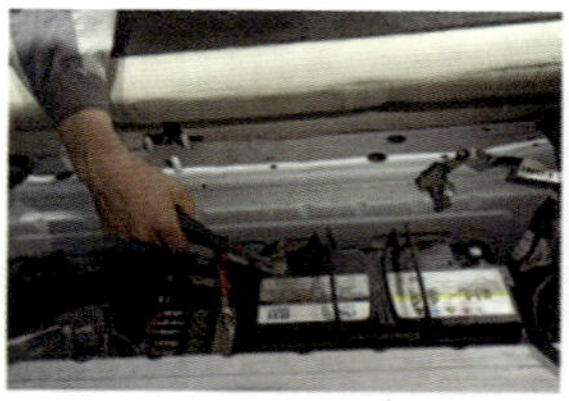

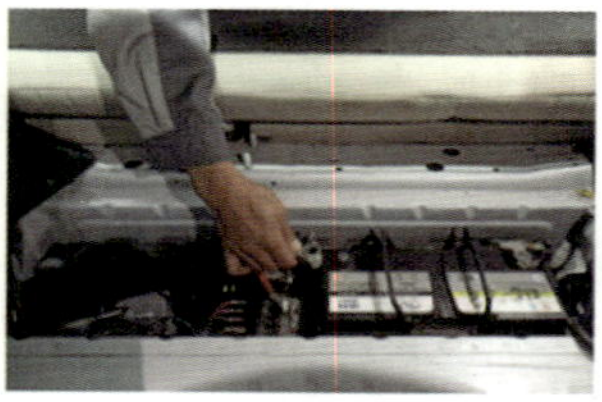

（5）水平取出蓄电池。

（6）清洁表面，清理蓄电池连接柱。

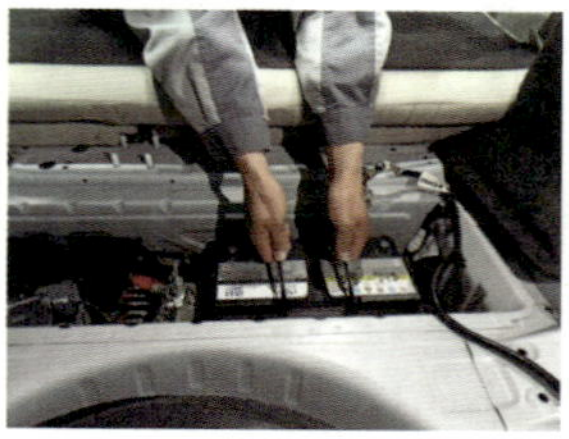

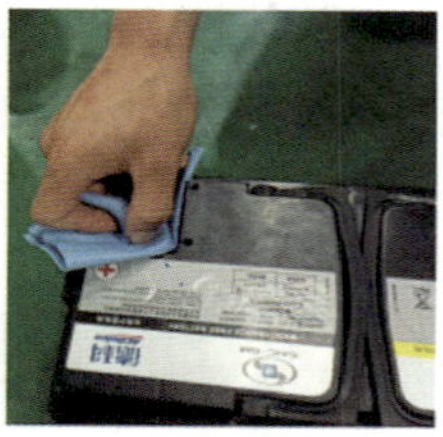

3. 安装蓄电池

按与蓄电池拆卸相反的顺序安装蓄电池。正、负极柱螺母紧固扭矩为 10N · m。

4. 蓄电池的维护

（1）检查蓄电池的壳体有无裂纹、电解液有无泄漏。

（2）蓄电池液面高度检查（壳体透明的蓄电池可通过刻度线判断；有加液孔的蓄电池可通过玻璃管测量法判断）。

1）目测法（壳体透明的蓄电池）。

液面应在两条指示线之间。

2）玻璃管测量法（有加液孔的蓄电池）。

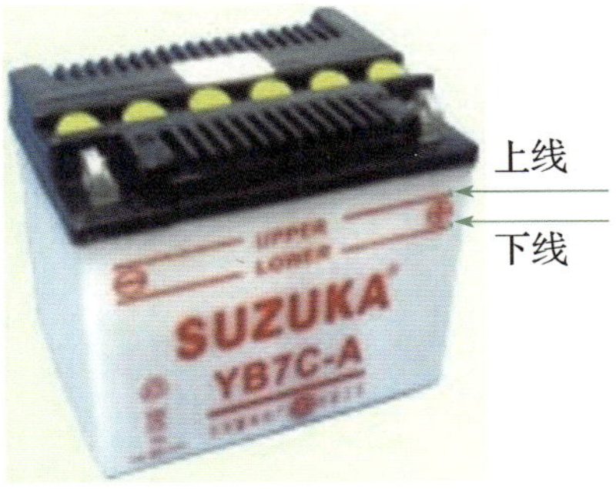

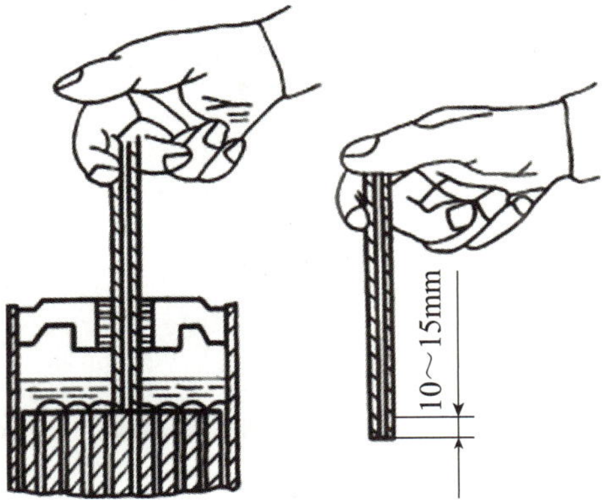

液面高度在玻璃管内应为 10 ～ 15mm。

（3）蓄电池智能分析仪检测蓄电池容量。

1）将蓄电池智能分析仪与蓄电池正确连接（红夹子接蓄电池正极，黑夹子接蓄电池负极），选择测试项目。

2）选择电池模型→选择测试方式→选择电池型号→选择电池规格→读取电池信息（SOC 为剩余电量）。

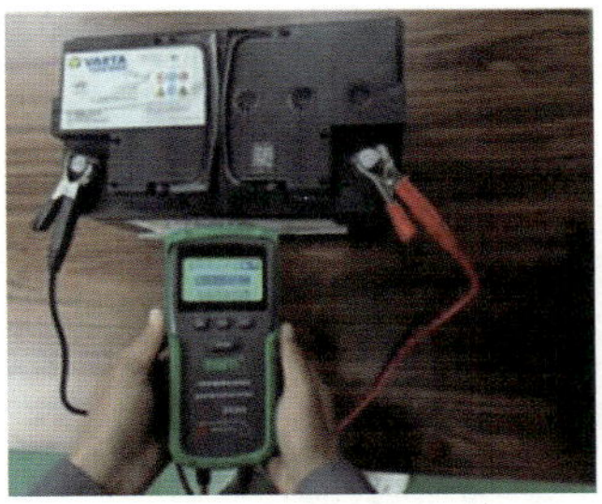

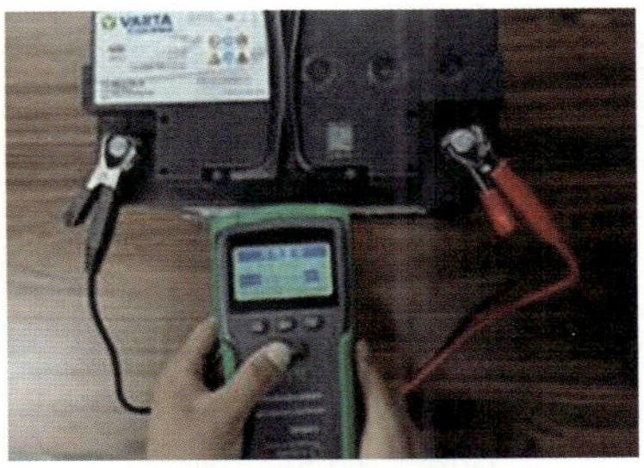

（4）用万用表测量蓄电池端电压（额定电压为 12V）。

若测得电压小于 12V，说明蓄电池过量放电；若电压为 12.2 ～ 12.5V，说明蓄电池部分放电；若电压大于 12.5V，说明蓄电池电量充足。

（5）蓄电池的充电。

充电前检查充电机是否正常。充电机的红色夹连接蓄电池正极柱，黑色夹连接蓄电池负极柱，模式设置为自动模式。

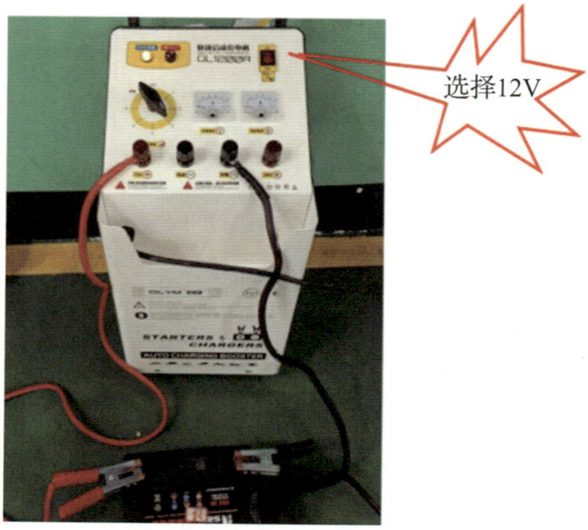

注意：

1）将充电机与蓄电池连接时，要注意极性。

2）在充电机工作过程中，不要脱开充电机电缆。

3）充电时，打开蓄电池加液盖，使气体顺利逸出。免维护蓄电池无加液盖，只需清洁表面，即可充电。

4）保持良好通风，严禁在附近产生电火花或明火。

5. 车辆恢复及 8S 管理

（1）移除车外三件套，并叠放整齐。

（2）移除车内三件套，并叠放整齐。

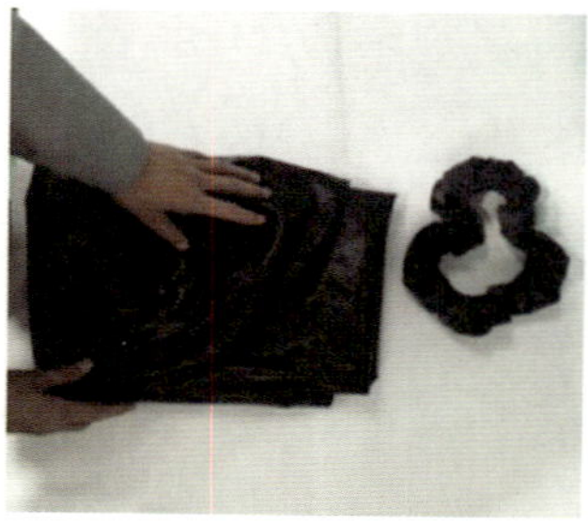

（3）关闭发动机舱盖（升起车窗玻璃，拔下车辆钥匙）。

（4）移除车轮挡块。

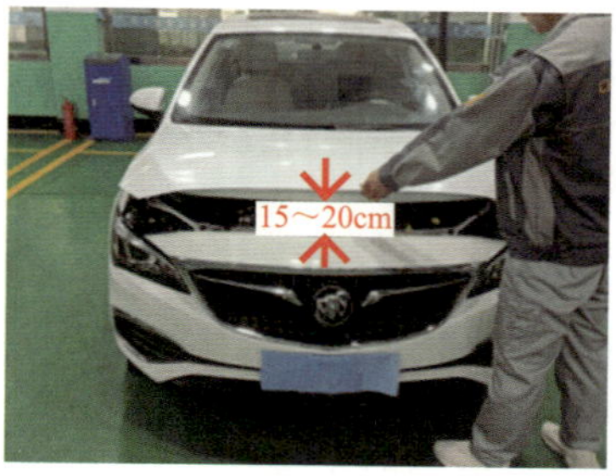

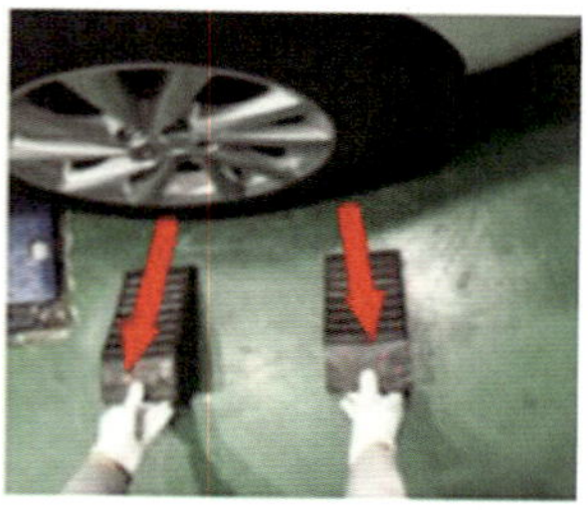

（5）工具清洁归位。

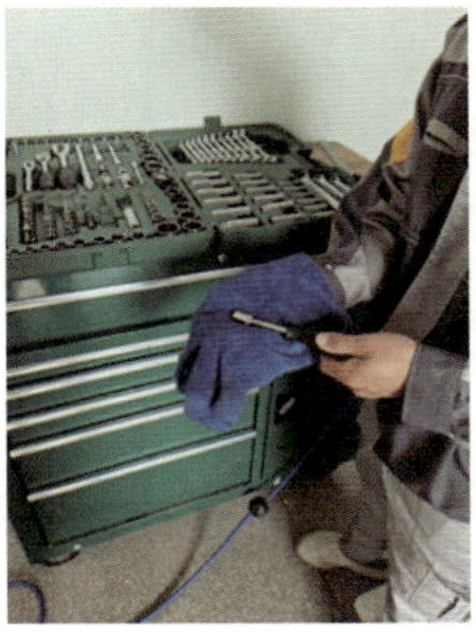

（6）车辆、场地清洁。

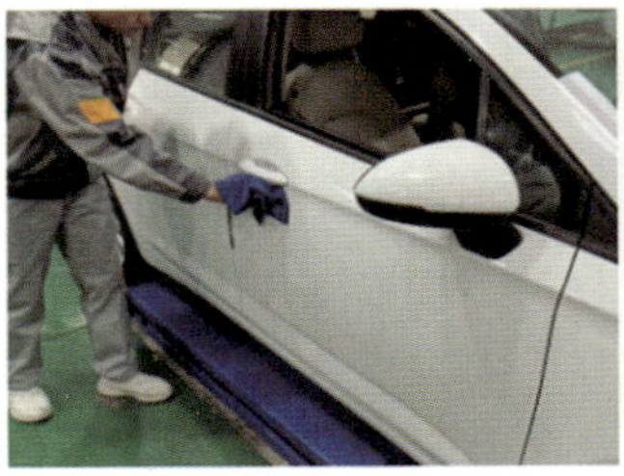

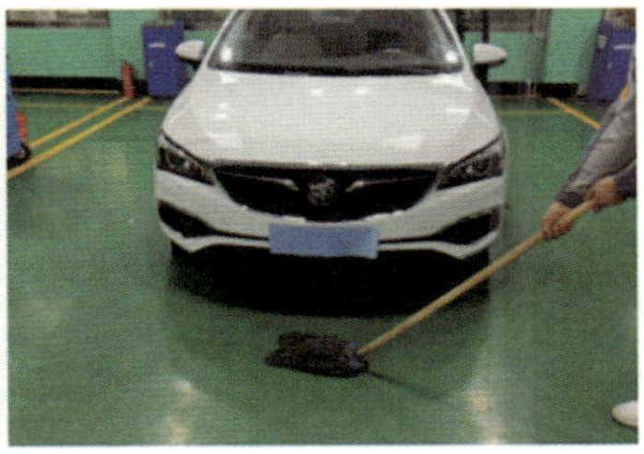

蓄电池的拆装及充电维护　任务工单

操作时间：　　　分钟					
组长初评　□合格　□不合格			教师复评　□合格　□不合格		
一、车辆防护及信息记录					
车辆维修前检查车外有无划痕、凹坑等，检查车内有无贵重物品　□有　□无					
工具、防护用品检查　□正常　□不正常					
安装车轮挡块　□安装　□未安装			安装车内三件套　□安装　□未安装		
安装车外三件套　□安装　□未安装			检查驻车制动　□检查　□未检查		
品牌		整车型号		生产年月	
发动机型号		发动机排量		行驶里程	
车辆识别码					

二、蓄电池的拆装

操作项目	操作结果	操作项目	操作结果
1. 打开行李舱盖，移开行李舱地毯	□完成　□未完成	2. 拆卸蓄电池负极	□完成　□未完成
3. 拆卸蓄电池正极	□完成　□未完成	4. 取出蓄电池	□完成　□未完成
5. 安装蓄电池	□完成　□未完成	6. 安装正极	□完成　□未完成
7. 安装负极	□完成　□未完成		

三、蓄电池的维护

操作项目	操作结果	操作项目	操作结果
1. 清洁蓄电池极柱及表面	□完成　□未完成	2. 检查壳体有无裂纹	□完成　□未完成
3. 用蓄电池智能分析仪检测蓄电池容量	□完成　□未完成	4. 用万用表测量蓄电池端电压	□完成　□未完成

四、蓄电池的充电

操作项目	操作内容	操作结果
1. 检查充电机	检查充电机是否正常	□完成　□未完成
2. 检查充电机电缆与电池连接	检查充电机电缆与电池连接，注意极性：充电机红色夹连接蓄电池正极柱；充电机黑色夹连接蓄电池负极柱	□完成　□未完成
3. 打开蓄电池加液盖	打开蓄电池、加液盖，使气体顺利逸出	□完成　□未完成
4. 打开充电机开关进行充电	打开充电机开关，调至 12V 挡	□完成　□未完成
5. 关闭充电机开关	当蓄电池电压达到规定值时，关闭充电机开关，取下充电机电缆夹	□完成　□未完成

五、车辆恢复及 8S 管理

操作项目	操作结果	操作项目	操作结果
1. 移除车内外三件套	□完成　□未完成	2. 关闭发动机舱盖	□完成　□未完成
3. 移除车轮挡块	□完成　□未完成	4. 工具清洁整理	□完成　□未完成
5. 车辆、场地清洁	□完成　□未完成	6. 团队协作	□合格　□不合格

蓄电池的拆装及充电维护　评分标准

序号	操作步骤	操作要点及得分条件	操作规范	配分	得分
1	场地、工位、工具准备情况	检查世达 120 件套装工具、万用表、蓄电池智能分析仪、充电机、扳手、车外三件套、车内三件套，每项 2 分	依据得分条件进行评分，按要求完成打√，未按要求完成打 ×，扣分不得超过 100 分	14 分	
2	车辆防护及信息记录	安装车轮挡块、安装车内三件套、安装车外三件套、检查驻车制动、记录车辆，每项 2 分		10 分	
3	蓄电池的拆装	拆卸蓄电池负极、拆卸蓄电池正极、取出蓄电池、安装蓄电池正极、安装蓄电池负极、填写工作页，每项 2 分		12 分	
4	清洁蓄电池极柱及表面	清洁蓄电池正负极柱 6 分、清洁蓄电池表面 2 分、填写工作页 2 分		10 分	
5	检查蓄电池的壳体	检查蓄电池的壳体是否有裂纹 4 分、填写工作页 2 分		6 分	
6	蓄电池容量的检测	选择合理的方法检查蓄电池容量 4 分、填写工作页 2 分		6 分	
7	测量蓄电池端电压	万用表使用正确 4 分、填写工作页 2 分		6 分	
8	蓄电池的充电	充电机检查 2 分、充电机与电池连接正确 4 分、打开蓄电池加液盖 2 分、打开充电机开关及调整充电电压 6 分、关闭充电机 2 分、填写工作页 2 分		18 分	
9	车辆恢复及 8S 管理	车辆恢复 4 分、工具清洁整理 2 分、车辆与场地清洁 4 分		10 分	
10	团队协作	具有一定的团队协作能力 8 分		8 分	
总分 100 分					

练一练

一、填空题

1. 铅酸蓄电池是将化学能转变为电能的装置，主要由____________、____________、____________、壳体等组成。

2. 某蓄电池型号为 6-QA-105D，6 的含义为__________，Q 的含义为__________，105 的含义为__________。

3. 蓄电池的工作过程是一个化学能与电能相互转化的过程，当蓄电池的__________能转化为__________能时称为放电过程；当蓄电池的__________能转化为__________能时称为充电过程。

二、简答题

1. 简述蓄电池的结构及作用。

2. 蓄电池维护时的检测内容有哪些？

任务二　充电系统的检查与维护

学习目标

知识目标： 通过对发电机理论知识的学习，了解汽车交流发电机的作用和结构；了解交流发电机的工作原理。

技能目标： 能正确拆卸发电机；能正确检查传动皮带的松紧度。

素养目标： 养成积极主动的学习习惯；严格按照岗位要求规范操作；养成爱护设备、仪器的习惯，确保工具、设备和自身的安全；具有较强的组织沟通能力和良好的团队合作能力；穿戴要整齐；树立 8S 管理理念。

任务描述

客户孙先生的别克威朗轿车的充电指示灯常亮，到 4S 店进行维修。经维修技师检查，判断是发电机故障。下面将学习汽车发电机的相关知识，并按操作流程完成发电机拆装作业和充电性能测试任务。

理论知识

发电机是汽车电气系统的主要电源，与电压调节器匹配工作，由汽车发动机驱动。

一、发电机的作用

发电机正常工作时，可为除起动机以外的所有用电设备供电，并给蓄电池充电。电源系统示意图如图 3－2－1 所示。

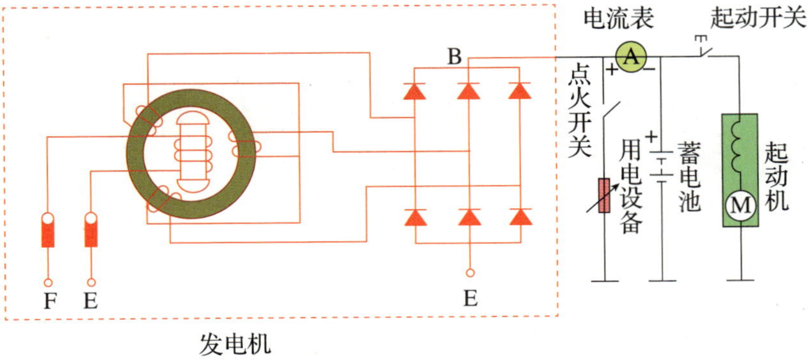

图 3－2－1　电源系统示意图

二、发电机的分类

1. 按交流发电机的总体结构

按交流发电机的总体结构分为普通交流发电机（没有电压调节器）、整体式交流发电机（和电压调节器组装在一起）、带泵交流发电机（通常安装在柴油机车上）、无刷交流发电机、永磁式交流发电机（转子磁极是用永久磁铁制成的）。

2. 按整流器的结构

按整流器的结构分为六管式发电机、八管式发电机、九管式发电机、十一管式交流发电机。

3. 按磁场绕组的搭铁形式

按磁场绕组（两只电刷引线）的搭铁形式分为内搭铁型和外搭铁型两种，如图 3－2－2 所示。

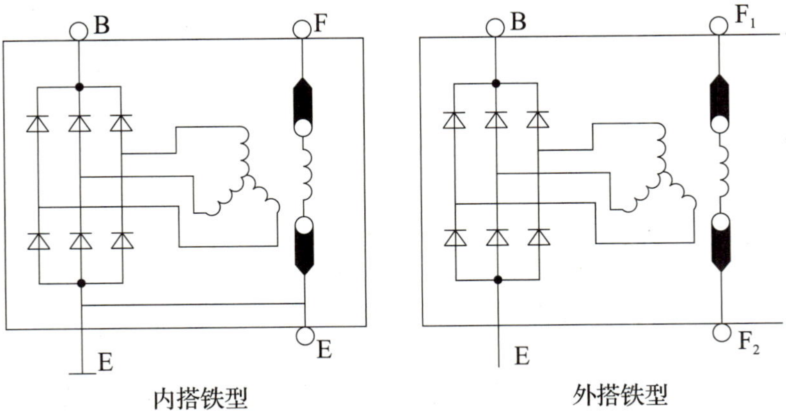

图 3－2－2　磁场绕组的搭铁形式

4. 按冷却方式

按冷却方式可以分为风冷式交流发电机和水冷式交流发电机两类。

常见的汽车发电机如图 3－2－3 所示。

整体式交流发电机

带泵交流发电机

无刷交流发电机

图 3－2－3　常见的汽车发电机

三、发电机的结构

汽车交流发电机一般由定子、转子、整流器、电刷及电刷架、前 / 后端盖、前 / 后风扇、传动带轮与电压调节器等部件组成，如图 3－2－4 所示。

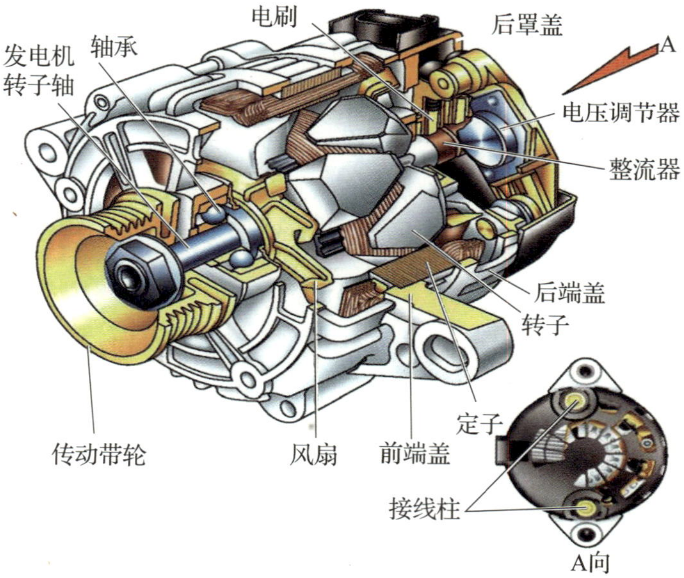

图 3－2－4　发电机的结构

1. 定子

定子是产生和输出交流电的部件，由定子铁心和定子绕组组成，绕组与铁心之间是绝缘的。定子绕组的接法有星形联结和三角形联结两种，在汽车上通常采用星形联结方式，如图 3－2－5 所示。

2. 转子

转子是交流发电机产生磁场的主要部件，由爪极、转子绕组、集电环（旧称滑环）及转子轴等组成，如图 3－2－6 所示。转子轴上压装着两块爪极，其内腔装有磁轭和转子绕

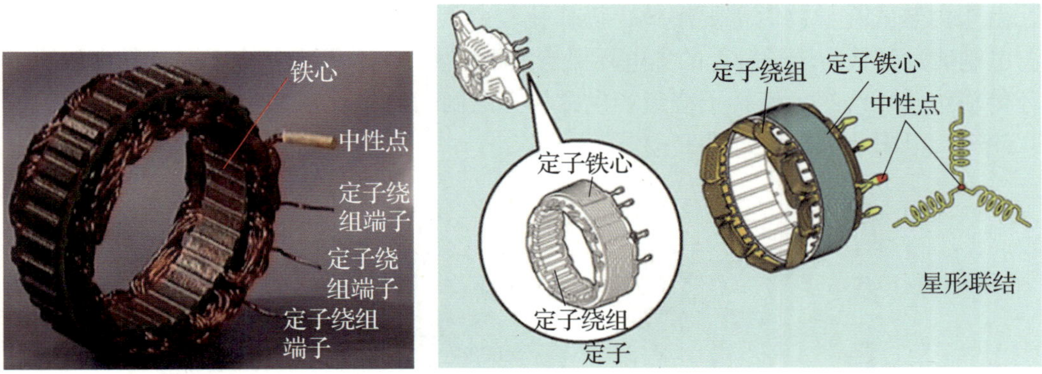

图 3-2-5　定子及星形联结

组，转子绕组与转子铁心和爪极之间是绝缘的。集电环由两个彼此绝缘的铜环组成，并且与转子轴绝缘。转子绕组的两端分别焊接在两个集电环上。

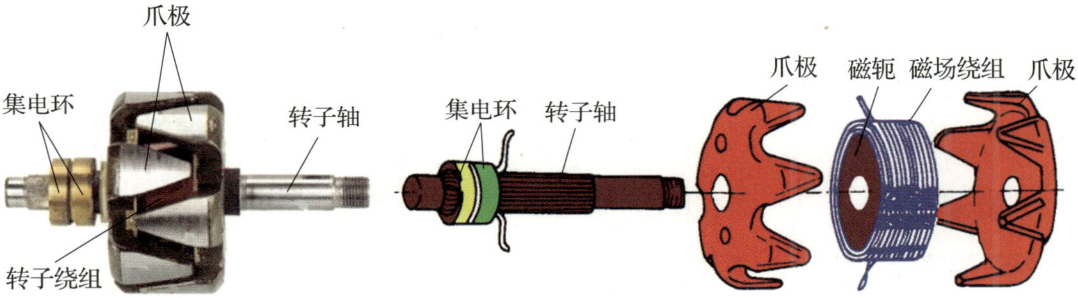

图 3-2-6　转子总成

3. 整流器

整流器由正整流板和负整流板组成，其作用是将定子绕组产生的三相交流电变成直流电输出，中心引线为负极，管壳为正极的二极管是负极二极管；中心引线为正极，管壳为负极的二极管为正极二极管。六管的整流器如图 3-2-7 所示。

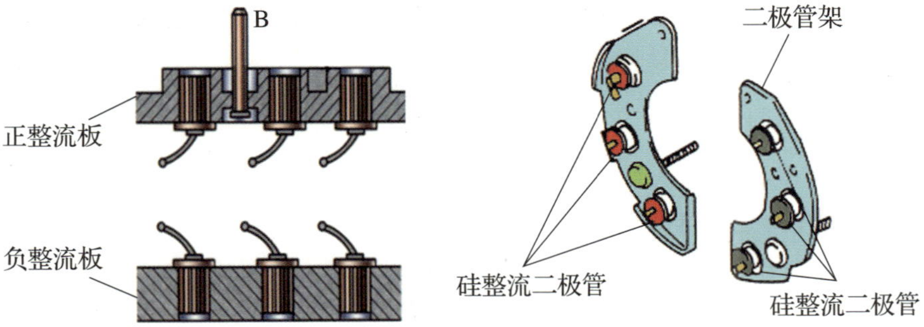

图 3-2-7　六管的整流器

4. 电刷及电刷架

电刷及电刷架通常叫电刷总成或电刷组件，按安装方式的不同可分为内装式和外装式，由于内装式在检修时需要解体，操作比较麻烦，因此已经被淘汰，目前均采用外装式。电刷通过弹簧与转子轴上的集电环保持紧密接触，其作用是把电源供给的电能通过集电环传输给转子绕组，使转子绕组产生磁场。电刷的外露长度一般不小于 7mm，极限值在 4.5mm。电刷及电刷架如图 3－2－8 所示。

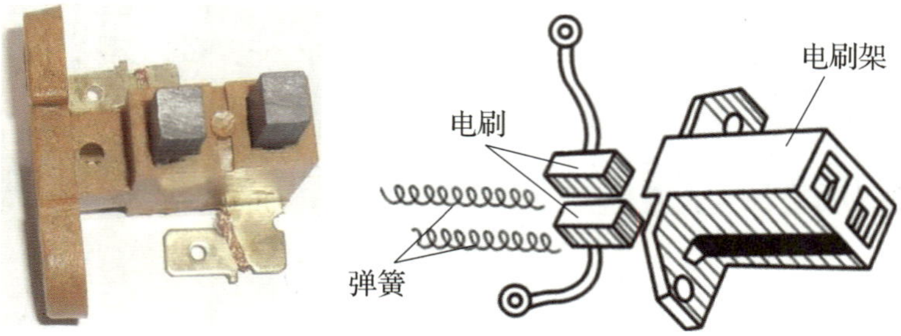

图 3－2－8　电刷及电刷架

5. 前 / 后端盖

前 / 后端盖由非导磁性的铝合金材料制成，可减小漏磁通，并且轻便。前、后端盖上均有通风孔，利于散热。后端盖内装有整流器和电刷总成，前、后端盖如图 3－2－9 所示。

6. 前 / 后风扇

风扇（见图 3－2－10）的作用是在发电机工作时，对发电机进行强制通风冷却。

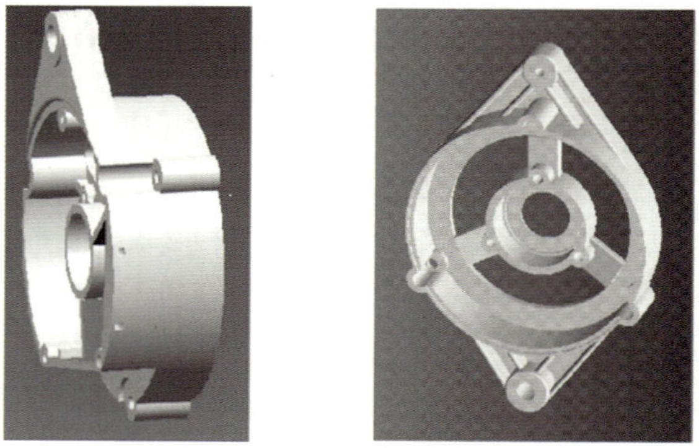

图 3－2－9　前、后端盖

图 3－2－10　风扇

7. 传动带轮

传动带轮是发动机与发电机之间的传动部件，一般由铸铁或铝合金铸造而成，有单槽和双槽之分，如图 3－2－11 所示。传动带轮和转子轴之间用半圆键固定起来，并用弹簧垫片和螺母加以固定。

8. 电压调节器

当发电机的转速变化时，电压调节器自动控制发电机转子绕组内的平均电流，使发电机输出的电压保持在一定范围内，一般为 13.9 ～ 15.1V。电压调节器分为蓄电池感应型和发电机感应型两种，如图 3－2－12 所示。

图 3－2－11　传动带轮

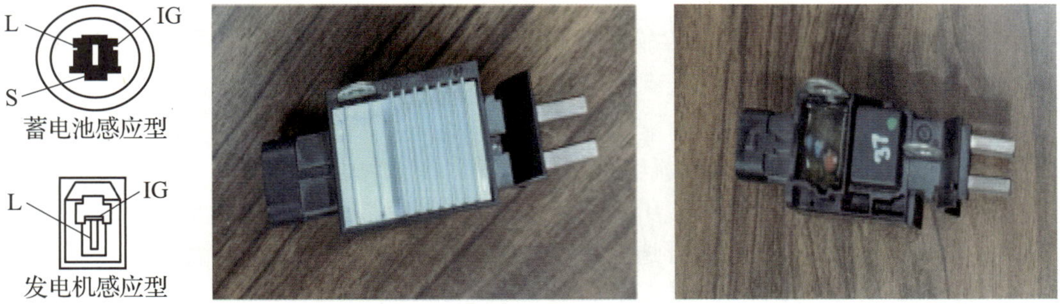

图 3－2－12　电压调节器

电压调节器按工作原理可分为触点式电压调节器、晶体管电压调节器、集成电路电压调节器；按搭铁形式可分为内搭铁型和外搭铁型，分别配内搭铁型发电机和外搭铁型发电机。

四、交流发电机的工作原理

1. 发电原理

当外电路通过电刷使转子绕组通电产生磁场时，爪极被磁化为 N 极和 S 极。当转子旋转时，磁通交替地在定子绕组中变化。根据电磁感应原理，在三相对称绕组内产生频率相同、幅值相等、相位互差 120° 的感应电动势。每相绕组感应电动势的大小与串联的匝数、感应电动势的频率以及旋转磁场的转速成正比，如图 3－2－13 所示。

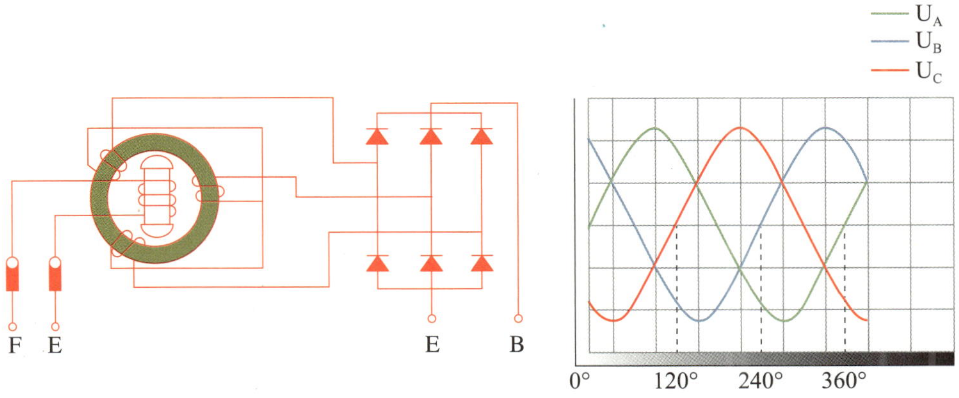

图 3－2－13　发电原理

每相绕组的电动势有效值为：

$$E_{\varphi}=Ce\varphi n\ (V)$$

式中：Ce 是电机结构常数；φ 是每极磁通；n 为发电机的转速。

2. 励磁原理

在发电机开始发电时，采用他励方式，即由蓄电池提供励磁电流，增强磁场，使发电机输出电压随发电机的转速很快上升。而当发电机输出电压高于蓄电池所需电压时，一般发电机的转速达到 1 000r/min 左右时，励磁电流便由发电机自身供给，这种励磁方式称为自励。

由此可见，汽车交流发电机在输出电压建立前后分别采用他励和自励两种不同的励磁方式，经过先他励后自励的过程。

3. 整流原理

以六只管构成的三相桥式整流电路为例介绍整流原理，如图 3－2－14 所示。在某一瞬间，正极（VD_1、VD_3、VD_5）中电位最高的一个二极管导通，同时，负极（VD_2、VD_4、VD_6）中电位最低的一个二极管导通。所以每个时刻六只二极管中总有两个二极管同时导通。这样，发电机可输出一个较平稳的直流脉冲电压。

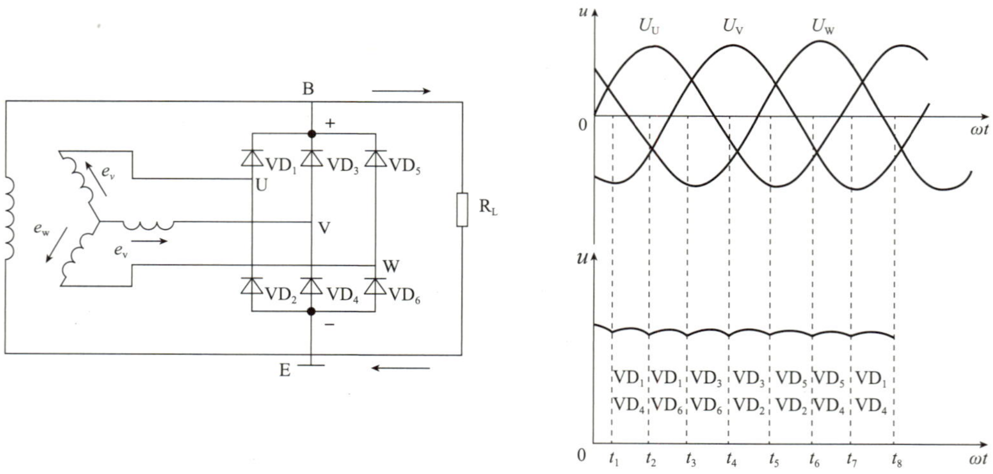

图 3－2－14　整流原理

具体工作原理如下：

当 t=0 时，W 相电位最高，而 V 相电位最低，故对应的二极管 VD_5、VD_4 正向导通，0 ～ t_1 内电流流向如图 3－2－15（a）所示。

在 t_1 ～ t_2 内，U 相电位最高，而 V 相电位最低，故对应的二极管 VD_1、VD_4 正向导通，t_1 ～ t_2 内电流流向如图 3－2－15（b）所示。

在 t_2 ～ t_3 内，U 相电位最高，而 W 相电位最低，故对应的二极管 VD_1、VD_6 正向导通，t_2 ～ t_3 内电流流向如图 3－2－15（c）所示。

在 t_3 ～ t_4 内，V 相电位最高，而 W 相电位最低，故对应的二极管 VD_3、VD_6 正向导通，t_3 ～ t_4 内电流流向如图 3－2－15（d）所示。

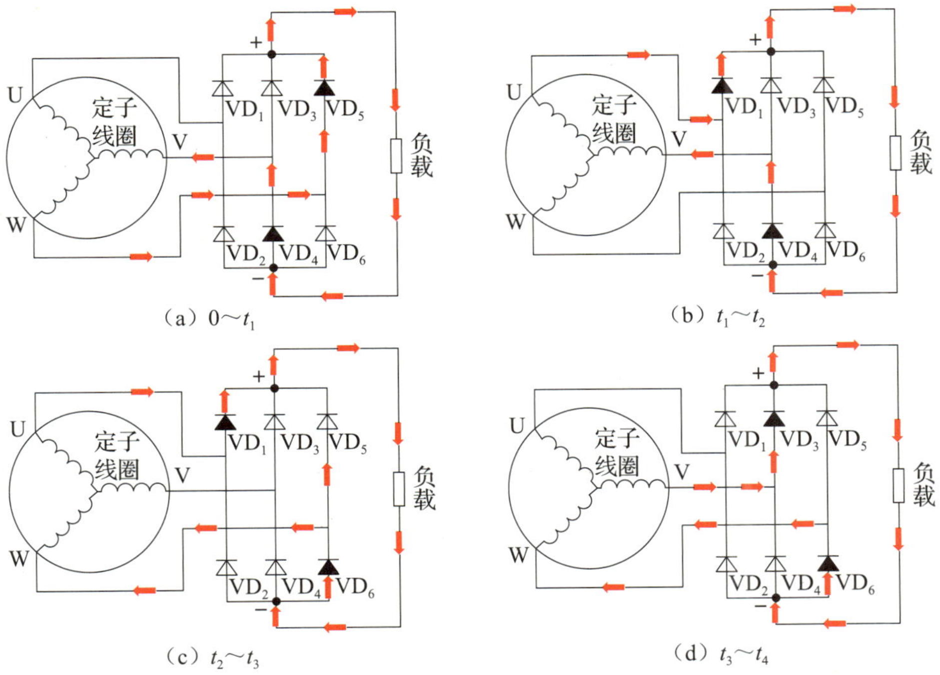

图 3-2-15 各时间段内电流的流向

由此类推，周而复始，在负载上便可获得一个比较平稳的直流脉冲电压。

由八只管构成的整流器是在六只管的基础上在中性线上加了两个二极管，用来对中性点输出电流进行整流，以提高发电机的输出功率。实验证明，发电机在结构不变的前提下，转速为 5 000r/min 时，八管的发电机比六管的发电机输出功率可提高 11% ～ 15%。

五、充电系统常见的故障及解决方法

充电系统常见故障包括发电机故障和电路故障，发电机故障有轴承异响、发电机电压过高、发电机电压过低、发电机电刷或滑环故障、电压不稳定等；电路故障有导线或插接器故障、保险丝熔断等。

汽车充电系统常见故障和解决方法如下：

1. 轴承异响

故障现象：发动机运转时，发电机会有嗡嗡的杂音。

故障原因：发电机长期运转过程中，轴承磨损。

解决方法：建议更换新发电机或轴承。

2. 发电机电压过高

故障现象：夜间开启车灯后，比平时亮很多；电瓶发烫，甚至有强酸味；有的汽车会造成仪表显示异常，甚至动力下降等。

故障原因：调节器损坏。

解决方法：建议更换发电机调节器或新发电机。

3. 发电机电压过低

故障现象：夜间行车时间长，或开空调时间长，易造成车辆熄火后起动无力。

故障原因：大多数为整流器损坏。

解决方法：建议更换整流器或新发电机。

4. 发电机电刷或集电环故障

故障现象：车辆起动后，仪表上电瓶指示灯常亮不灭。

故障原因：电刷磨损过度或转子铜套磨损过度。

解决方法：建议更换新发电机或更换相应损坏部件。

5. 电压不稳定

故障现象：电压波动大，无法稳定输出。

故障原因：可能是电压调节器问题或者发电机内部的线圈出现故障。

解决方法：检查电压调节器，必要时更换，并对发电机内部进行清洁和维修。

6. 导线或插接器故障

故障现象及原因：导线或插接器老化或者脱落会影响充电系统的正常工作。

解决方法：检查导线和插接器的连接状态，如有问题则更换或者修理。

7. 保险丝熔断

故障现象及原因：保险丝熔断会导致充电系统无法正常工作。

解决方法：更换保险丝。

六、别克威朗汽车充电系统电路

别克威朗汽车充电系统电路如图 3－2－16 所示。其中，X2/1 号线为励磁绕组正极供

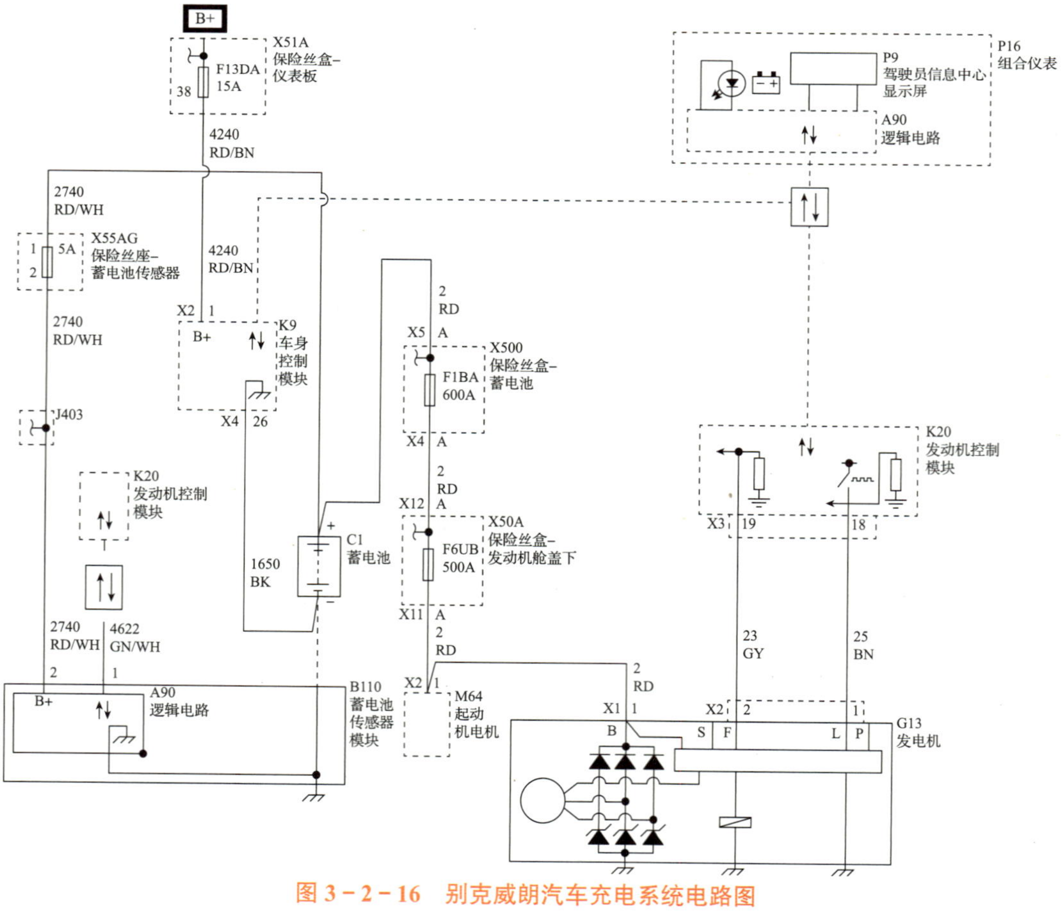

图 3－2－16　别克威朗汽车充电系统电路图

电线，由 K20 发动机控制模块控制；X2/2 号线为发电机充电指示灯信号线，当发电机无法充电时该电路产生电压信号，由 K20 发动机控制模块以 LIN 线信号的方式传输给仪表，从而点亮充电系统故障指示灯；G13 的 X1/1 号线为输出供电线，主要给蓄电池充电。

任务实施

充电系统性能检测及发电机拆装

一、工作内容

充电系统性能检测及发电机拆装。

二、工具设备准备及要求

别克威朗实训车辆、世达 120 件套装工具、万用表、车内三件套、车外三件套、车轮挡块、抹布、拖布、手套等。

要求：（1）按要求在规定时间内独立或小组合作完成工作任务；

（2）按操作规范做好车辆安全防护，确保人、车安全。

（3）按操作规范检测充电性能，并按流程规范拆装发动机。

三、任务操作过程

1. 车辆防护

检查车外有无划痕、凹坑，检查车内有无贵重物品，并记录说明。

（1）安装车轮挡块（安装在非驱动轮处并贴紧车轮）。

（2）安装排烟套。

（3）解锁车辆，在工单上正确填写车辆基本信息。

（4）安装车内三件套（包括转向盘套、座椅套和地板垫）。

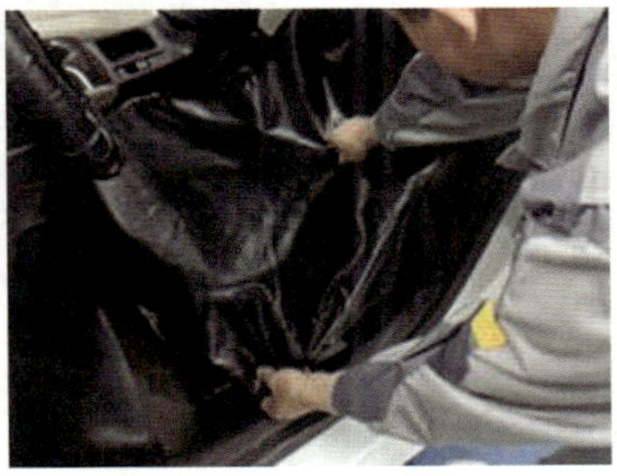

（5）检查挡位和制动状态（确保车辆挡位处于 P 位）。

（6）拉起转向盘左下方的释放杆（发动机舱盖弹起）。

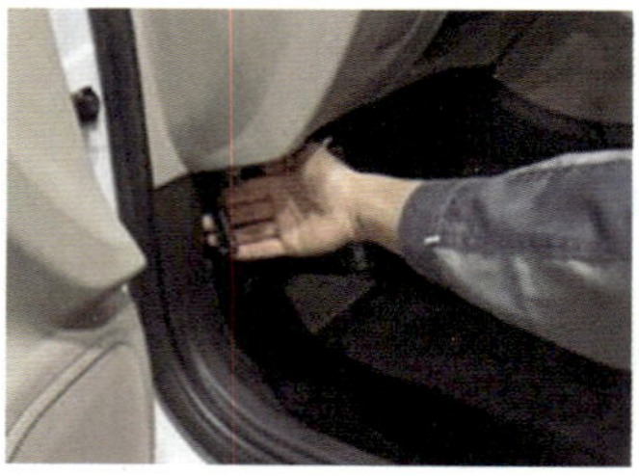

（7）在发动机舱盖中间处扣动机械锁，打开发动机舱盖。

（8）安装车外三件套（包括左、右翼子板布和前格栅布）。

2. 充电系统性能检测

（1）在汽车不起动且用电设备全部关闭的情况下，测量蓄电池端电压，把该电压作为参考电压并做好记录。

（2）起动车辆，发动机转速保持在 2 000r/min 的运行状态，用万用表测量蓄电池两端的电压，电压值应高于参考电压，但不超过 2V，并做好记录。

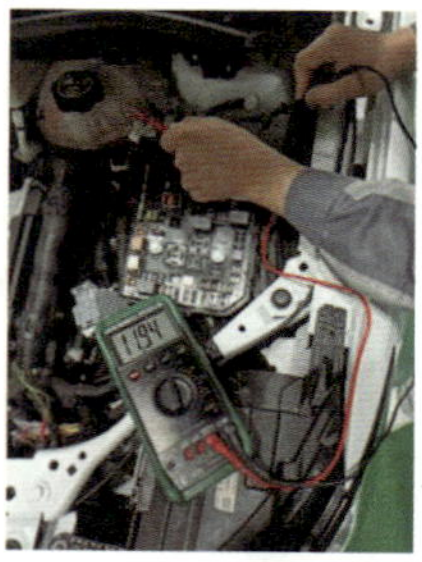

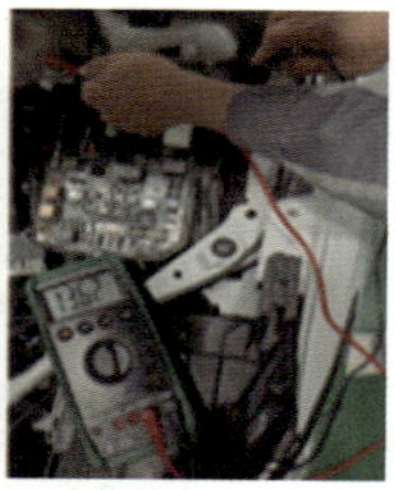

（3）发动机转速保持在 2 000r/min 的运行状态，将前照灯、暖风机或空调鼓风机开到最大，用万用表测量蓄电池两端的电压，其电压值应超过参考电压 0.5V，并做好记录。

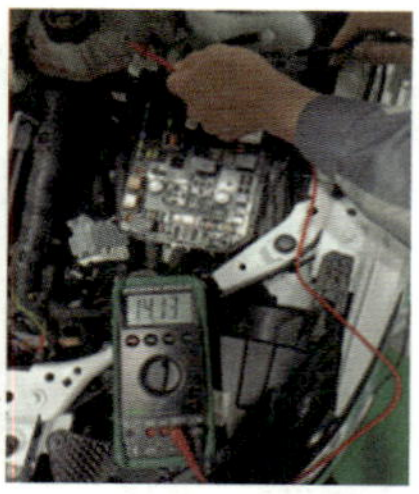

3. 发电机的拆卸

（1）利用维修手册查询发电机的拆装信息。

1）在维修手册中找到“12 伏启动和充电”菜单。

2）找到“维修指南”。

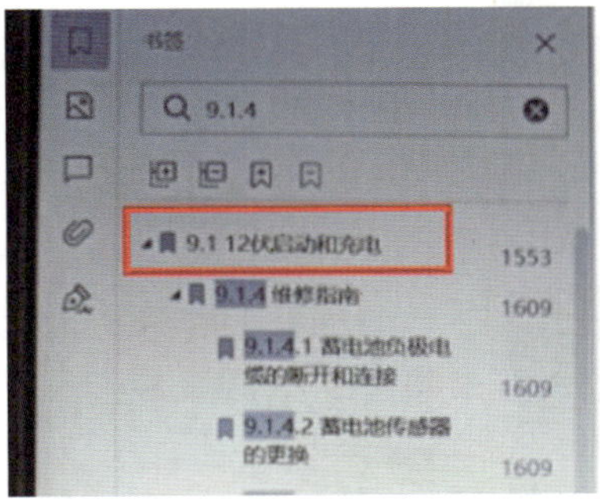

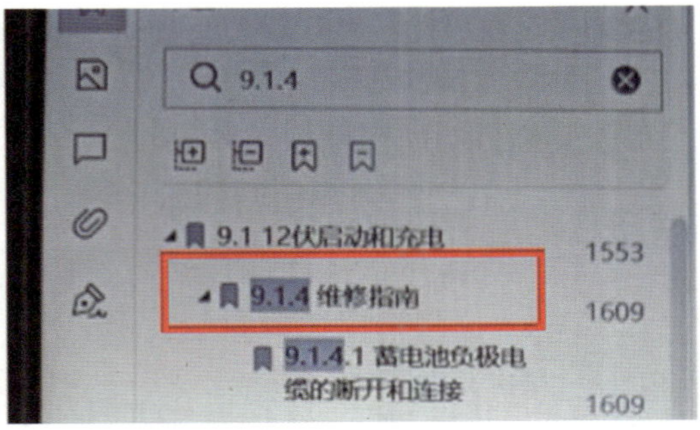

3）找到“发电机的更换”的操作流程。

（2）发电机的更换。

1）断开蓄电池负极电缆。

2）拆卸传动皮带。

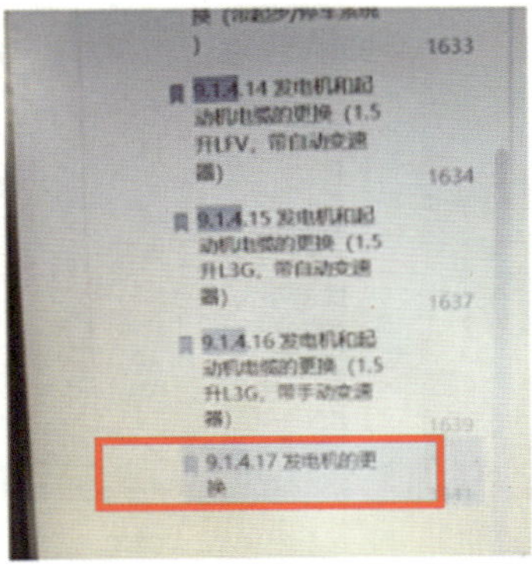

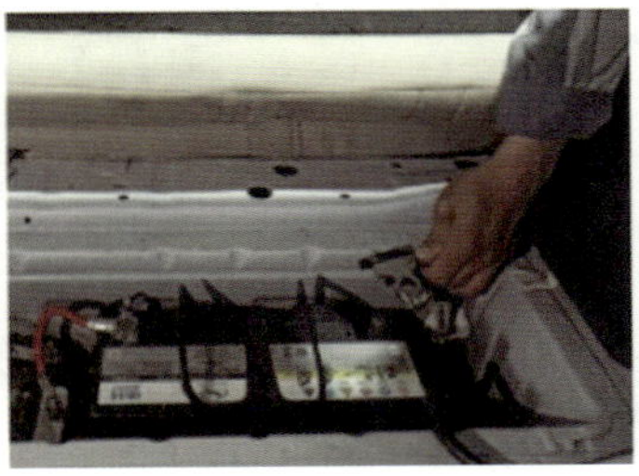

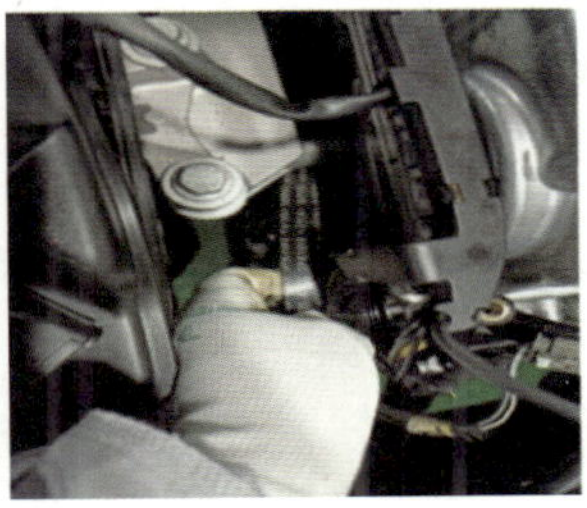

3）举升和顶起车辆。

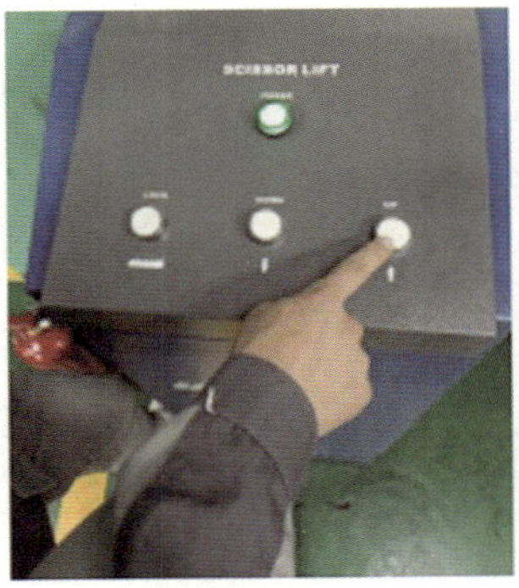

4）断开发电机线束插接器。

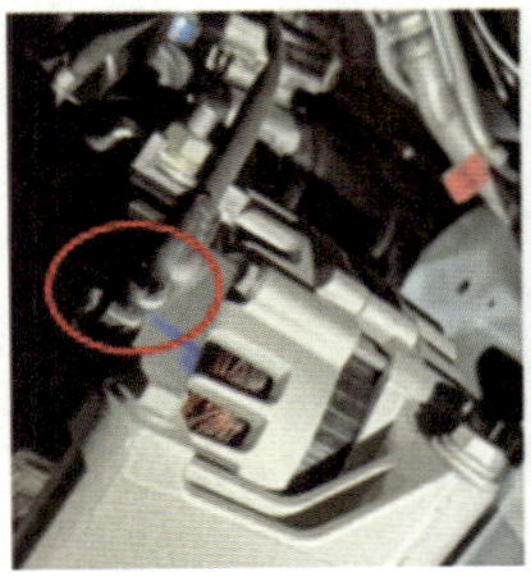

5）拆下发电机 B 极导线螺母。

6）拆卸发电机的两个固定螺栓。

7）拆下发电机的固定螺母。

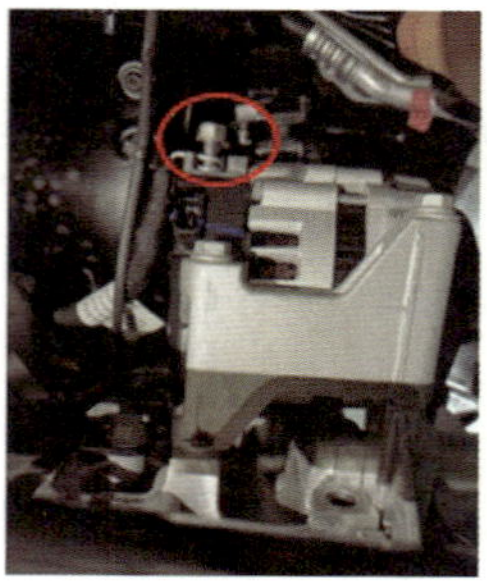

8）取下发电机。

4. 发电机的安装

（1）安装按照与拆卸相反的顺序进行。

注意：两个螺栓以及螺母的紧固扭矩为 22N · m；B 极导线电缆的紧固扭矩为 12.5N · m。

（2）安装传动皮带前应检查传动皮带是否有开裂、断层、偏磨等现象。

（3）安装好后检查传动皮带的松紧度（新传动皮带挠度为 5 ～ 10mm，旧传动皮带挠度为 7 ～ 14mm）。

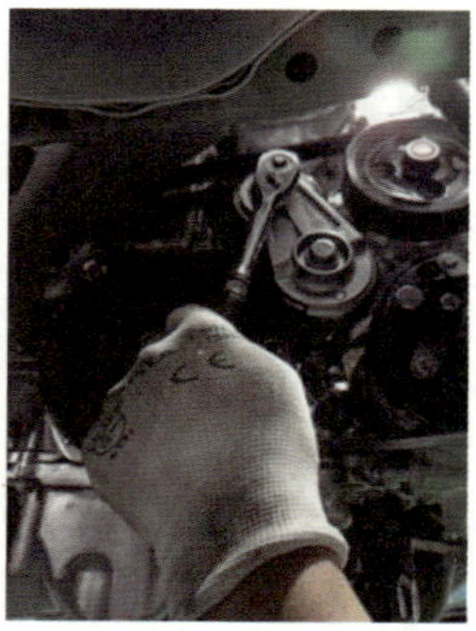

（4）起动车辆，检查发电机（空载状态）的工作性能。输出电压应为 13 ～ 15V。

转速控制在 2 000r/min

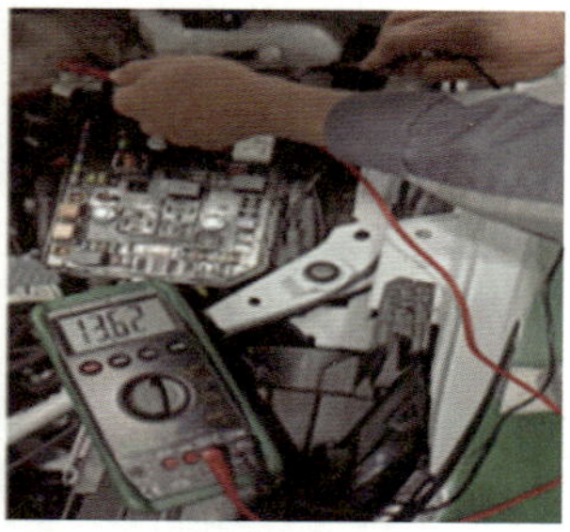

（5）检查发电机（满载状态）的工作性能。输出电压降幅不应超过 0.5V。

转速控制在 2 000r/min

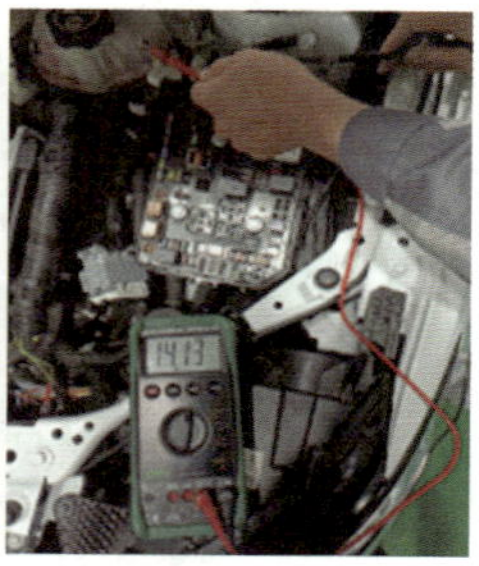

5. 车辆恢复及 8S 管理

（1）移除车外三件套，并叠放整齐。

（2）移除车内三件套，并叠放整齐。

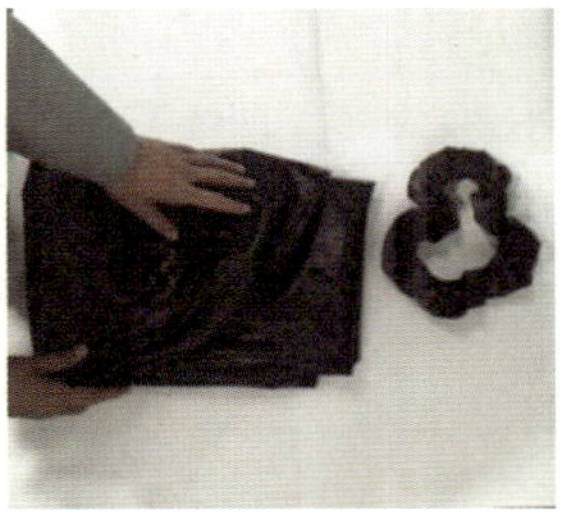

（3）关闭发动机舱盖（升起车窗玻璃，拔下车辆钥匙）。

（4）排烟套归位（放到指定位置）。

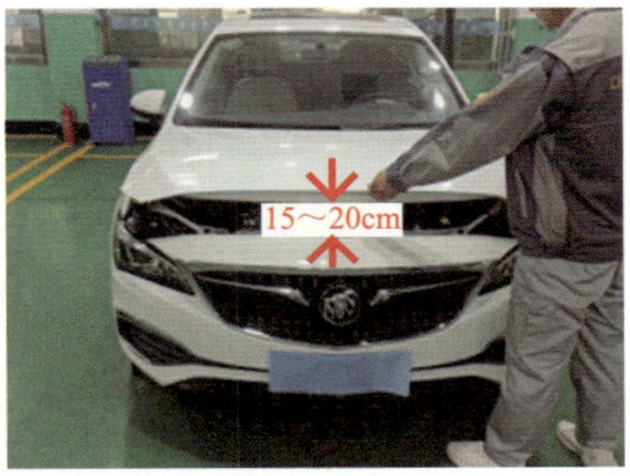

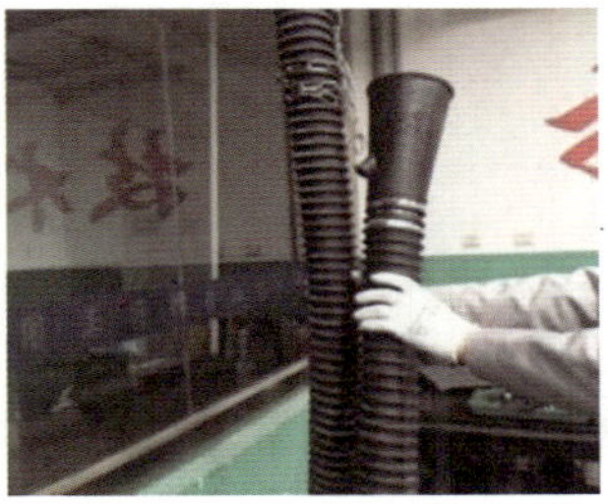

（5）移除车轮挡块。

（6）工具清洁归位。

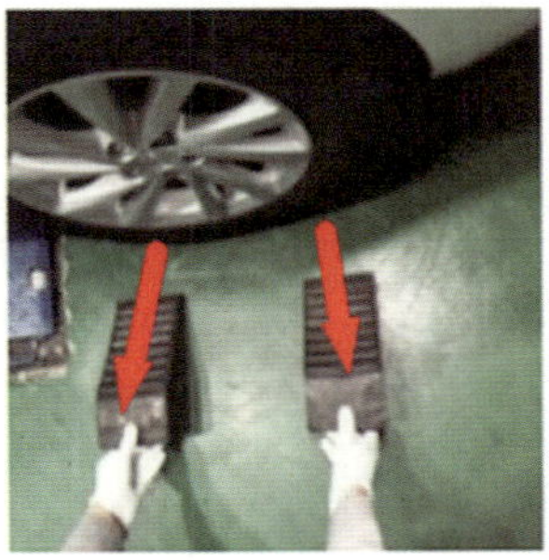

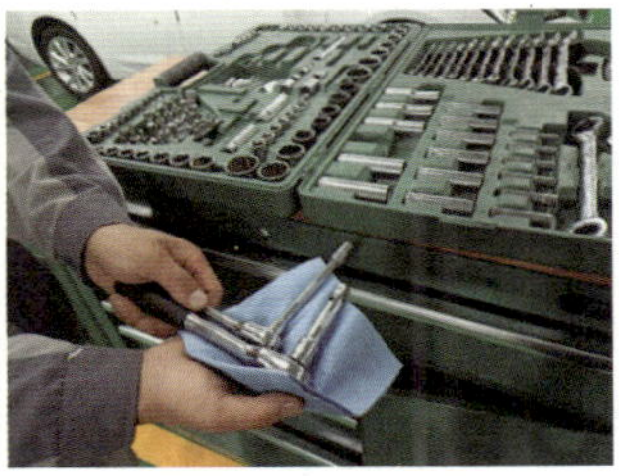

（7）车辆、场地清洁。

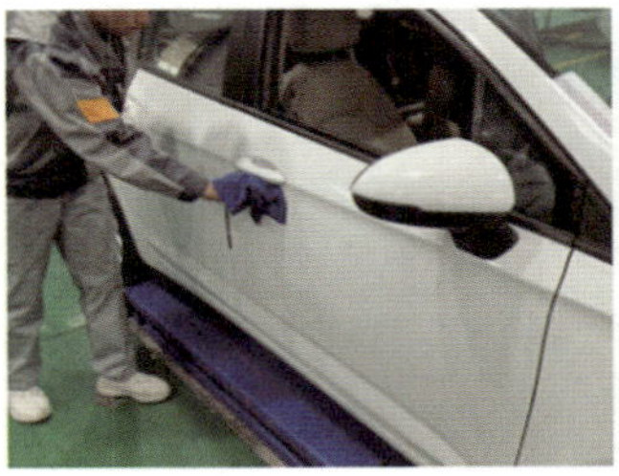

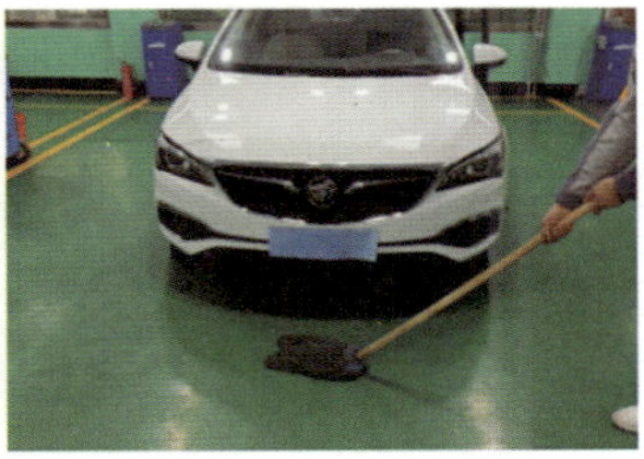

充电系统性能检测及发电机拆装　任务工单

操作时间：　　　　分钟					
组长初评　□合格　□不合格			教师复评　□合格　□不合格		
一、车辆防护及信息记录					
车辆维修前检查车外有无划痕、凹坑等，检查车内有无贵重物品　□有　□无					
工具、防护用品检查　□正常　□不正常					
安装车轮挡块　□安装　□未安装			安装排烟套　□安装　□未安装		
安装车内外三件套　□安装　□未安装			检查驻车制动　□检查　□未检查		
品牌		整车型号		生产年月	
发动机型号		发动机排量		行驶里程	
车辆识别码					
二、充电系统性能检测					

操作项目	测量数据记录	操作结果
1. 测量静态电压		□合格　□不合格
2. 测量中速空载电压（2 000r/min）		□合格　□不合格
3. 测量中速高负荷电压（2 000r/min）		□合格　□不合格

三、发电机的拆装			
维修手册目录名称填写：			维修手册页数：
维修手册查询信息：			
操作项目	**操作结果**	**操作项目**	**操作结果**
1. 断开蓄电池负极	□完成　□未完成	2. 断开发电机电缆线及插接器	□完成　□未完成
3. 拆卸传动皮带	□完成　□未完成	4. 举升车辆，断开发电机线束插接器	□完成　□未完成
5. 拆卸发电机的固定螺栓、螺母	□完成　□未完成	6. 取出发电机	□完成　□未完成
7. 安装支架螺栓	□完成　□未完成	8. 连接发电机电缆线及插接器	□完成　□未完成
9. 检查传动皮带是否正常	□完成　□未完成	10. 安装传动皮带并进行松紧度检查	□完成　□未完成
11. 连接蓄电池负极	□完成　□未完成	12. 起动车辆，检查充电系统性能	□完成　□未完成
四、车辆恢复及 8S 管理			
操作项目	**操作结果**	**操作项目**	**操作结果**
1. 移除车内外三件套	□完成　□未完成	2. 移除排烟套	□完成　□未完成
3. 移除车轮挡块	□完成　□未完成	4. 工具清洁整理	□完成　□未完成
5. 车辆、场地清洁	□完成　□未完成	6. 团队协作	□合格　□不合格

充电系统性能检测及发电机拆装　评分标准

序号	操作步骤	操作要点及得分条件	评分标准	配分	得分
1	场地、工位、工具准备情况	检查世达 120 件套装工具、车内外三件套、排烟套、车轮挡块、万用表，每项 2 分	依据得分条件进行评分，按要求完成打√，未按要求完成打 ×，扣分不得超过 100 分	10 分	
2	车辆防护及信息记录	安装车轮挡块 2 分、安装排烟套 2 分、安装车内三件套 2 分、安装车外三件套 2 分、驻车制动检查 1 分、记录信息 1 分		10 分	
3	测量静态电压	使用万用表测量蓄电池的静态电压，测量方法正确 4 分、测量结果记录正确 4 分、判断结果正确 4 分		12 分	
4	测量中速空载电压	使用万用表测量发电机的中速空载电压，测量方法正确 4 分、测量结果记录正确 4 分、判断结果正确 4 分		12 分	
5	测量中速高负荷电压	使用万用表测量发电机的中速高负荷电压，测量方法正确 4 分、测量结果记录正确 4 分、判断结果正确 4 分		12 分	
6	维修手册查询发电机的拆装信息	维修手册目录正确 2 分、维修手册页数记录正确 1 分、维修手册信息查询正确 6 分		9 分	
7	发电机拆卸与安装	工具选择正确 2 分、拆装步骤每一项 2 分（共 24 分）、工单填写 1 分		27 分	
8	车辆恢复及 8S 管理	车辆恢复 2 分、工具清洁整理 2 分、车辆与场地清洁 2 分		6 分	
9	团队协作	具有一定的团队协作能力 2 分		2 分	
总分 100 分					

练一练

一、填空题

1. 汽车交流发电机一般由________、________、________、________、________、电刷及电刷架等部件组成。

2. 定子总成三相绕组的接法有________和________两种。

3. 整流器的作用是________________________________。

二、简答题

1. 简述发电机的拆装顺序。

2. 简述汽车交流发电机的整流过程。

任务三　起动系统的检查与维护

学习目标

知识目标：通过对起动系统理论知识的学习，了解汽车起动机的作用和结构；了解起动系统的组成和工作原理。

技能目标：能正确进行起动机的拆卸；能对起动机进行性能检测。

素养目标：养成积极主动的学习习惯；严格按照岗位要求规范操作；养成爱护设备、仪器的习惯，确保工具、设备和自身的安全；具有较强的组织沟通能力和良好的团队合作能力；穿戴要整齐；树立8S管理理念。

任务描述

客户李先生的别克威朗轿车无法起动，被运送到别克4S店，经维修技师检查，判断是起动机发生了故障。下面将学习汽车起动机的相关知识，并按流程完成起动机的更换和性能检测任务。

理论知识

目前几乎所有的汽车发动机都采用电力起动机起动。当起动机轴上的驱动齿轮与发动机飞轮周缘上的环齿啮合时，起动机旋转产生的电磁转矩通过飞轮传递给发动机的曲轴，使发动机起动。

一、起动系统的作用

发动机必须依靠外力带动曲轴旋转后，才能进入正常工作状态，而起动机的作用是给发动机曲轴提供转动转矩，使发动机达到所需的起动转速。当发动机进入自行运转状态后，起动机立即停止工作。起动系统如图 3－3－1 所示。

二、起动系统的基本要求

（1）起动机的功率应和发动机起动所需的功率相匹配，以保证起动机产生的电磁力矩大于发动机的起动阻力矩。

（2）蓄电池的起动容量必须和起动机的额定输出功率相匹配，保证为起动机提供足够的起动电流和必要的持续时间。

（3）起动主电路的导线电阻和接触电阻要尽可能小，一般都在 0.01 Ω 以下。因此，起动主电路的导线截面积比普通导线大得多，并且连接要非常牢固、可靠。

（4）发动机起动后，起动机小齿轮能自动与发动机飞轮退出啮合或滑转，防止发动机带动起动机运转。

三、起动机的分类

（1）按起动机的直流电动机产生磁场的方式不同，分为永磁式和电磁式。

（2）根据磁场绕组和电枢绕组的连接方式，分为串励式、并励式、复励式和他励式，其中，串励式在汽车起动机中应用最多。

四、起动机的结构

起动机由直流电动机、控制机构、传动机构三部分组成，如图 3－3－2 所示。

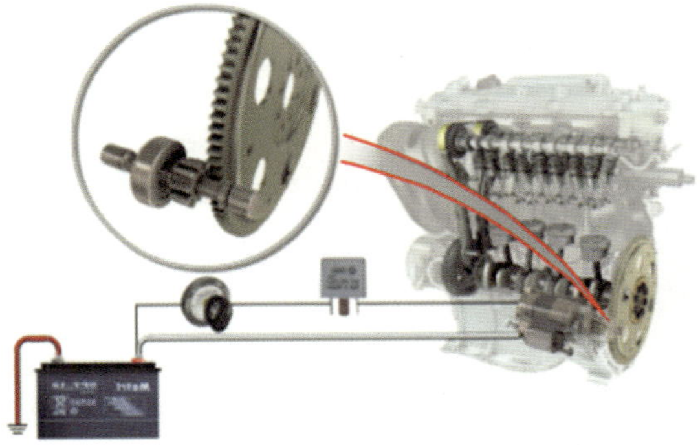

图 3－3－1　起动系统

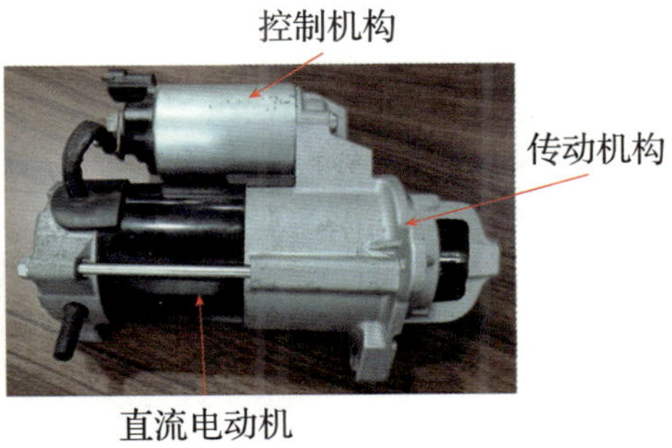

图 3－3－2　起动机的结构

1. 直流电动机

直流电动机由磁极、转子（电枢）、电刷及电刷架、壳体等组成，如图 3－3－3 所示。

（1）磁极的作用是产生磁场，由铁心和励磁绕组组成。励磁绕组与转子绕组串联连接，故称为直流串励式电动机，磁极绕组与铁心之间要绝缘，如图 3－3－4 所示。

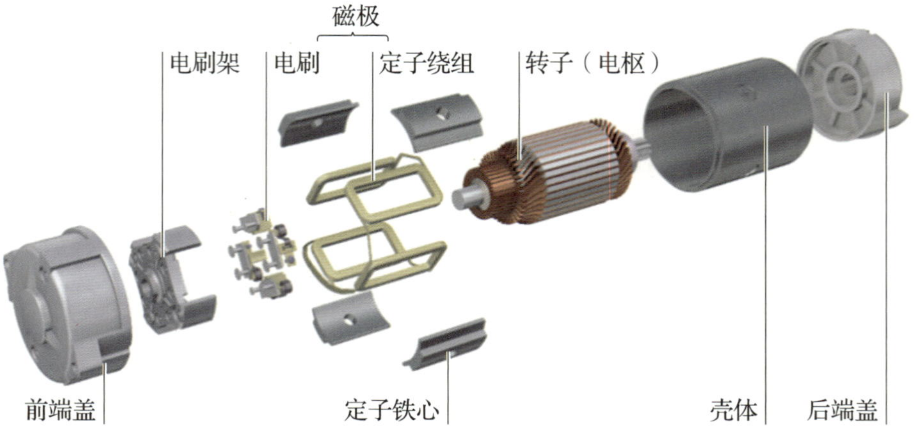

图 3－3－3　直流电动机的结构

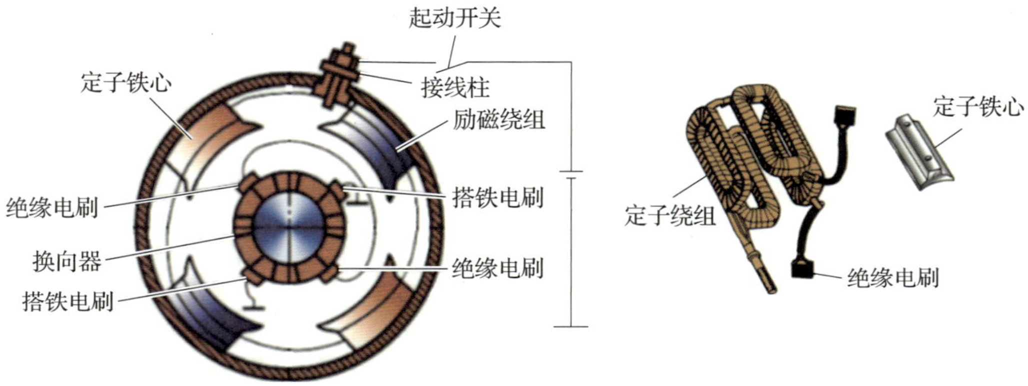

图 3－3－4　磁极

（2）转子又称为电枢，是产生电磁转矩的部件，主要由转子轴、转子绕组、转子铁心和换向器组成，如图 3－3－5 所示。转子绕组与转子轴、转子铁心之间要绝缘。转子绕组之间应无短路。

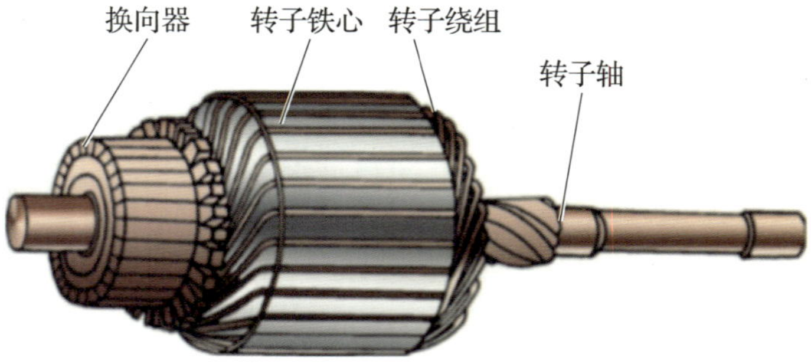

图 3－3－5　转子

转子绕组短路故障的检查方法：把转子放在万能实验台检验器上，接通电源，将锯片放在检验器上并转动转子，锯片不振动，则表示转子绕组正常（无短路）。

（3）电刷及电刷架。电刷一般由铜粉和石墨粉压制而成（有利于减小电阻，增加耐磨性），装在电刷架中，并借助弹簧压力与换向器紧密接触，将电流引入转子绕组中。电刷的标准高度为 14.4mm，使用的极限高度为标准高度的 2/3，当小于极限高度时应更换。电刷及电刷架如图 3－3－6 所示。

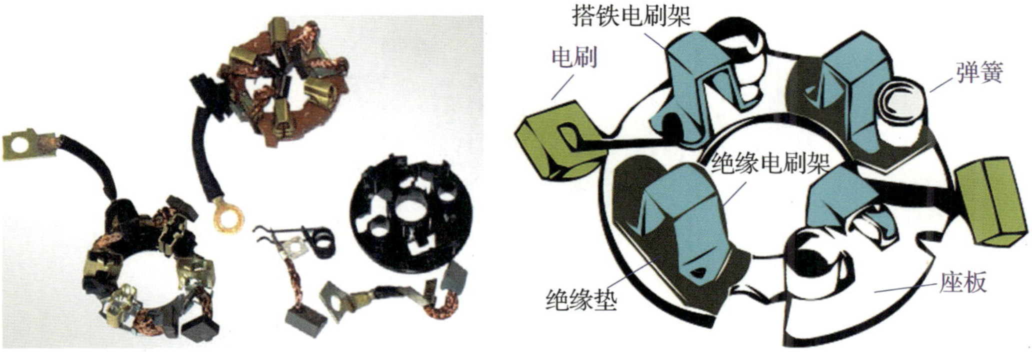

图 3－3－6　电刷及电刷架

2. 控制机构

控制机构又称为电磁开关，其外形如图 3－3－7 所示。其主要由活动铁心、保持线圈、吸引线圈、回位弹簧、接触片、接线端子等组成，如图 3－3－8 所示。其中，30 端子接蓄电池正极；50 端子接起动继电器或起动开关；C 端子接起动机励磁绕组。当驱动齿轮处于向外推出状态时，吸引线圈和保持线圈同时工作；当起动机处于正常起动状态时，吸引线圈被短路，只有保持线圈工作。

图 3－3－7　控制机构的外形

3. 传动机构

传动机构是起动机驱动齿轮与发动机飞轮齿圈之间的啮合及分离机构，如图 3－3－9 所示。

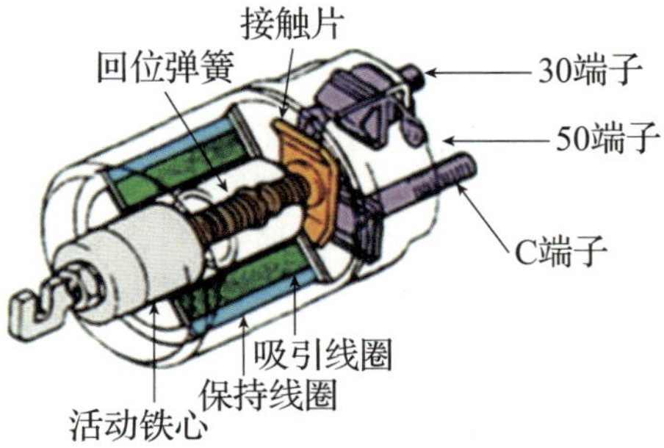

图 3－3－8　控制机构的结构

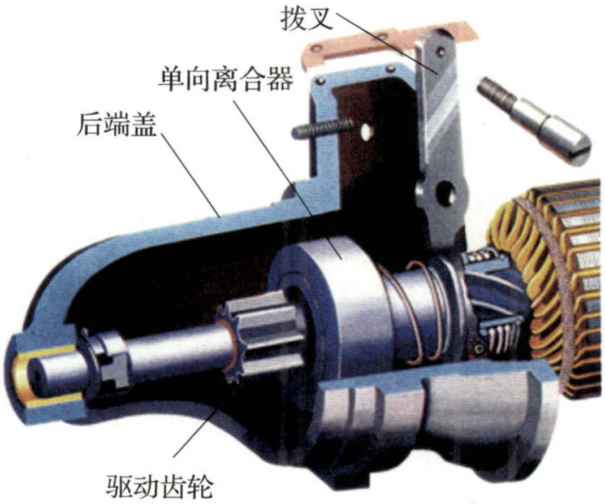

图 3－3－9　传动机构

在永磁式起动机上，为了提高起动机的输出功率和起动性能，同时为了保护起动机，通常采用减速机构，如图 3－3－10 所示。

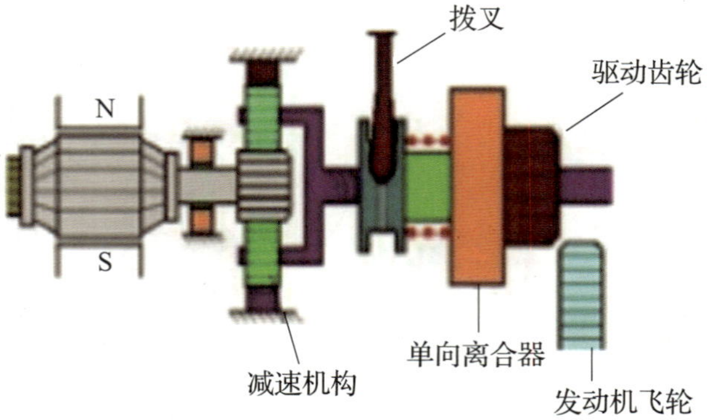

图 3－3－10　具有减速机构的起动机

单向离合器的作用是在起动发动机时，与发动机飞轮齿轮相啮合，当发动机起动以后，单向离合器自动打滑，保护起动机。常见的单向离合器有扭力弹簧式、摩擦片式和滚柱式，如图 3－3－11 所示，其中滚柱式单向离合器的传递功率较小，因此常在中小型汽车的起动机上应用；传递功率较大的起动机，通常使用摩擦片式单向离合器和扭力弹簧式单向离合器。

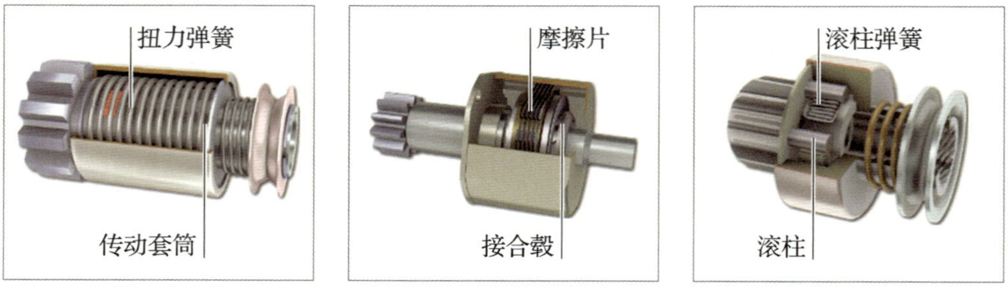

扭力弹簧式单向离合器　　摩擦片式单向离合器　　滚柱式单向离合器

图 3－3－11　单向离合器

五、起动系统的工作原理

当起动开关闭合时，吸引线圈、保持线圈通电。吸引线圈的电阻很小，通过它的电流很大。在吸引线圈和保持线圈中产生的磁场吸引铁心向左移动，并带动拨叉下端向右移动将驱动齿轮推出，与飞轮齿圈啮合。接触盘向左移动，使接线端子（30 端和 C 端）接通，同时吸引线圈被接触盘短路（保持线圈仍然通电工作），起动机的主电路接通，电枢绕组由蓄电池提供较大的起动电流，产生了强大的起动转矩，如图 3－3－12 所示。

六、起动系统常见的故障及解决方法

（1）起动机内部出现故障。如起动机内部零件出现脱落、磨损等问题，就会导致无法正常工作。

解决方法：对磨损严重的零件进行更换或维修。

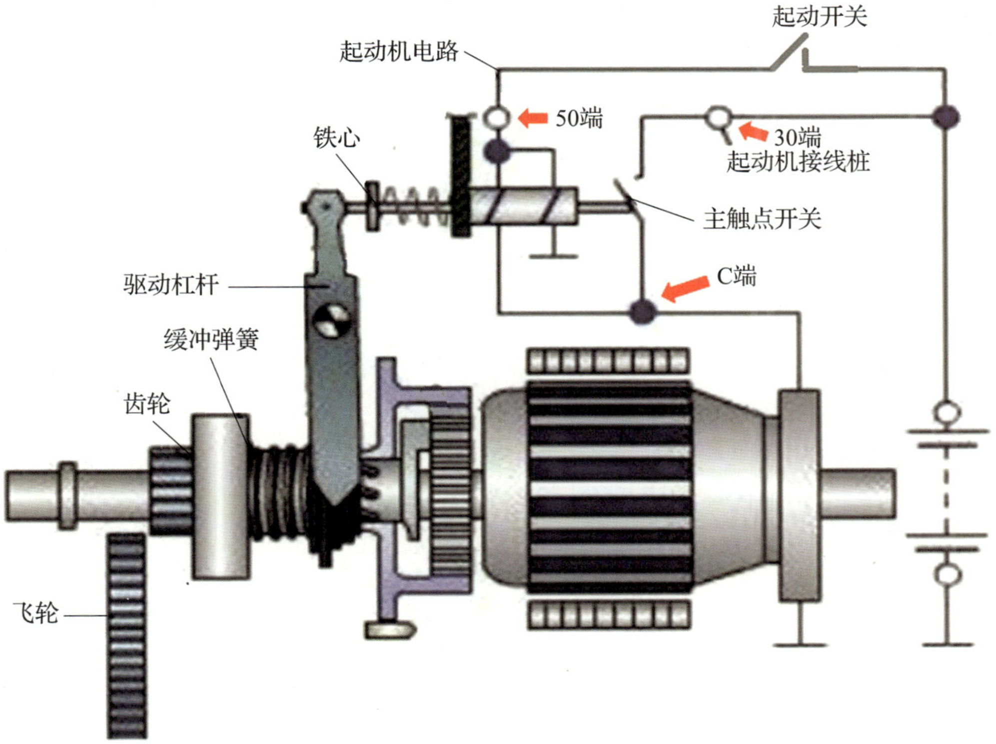

图 3-3-12　起动系统的工作原理图

（2）起动时出现异响。可能是由于单向离合器磨损或弹簧失效、过载保护装置启动、小齿轮或滚子磨损等引起的。

解决方法：对故障零件进行更换或维修。

（3）起动机运转不良。电刷过度磨损、转子卡滞、轴承润滑不良等都可能导致起动机运转不良。

解决方法：对故障零件进行更换或维修。

（4）起动继电器故障。起动继电器无法吸引触点，会使起动机无法工作。

解决方法：检查起动继电器是否有烧蚀、炭垢，如果有烧蚀、炭垢等现象，则进行维修或更换。

（5）起动开关故障。起动开关触点烧坏或松动，无法正常连接电路，使发动机无法起动。

解决方法：查明原因，进行维修或更换。

（6）电路故障。如果电路连接松动、控制电路的插接器接触不良，会导致发动机无法正常起动。

解决方法：检查电路是否短路、断路，并进行维修。

七、别克威朗汽车起动系统电路

别克威朗汽车起动机由 K20 发动机控制模块控制，当起动机继电器 KR27 和 KR27C 同时闭合时起动机才能正常工作，如图 3-3-13 所示。

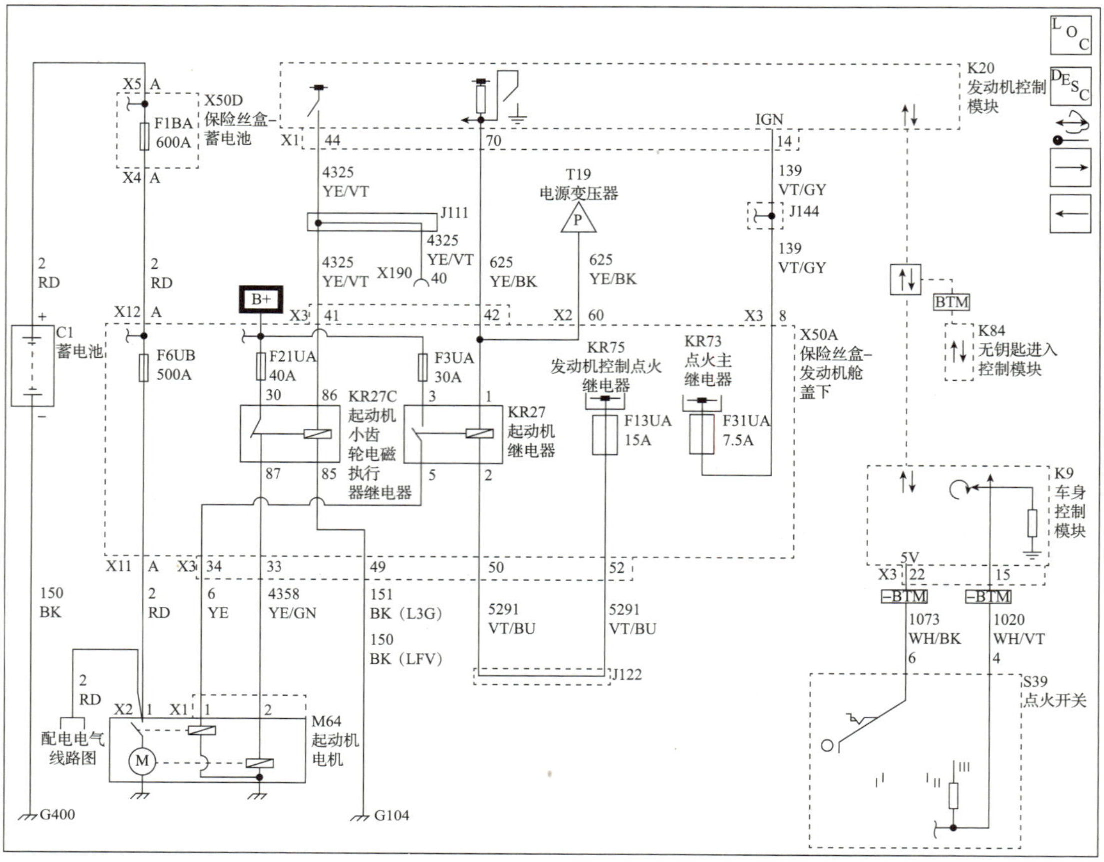

图 3－3－13　别克威朗汽车起动系统电路图

其工作原理如下：接通起动开关，K9 车身控制模块接收到起动信号后，与 K20 发动机控制模块进行通信；同时，K20/14 接收到来自 KR73 的点火信号，控制 K20/44 内部接通，KR27C 起动机小齿轮电磁执行器继电器工作，使驱动齿轮与发动机飞轮齿圈啮合，紧接着 K20/70 接通，使 KR27 起动机继电器工作，电流流过 KR27/3 → KR27/5 →起动机 X1/1，起动机开始工作。

任务实施

一、工作内容

起动机拆卸及性能检测。

起动系统维护

二、工具设备准备及要求

别克威朗实训车辆、车内三件套、车外三件套、车轮挡块、起动机、世达 120 件套装工具、万用表、抹布、拖布、手套、手电筒等。

要求：（1）按要求在规定时间内独立或小组合作完成工作任务；

（2）按操作规范做好车辆安全防护，确保人、车安全；

（3）规范使用工具、设备，确保电气部件正常运行。

三、任务操作过程

1. 前期准备

检查车外有无划痕、凹坑，检查车内有无贵重物品，并记录说明。

（1）安装车轮挡块（安装在非驱动轮处，并贴紧车轮）。

（2）安装排烟套。

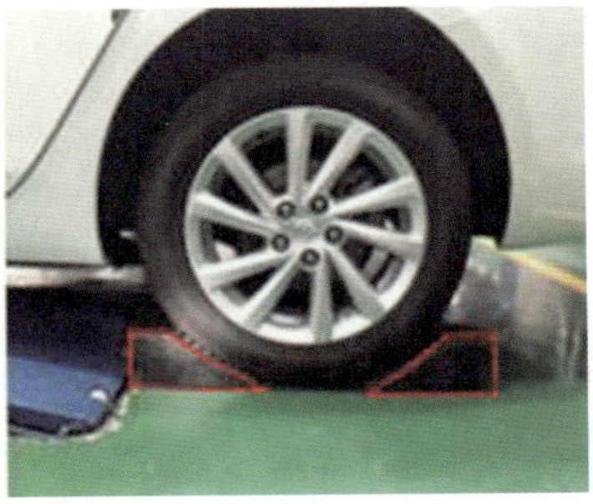

（3）解锁车辆，在工单上正确填写车辆基本信息。

（4）安装车内三件套（包括转向盘套、座椅套和地板垫）。

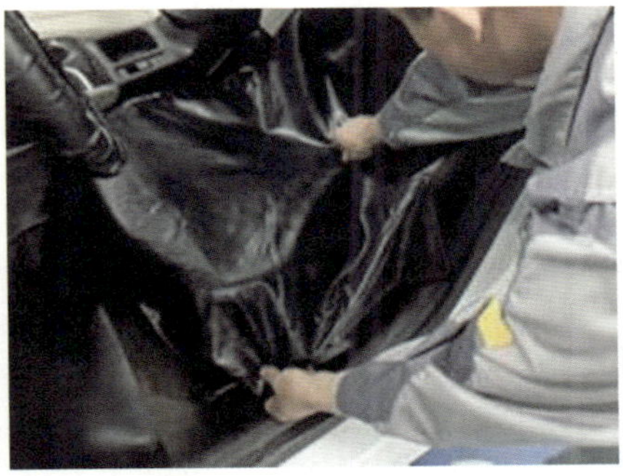

（5）检查挡位和制动状态（确保车辆挡位处于 P 位）。

（6）拉起转向盘左下方的释放杆（发动机舱盖弹起）。

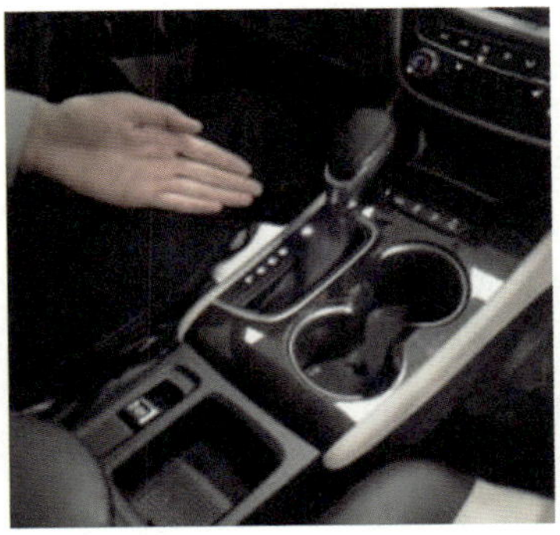
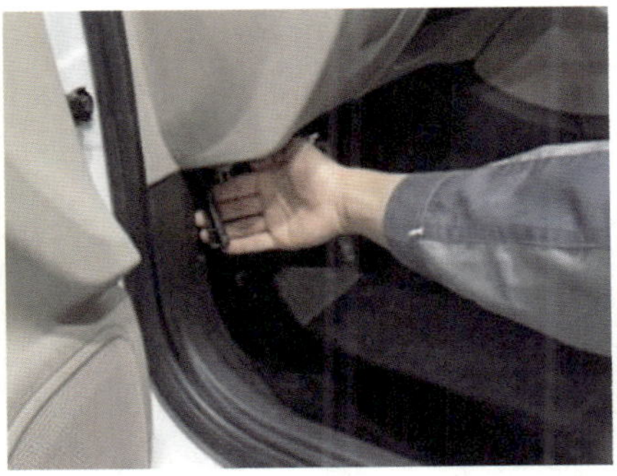

（7）在发动机舱盖中间处扣动机械锁，打开发动机舱盖。

（8）安装车外三件套（包括左、右翼子板布和前格栅布）。

2. 起动机的拆卸

（1）打开维修手册找到“12 伏启动和充电”菜单。

（2）找到“起动机的更换（带起步 / 停车系统）”操作流程菜单。

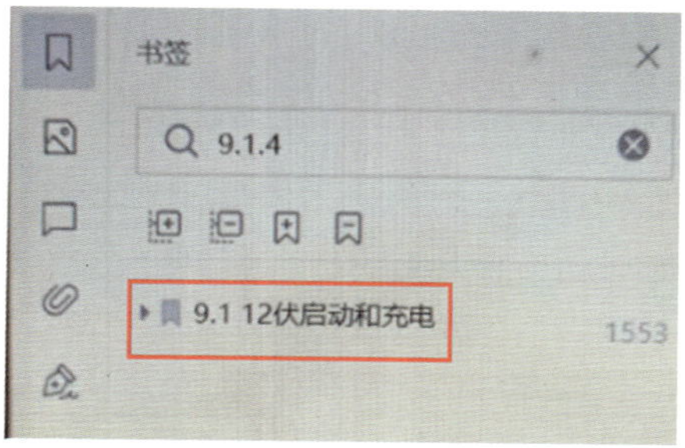

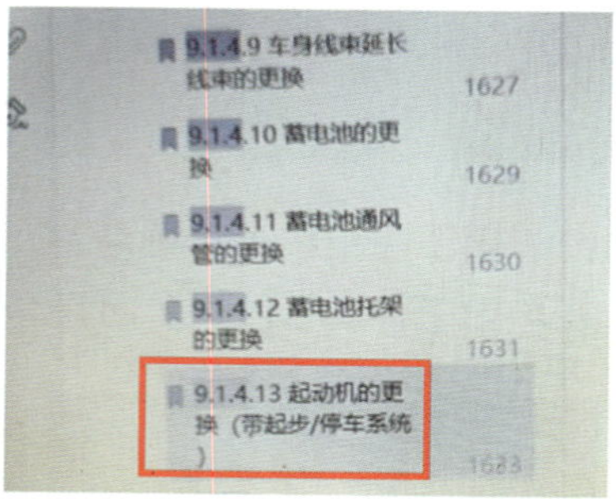

（3）断开蓄电池负极电缆。

（4）举升和顶起车辆。

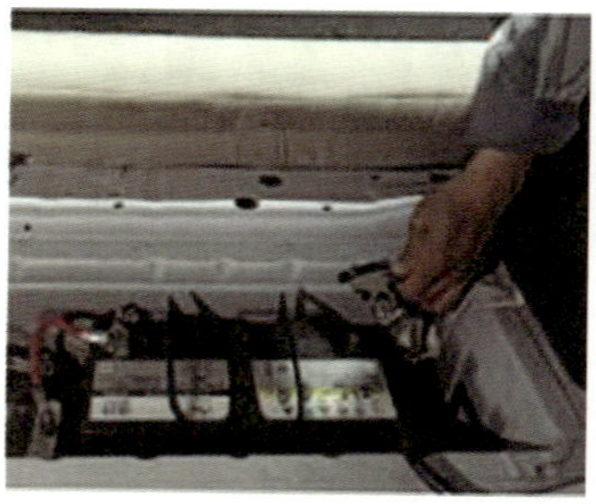
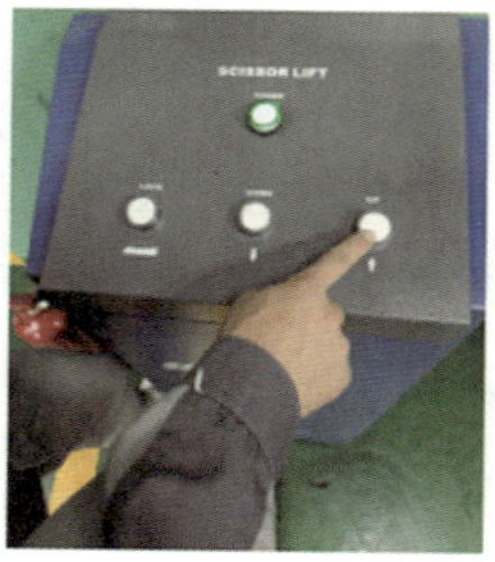

（5）断开起动机线束插接器。

（6）拆下发电机和起动机电缆螺母，取下发电机和起动机电缆。

注意：先拆下起动机搭铁电缆，便于拆卸起动机螺栓。

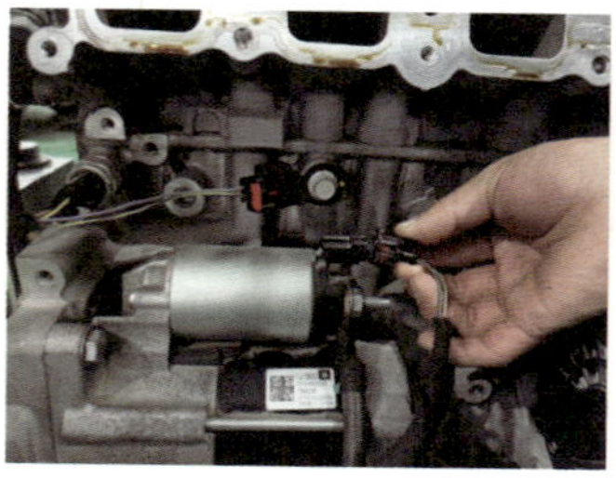

（7）拆下起动机的两个固定螺栓，取下起动机。

3. 起动机性能检测

（1）吸引线圈性能测试。

1）拆下起动机 C 端子上的引线端子。

2）将起动机 C 端子和电磁开关壳体与蓄电池负极相连。

3）将起动机 50 端子与蓄电池正极相连。此时驱动齿轮应能向外伸出。

（2）保持线圈性能测试。

在吸拉动作的基础上，当驱动齿轮保持在伸出位置时，取下电磁开关 C 端子上的电缆夹，此时驱动齿轮应保持在伸出位置。

（3）驱动齿轮回位测试。

在保持动作的基础上，取下起动机壳体上的电缆夹，此时驱动齿轮应能迅速回位。

（4）起动机运转测试。

1）将蓄电池 C 端子引线连接好。

2）将蓄电池正极与 30 端子连接。

3）将 30 端子与 50 端子连接。

4）将蓄电池负极与起动机壳体连接。

起动机正常情况下应能运转，否则起动机有故障。

注意：起动机性能测试在空载状态的测试时长不应超过 1min，制动测试时长不应超过 5s。

4. 车辆恢复及 8S 管理

（1）移除车外三件套，并叠放整齐。

（2）移除车内三件套，并叠放整齐。

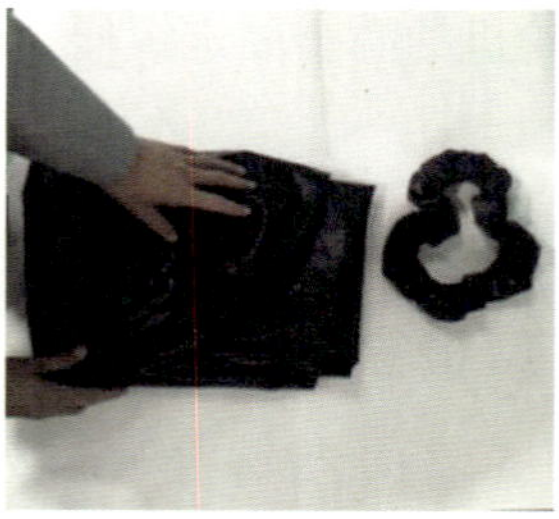

（3）关闭发动机舱盖（升起车窗玻璃，拔下车辆钥匙）。

（4）排烟套归位（放到指定位置）。

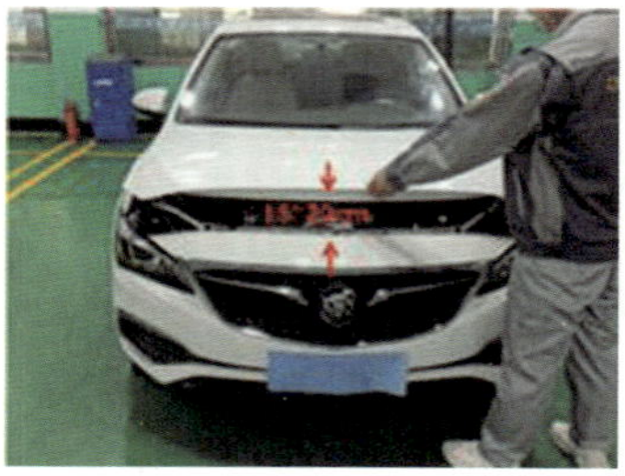

（5）移除车轮挡块。

（6）工具清洁归位。

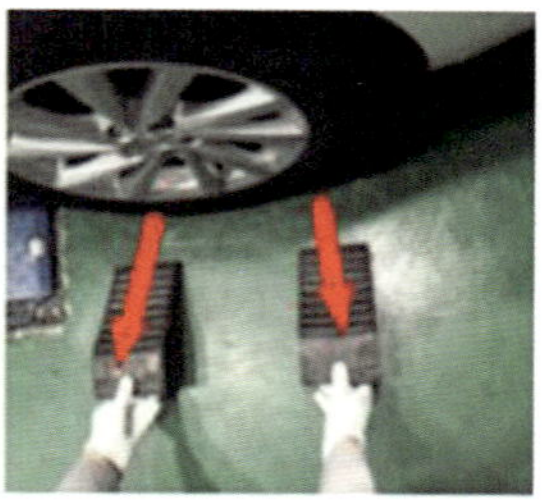

（7）车辆、场地清洁。

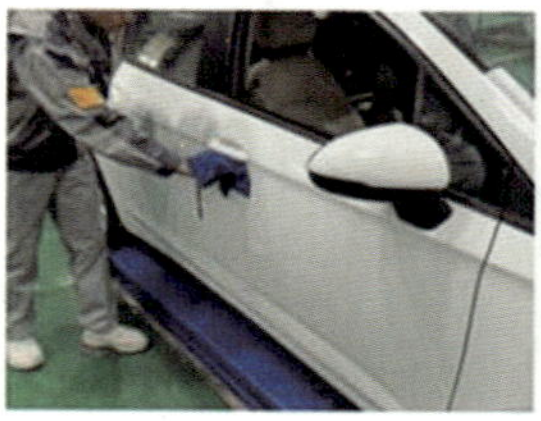

起动机拆卸及性能检测 任务工单

操作时间： 分钟					
组长初评 □合格 □不合格			教师复评 □合格 □不合格		
一、车辆防护及信息记录					
车辆维修前检查车外有无划痕、凹坑等，检查车内有无贵重物品 □有 □无					
工具、防护用品检查 □正常 □不正常					
安装车轮挡块 □安装 □未安装			安装排烟套 □安装 □未安装		
安装车内外三件套 □安装 □未安装			检查驻车制动 □检查 □未检查		
品牌		整车型号		生产年月	
发动机型号		发动机排量		行驶里程	
车辆识别码					
二、起动机的拆卸					
维修手册目录名称：				维修手册页数：	
维修手册查询信息：					

操作项目	操作结果	操作项目	操作结果
1. 断开蓄电池负极	□完成 □未完成	2. 举升车辆，断开起动机线束插接器	□完成 □未完成
3. 拆卸起动机 30 端子螺母	□完成 □未完成	4. 拆卸起动机导线螺母（起动机电缆）	□完成 □未完成
5. 拆卸起动机电缆	□完成 □未完成	6. 拆卸起动机搭铁螺栓	□完成 □未完成
7. 拆卸起动机两个托架螺栓并取下	□完成 □未完成	8. 拆卸起动机上下固定螺栓	□完成 □未完成
9. 拆下起动机	□完成 □未完成		

三、起动机性能检测

操作项目	检测结果	操作项目	检测结果
1. 吸引线圈性能测试	□正常 □不正常	2. 保持线圈性能测试	□正常 □不正常
3. 驱动齿轮回位测试	□正常 □不正常	4. 起动机运转测试	□正常 □不正常

四、起动机的安装

操作项目	操作结果	操作项目	操作结果
1. 安装起动机	□完成 □未完成	2. 安装起动机上固定螺栓	□完成 □未完成
3. 安装起动机下固定螺栓	□完成 □未完成	4. 安装起动机支架及两个螺栓	□完成 □未完成
5. 安装起动机搭铁电缆及螺母	□完成 □未完成	6. 安装起动机电缆及螺母	□完成 □未完成
7. 安装发电机电缆及螺母	□完成 □未完成	8. 安装起动机线束插接器	□完成 □未完成
9. 连接蓄电池负极	□完成 □未完成	10. 检查车辆起动性能	□完成 □未完成

五、车辆恢复及 8S 管理

1. 移除车内外三件套	□完成 □未完成	2. 移除排烟套	□完成 □未完成
3. 移除车轮挡块	□完成 □未完成	4. 工具清洁整理	□完成 □未完成
5. 车辆、场地清洁	□完成 □未完成	6. 团队协作	□合格 □不合格

起动机拆卸及性能检测　评分标准

序号	操作步骤	操作要点及得分条件	评分标准	配分	得分
1	场地、工位、工具准备情况	检查世达 120 件套装工具、车轮挡块、车内外三件套、排烟套，每项 1 分	依据得分条件进行评分，按要求完成打√，未按要求完成打 ×，扣分不得超过 100 分	4 分	
2	车辆防护	安装车轮挡块 2 分、安装排烟套 3 分、安装车内外三件套 3 分、驻车制动检查 1 分、信息记录 1 分		10 分	
3	维修手册查询起动机拆装流程	维修手册目录正确 1 分、维修手册页数记录正确 1 分，维修手册信息查询正确 2 分		4 分	
4	起动机的拆卸	工具选择正确 4 分、拆卸步骤每个步骤 2 分（共 18 分）、工单填写 3 分		25 分	
5	起动机性能检测	吸引线圈性能测试 4 分、保持线圈性能测试 4 分、驱动齿轮回位测试 4 分、起动机运转测试 4 分、工单填写 3 分		19 分	
6	起动机的安装	工具选择正确 4 分、安装步骤每个步骤 2 分（共 20 分）、工单填写 3 分		27 分	
7	车辆恢复及 8S 管理	车辆恢复 2 分、工具清洁整理 2 分、车辆与场地清洁 2 分		6 分	
8	团队协作	具有一定的团队协作能力 5 分		5 分	
总分 100 分					

练一练

一、填空题

1. 起动机一般由__________、__________、__________等部分组成。

2. 转子又称电枢，是产生电磁转矩的核心部件，主要由__________、__________、__________和换向器组成。

二、简答题

1. 简述起动系统的工作原理。

2. 简述起动机的拆卸流程。

3. 请同学们结合维修资料，将下图中的 1 ～ 7 各个结构部件写出来。

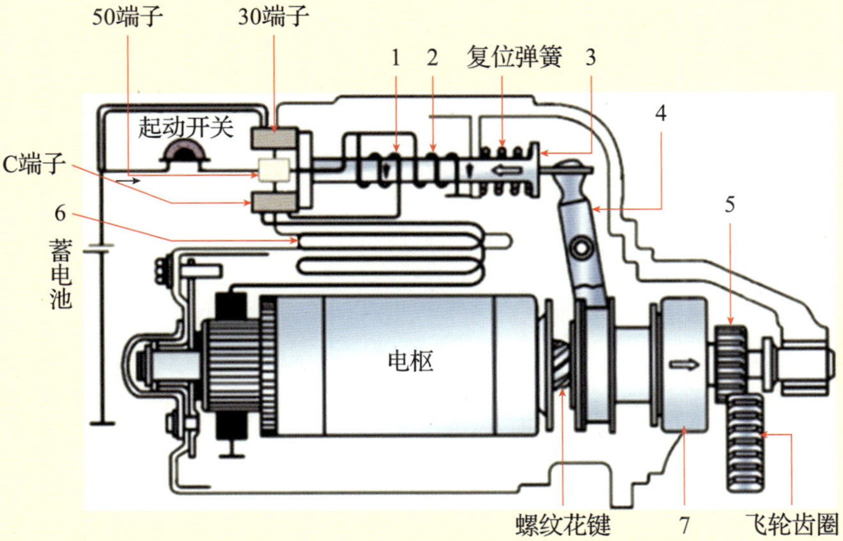

1.__________；2.__________；3.__________；4.__________；

5.__________；6.__________；7.__________

项目四 汽车点火系统

本项目主要介绍汽车微机控制点火系统的作用、组成和工作原理，技能任务包括别克威朗轿车点火系统电路图的识读、点火系统传感器的拆装、火花塞的拆装。通过本项目的学习，学生掌握汽车点火系统的相关知识点，并能完成点火系统电路图的识读、传感器的拆装、火花塞的拆装等技能操作任务。

- 汽车点火系统
  - 微机控制点火系统
    - 微机控制点火系统的组成
    - 微机控制点火系统工作原理
    - 微机控制点火系统常见的故障
    - 微机控制点火系统电路

任务 微机控制点火系统

学习目标

知识目标：通过对点火系统理论知识的学习，了解微机控制点火系统的组成、工作原理；了解微机控制点火系统中各传感器的作用。

技能目标：能正确说明微机控制点火系统各传感器的安装位置；能正确拆装凸轮轴位置传感器和火花塞。

素养目标：养成积极主动的学习习惯；严格按照岗位要求规范操作；养成爱护设备、仪器的习惯，确保工具、设备和自身的安全；具有较强的组织沟通能力和良好的团队合作能力；穿戴要整齐；树立 8S 管理理念。

任务描述

客户周女士的别克威朗轿车发动机起动不了，被运送到别克 4S 店，经维修技师检查，判断是凸轮轴位置传感器的故障。下面将学习汽车点火系统的有关知识，并按流程完成凸轮轴位置传感器和火花塞的拆装任务。

理论知识

随着微机处理技术的发展，微机控制点火系统取代了机械控制点火系统，且发展至今已经趋于成熟。微机控制点火系统的特点在于点火时间精准，喷油量精确。发动机运行中实际点火提前角接近理想点火提前角，确保在各种工况下，点火提前角可获得复杂而精确的控制，同时使汽车发动机的动力性能和燃油的经济性能得到优化。微机控制点火系统如图 4-1-1 所示。

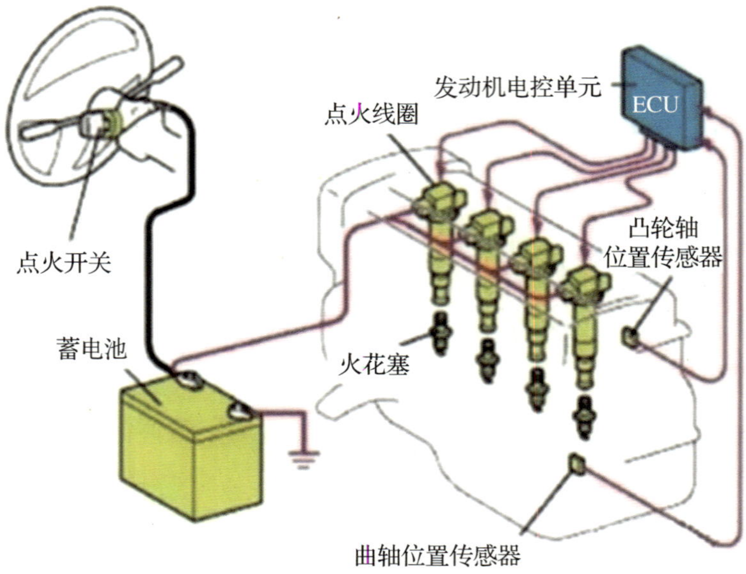

图 4-1-1　微机控制点火系统

一、微机控制点火系统的组成

微机控制点火系统由发动机电控单元（ECU）、点火线圈及与点火有关的进气温度压力传感器、曲轴位置传感器、凸轮轴位置传感器、空气流量传感器、节气门位置传感器、冷却液温度传感器、爆燃传感器、加速踏板位置传感器等组成，如图 4-1-2 所示。

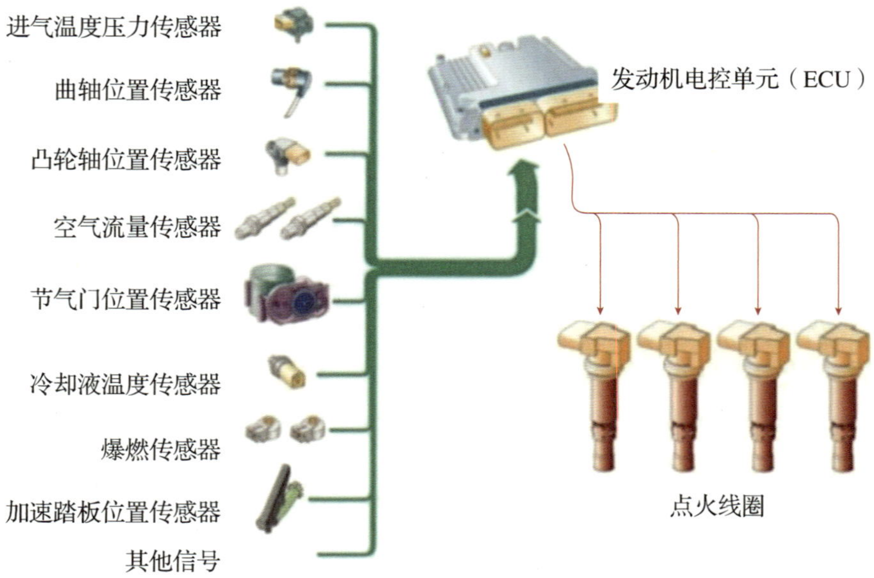

图 4-1-2　微机控制点火系统的组成

1. 传感器

传感器的作用是采集发动机即时工作状况并将非电物理信号转换为电信号传输至发动机电控单元（ECU）。

（1）霍尔式凸轮轴位置传感器是点火控制的主控信号，用来检测发动机工作时凸轮轴的位置，判别发动机工作循环的1缸上止点位置，从而进行顺序喷油控制、点火时刻控制和爆燃控制。霍尔式凸轮轴位置传感器实物图如图4－1－3所示。

图4－1－3 霍尔式凸轮轴位置传感器

（2）曲轴位置传感器又称为发动机转速与曲轴转角传感器，其作用是采集曲轴的转动角度和发动机的转速信号，以确定点火时刻和喷油量。曲轴位置传感器安装位置和实物图如图4－1－4所示。

图4－1－4 曲轴位置传感器安装位置和实物图

（3）空气流量传感器，也称空气流量计，用来测定吸入发动机燃烧室的空气流量。它将吸入的空气流量转换成电信号送至发动机电控单元（ECU），作为决定喷油量和点火时刻的主要信号。空气流量传感器安装位置和实物图如图4－1－5所示。

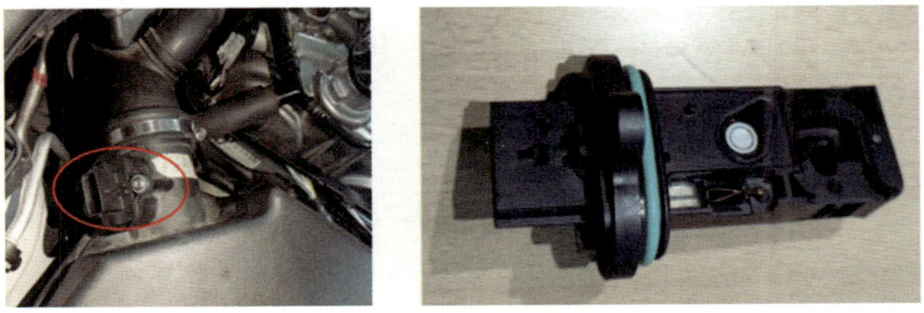

图4－1－5 空气流量传感器安装位置和实物图

（4）节气门位置传感器又称为节气门开度传感器，用来检测发动机负荷状态，决定喷油量和点火时刻。节气门位置传感器通常与节气门制成一体。节气门位置传感器实物图如图4－1－6所示。

图4－1－6 节气门位置传感器实物图

（5）冷却液温度传感器用于检测发动机冷却液温度（属于负温度系数的传感器），修正电控系统喷油量和点火时刻，是一个检测发动机热负荷的传感器。冷却液温度传感器安装位置和实物图如图 4－1－7 所示。

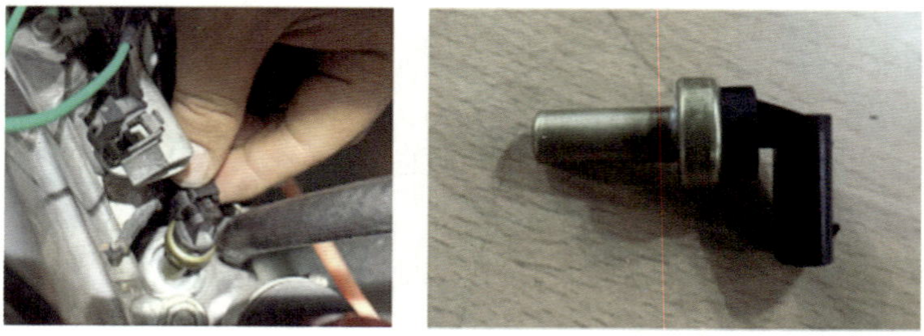

图 4－1－7　冷却液温度传感器安装位置和实物图

（6）爆燃传感器将检测到的发动机爆燃信号（气缸体振动的压力波），转变成电信号传给发动机电控单元（ECU）。当发动机电控单元（ECU）接收到这些频率的电信号时，重新修正点火时刻，以减小点火提前角，阻止继续爆燃，从而实现闭环控制。爆燃传感器实物图如图 4－1－8 所示。

2. 发动机电控单元

发动机电控单元又叫电子控制单元（ECU），由微处理器（CPU）、存储器（ROM、RAM）、输入 / 输出接口（I/O）、模数转换器（A/D）以及整形、驱动等大规模集成电路组成。其作用是根据内存的程序和数据对各种输入信息进行运算、处理、判断，再输出一定宽度喷油量的电脉冲信号、点火脉冲信号及其他控制信号，使发动机工作状态达到最优化。ECU 如图 4－1－9 所示。

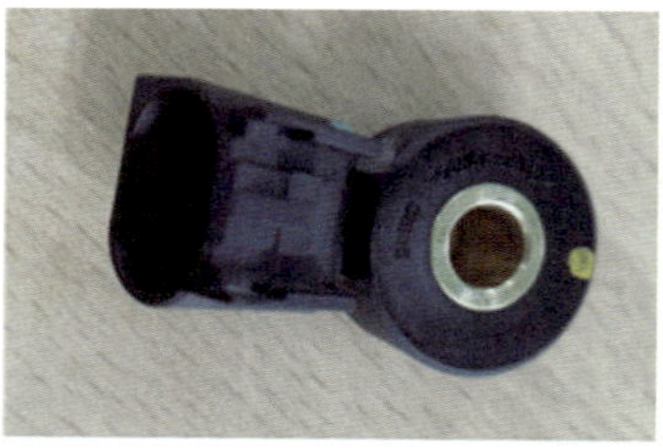

图 4－1－8　爆燃传感器实物图

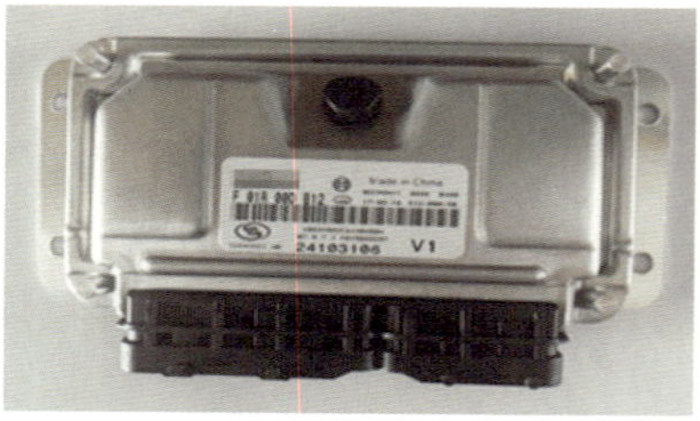

图 4－1－9　ECU

ECU 还具备以下几种控制功能：

（1）自诊断功能：当系统产生故障时，它能在 RAM 中自动记录故障码并采用保护措施，从上述的固有程序中读取替代程序来维持发动机的运转。

（2）自适应功能：也叫自适应程序。正常情况下，RAM 会不停地记录工作过程中的数据，成为 ECU 的学习程序，为适应驾驶习惯提供最佳的控制状态。

在汽车上有多个 ECU，如四轮驱动系统、防抱死制动系统、主动悬架系统等的 ECU。为了简化电路，汽车上多个 ECU 之间的信息传递采用多路复用通信网络技术，也就是 CAN 数据总线，使整车所有的 ECU 之间形成一个网络系统，即车载局域网。

3. 点火控制器和点火线圈

（1）点火控制器。点火控制器的作用是接收 ECU 发出的点火脉冲信号，控制点火线圈初级绕组电流的通电和断电。点火控制器如图 4－1－10 所示。

（2）点火线圈。根据电磁感应原理使点火线圈次级绕组产生高电压，有独立式点火线圈和同时点火线圈两种形式。独立式点火线圈如图 4－1－11 所示，这种点火线圈只有一个高压输出端，且点火控制器与点火线圈制成一体，结构紧凑，在现代汽油机车上被普遍采用。

图 4－1－10　点火控制器

图 4－1－11　独立式点火线圈

4. 火花塞

火花塞是将点火线圈产生的高压电引入燃烧室点燃混合器的核心部件。火花塞的结构图和实物图如图 4－1－12 所示。

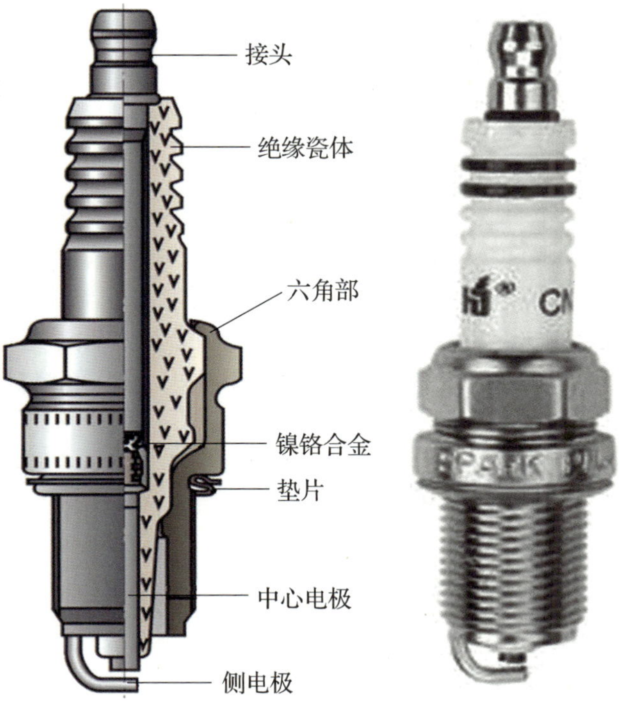

火花塞结构图　　火花塞实物图

图 4－1－12　火花塞的结构图和实物图

火花塞中心电极和侧电极一般采用不同的镍铬合金制成。其侧电极通常距离中心电极 0.6 ～ 0.8mm，当采用电子点火系统时，间隙可增大至 1.0 ～ 1.2mm。由于火花塞工作环境比较恶劣，因此要求有良好的耐高温、耐腐蚀性。火花塞绝缘体裙部的温度通常保持在 500 ～ 600℃，即落在绝缘体上的油滴能立即烧去（不形成积炭），这个不形成积炭的温度称为自洁温度；当高于这个温度时，又易产生炽热点火，形成早燃。火花塞工作的温度与裙部设计的长度有关，按照裙部长度的不同，火花塞可分为热型、中型和冷型，如图 4－1－13 所示。热型火花塞适合应用于低压缩比、低转速、小功率的发动机当中；冷型火花塞适合应用于高压缩比、高转速、大功率的发动机当中。

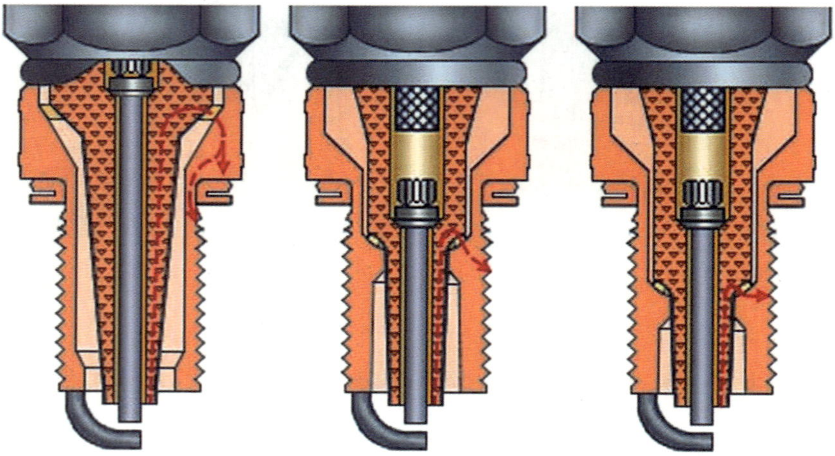

图 4－1－13　不同类型的火花塞

二、微机控制点火系统工作原理

发动机工作过程中，各传感器不断地检测发动机的转速、负荷、冷却液温度、进气温度等信号，并将检测信号经接口电路输入 ECU，ECU 根据原有的基本参数进行查找、运算、修正，将计算结果转变为控制信号，向点火控制器发出控制指令，接通点火线圈的初级电路。经过最佳的导通时间后，再发出控制指令，使点火控制器切断点火线圈的初级电路。初级电流中断，使点火线圈在次级绕组中产生高压电，经配电装置送到火花塞，点燃可燃混合气。

三、微机控制点火系统常见的故障

微机控制点火系统常见的故障包括：点火控制信号错误、点火线圈和火花塞故障、发动机爆燃、电子元件故障、电源故障等。

四、微机控制点火系统电路

微机控制点火系统的形式主要有同时点火系统（见图 4－1－14）与独立点火系统（见图 4－1－15）两种。它们共同的特点是取消了分电器。ECU 既要承担点火系统的正时工作，又要完成配电工作。独立点火系统中每个发动机气缸的火花塞单独配置一个点火线圈，所产生的高压电直接送给火花塞，因而取消了高压线，避免了高压线方面的故障，结构紧凑，安装方便，因此在现代汽车发动机上得到广泛的应用。

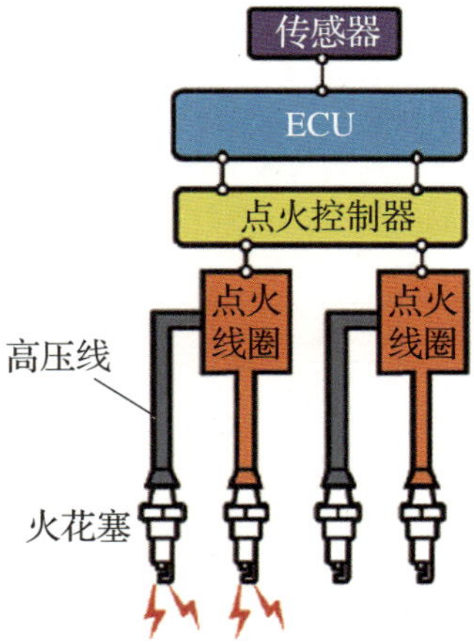

图 4-1-14　同时点火系统图

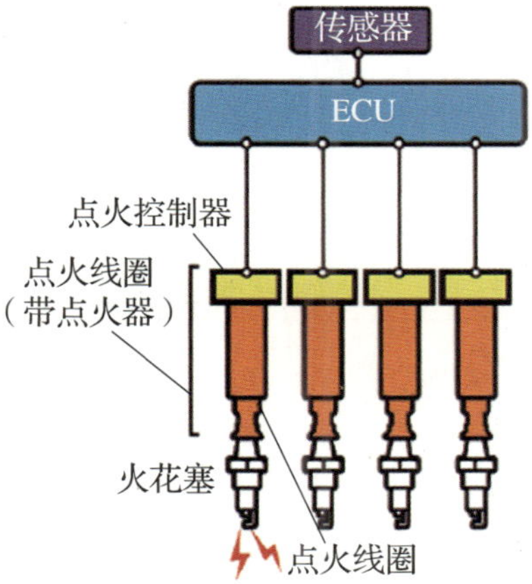

图 4-1-15　独立点火系统图

1. 独立点火系统的基本电路

该电路中点火控制器与点火线圈制成了一体。ECU 接收各个传感器输入的信号并进行运算，之后按照发动机点火顺序分别向各个气缸点火线圈提供点火正时脉冲，点火控制器控制点火线圈初级绕组电流的通断，使次级绕组产生高电压，直接传输到火花塞，如图 4-1-16 所示。

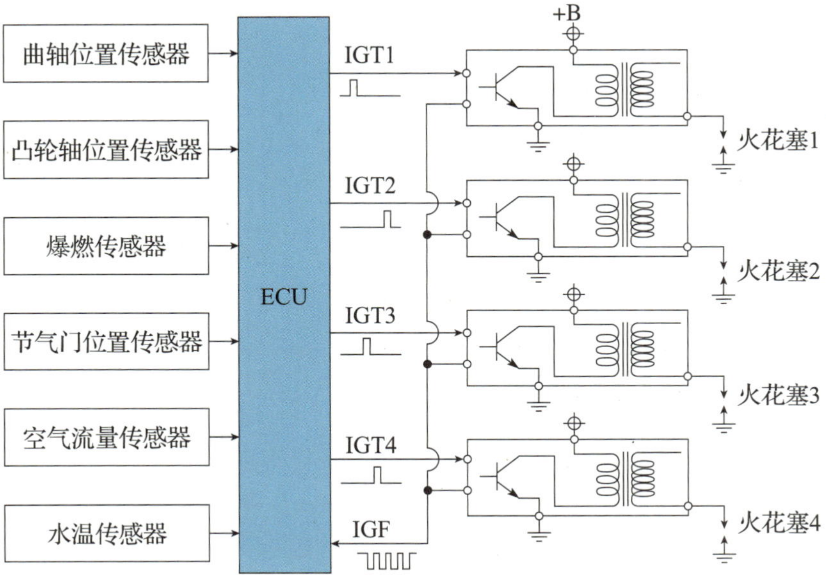

图 4-1-16　独立点火系统的基本电路

2. 别克威朗汽车点火系统电路

别克威朗汽车点火系统电路如图 4-1-17 所示。其中 T8A、T8B、T8C、T8D 的 4

号端为供电线，1 号端为搭铁线，3 号端为点火信号线，2 号端为点火反馈线。

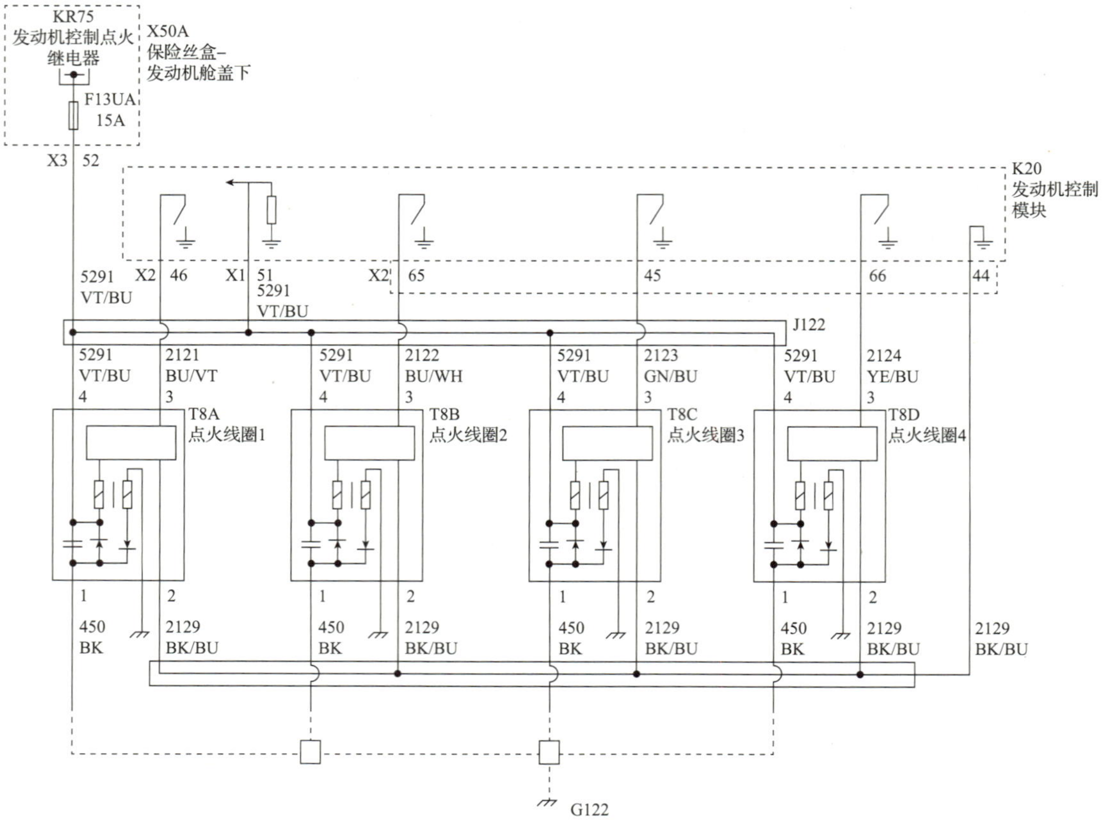

图 4－1－17　别克威朗汽车点火系统电路图

任务实施

凸轮轴位置传感器和火花塞拆装

一、工作内容

凸轮轴位置传感器和火花塞拆装。

二、工具设备准备及要求

别克威朗实训车辆、世达 120 件套装工具、车内三件套、车外三件套、车轮挡块、工具车、万用表、抹布、拖布、手套等。

要求：（1）按要求在规定时间内独立或小组合作完成工作任务；

（2）按操作规范做好车辆安全防护，确保人、车安全；

（3）规范使用拆装工具，确保车辆能正常运行。

三、任务操作过程

1. 车辆防护

检查车外有无划痕、凹坑，检查车内有无贵重物品，并记录说明。

（1）安装车轮挡块（安装在非驱动轮处，并贴紧车轮）。

（2）安装排烟套。

（3）解锁车辆，在工单上正确填写车辆基本信息。

（4）安装车内三件套。

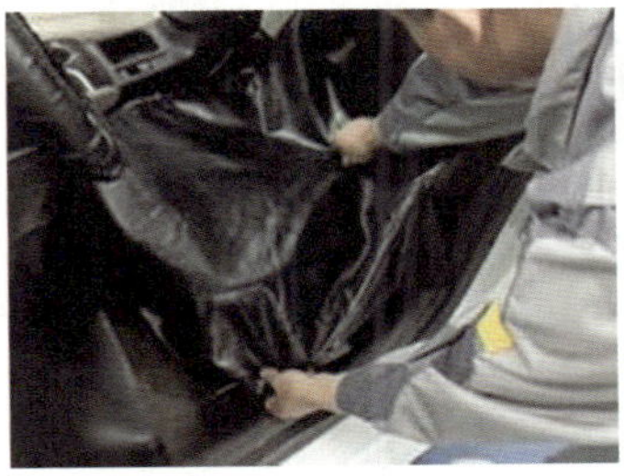

（5）检查挡位和制动状态（确保车辆挡位处于 P 位）。

（6）拉起转向盘左下方的释放杆（发动机舱盖弹起）。

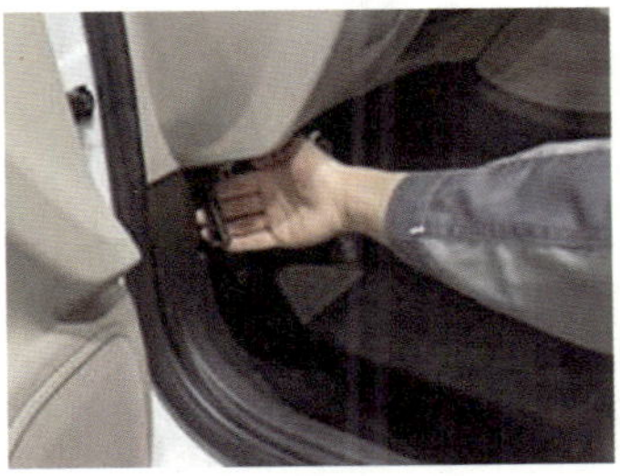

（7）在发动机舱盖中间处扣动机械锁，打开发动机舱盖。

（8）安装车外三件套。

2. 凸轮轴位置传感器的拆装

（1）松开发动机护罩固定螺栓并取出。

（2）取下发动机护罩。

（3）断开凸轮轴位置传感器连接插头。

（4）松开凸轮轴位置传感器固定螺栓并取出。

（5）取出凸轮轴位置传感器。

（6）安装凸轮轴位置传感器，拧紧固定螺栓，连接插头。

3. 火花塞的拆装（以 2 缸为例）

（1）断开点火线圈线束插接器。

（2）松开点火线圈固定螺栓并取出。

（3）取出点火线圈总成。

（4）用专用套筒松开火花塞。

（5）取出火花塞。

（6）安装火花塞，拧至规定扭矩（17N·m）。

（7）安装点火线圈总成，拧紧固定螺栓。

（8）连接点火线圈的线束插接器，起动车辆，检查其点火性能。

4. 车辆恢复及 8S 管理

（1）移除车外三件套，并叠放整齐。

（2）移除车内三件套，并叠放整齐。

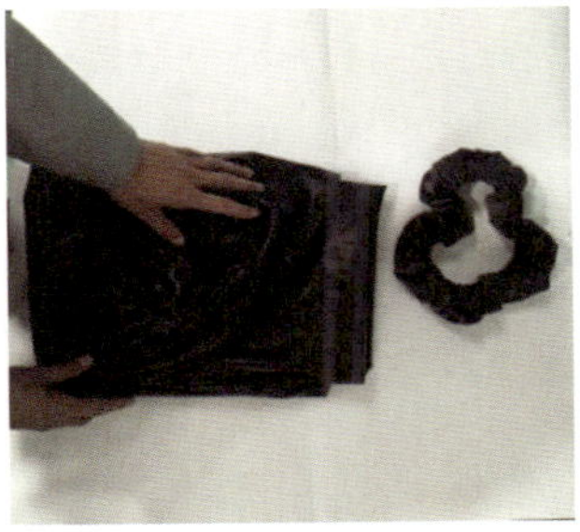

（3）关闭发动机舱盖（升起车窗玻璃，拔下车辆钥匙）。

（4）排烟套归位。

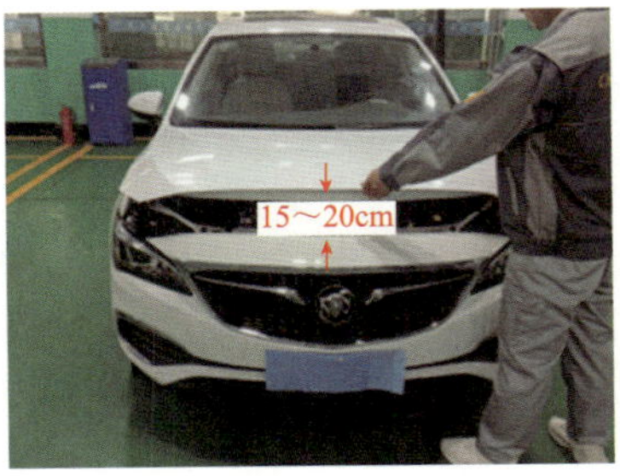

（5）移除车轮挡块。

（6）工具清洁归位。

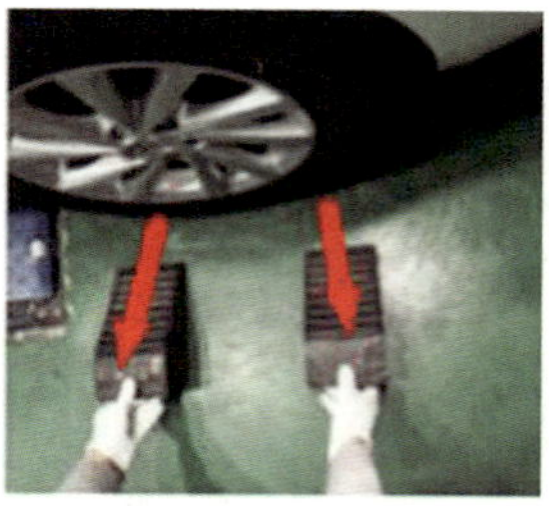

（7）车辆、场地清洁。

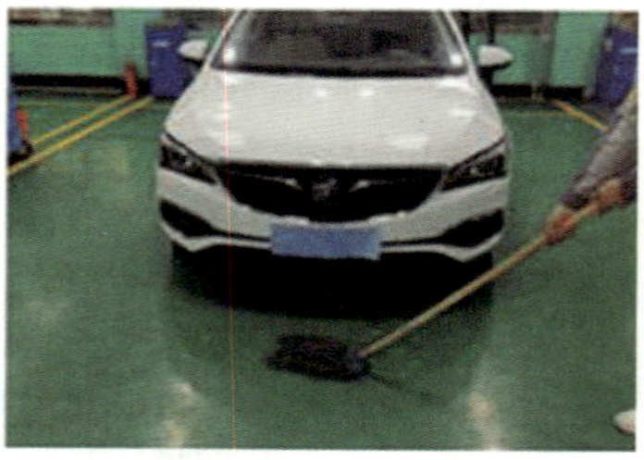

凸轮轴位置传感器和火花塞拆装　任务工单

<table>
<tr><td colspan="8">操作时间：　　　　分钟</td></tr>
<tr><td colspan="4">组长初评　□合格　□不合格</td><td colspan="4">教师复评　□合格　□不合格</td></tr>
<tr><td colspan="8">一、车辆防护及信息记录</td></tr>
<tr><td colspan="8">车辆维修前检查车外有无划痕、凹坑等，检查车内有无贵重物品　□有　□无</td></tr>
<tr><td colspan="8">工具、防护用品检查　□正常　□不正常</td></tr>
<tr><td colspan="4">安装车轮挡块　□安装　□未安装</td><td colspan="4">安装排烟套　□安装　□未安装</td></tr>
<tr><td colspan="4">安装车内外三件套　□安装　□未安装</td><td colspan="4">检查驻车制动　□检查　□未检查</td></tr>
<tr><td>品牌</td><td></td><td>整车型号</td><td></td><td>生产年月</td><td></td></tr>
<tr><td>发动机型号</td><td></td><td>发动机排量</td><td></td><td>行驶里程</td><td></td></tr>
<tr><td colspan="8">车辆识别码</td></tr>
<tr><td colspan="8">二、凸轮轴位置传感器的拆装</td></tr>
<tr><td>操作项目</td><td>操作结果</td><td>操作项目</td><td>操作结果</td></tr>
<tr><td>1. 松开发动机护罩固定螺栓并取出</td><td>□完成　□未完成</td><td>2. 取下发动机护罩</td><td>□完成　□未完成</td></tr>
<tr><td>3. 断开凸轮轴位置传感器连接插头</td><td>□完成　□未完成</td><td>4. 松开凸轮轴位置传感器固定螺栓并取出</td><td>□完成　□未完成</td></tr>
<tr><td>5. 取出凸轮轴位置传感器</td><td>□完成　□未完成</td><td>6. 安装凸轮轴位置传感器，拧紧固定螺栓，连接插头</td><td>□完成　□未完成</td></tr>
<tr><td colspan="8">三、火花塞的拆装</td></tr>
<tr><td>操作项目</td><td>操作结果</td><td>操作项目</td><td>操作结果</td></tr>
<tr><td>1. 断开点火线圈线束插接器</td><td>□完成　□未完成</td><td>2. 松开点火线圈固定螺栓并取出</td><td>□完成　□未完成</td></tr>
<tr><td>3. 取出点火线圈总成</td><td>□完成　□未完成</td><td>4. 用专用套筒松开火花塞，取出火花塞</td><td>□完成　□未完成</td></tr>
<tr><td>5. 安装火花塞，拧至规定扭矩（17N·m）</td><td>□完成　□未完成</td><td>6. 安装点火线圈总成，拧紧固定螺栓</td><td>□完成　□未完成</td></tr>
<tr><td>7. 连接点火线圈的线束插接器</td><td>□完成　□未完成</td><td>8. 起动车辆，检查其点火性能</td><td>□正常　□不正常</td></tr>
<tr><td colspan="8">四、车辆恢复及 8S 管理</td></tr>
<tr><td>操作项目</td><td>操作结果</td><td>操作项目</td><td>操作结果</td></tr>
<tr><td>1. 移除车内外三件套</td><td>□完成　□未完成</td><td>2. 移除排烟套</td><td>□完成　□未完成</td></tr>
<tr><td>3. 移除车轮挡块</td><td>□完成　□未完成</td><td>4. 工具清洁整理</td><td>□完成　□未完成</td></tr>
<tr><td>5. 车辆、场地清洁</td><td>□合格　□不合格</td><td>6. 团队协作</td><td>□完成　□未完成</td></tr>
</table>

凸轮轴位置传感器和火花塞拆装　评分标准

序号	操作步骤	操作要点及得分条件	评分标准	配分	得分
1	场地、工位、工具准备情况	检查专用拆装工具、车内外三件套、排烟套、车轮挡块，每项 3 分	依据得分条件进行评分，按要求完成打√，未按要求完成打 ×，扣分不得超过100 分	12 分	
2	车辆防护	安装车轮挡块 4 分、安装车内三件套 4 分、安装车外三件套 4 分、安装排烟套 2 分、驻车制动检查 2 分、信息记录 2 分		18 分	
3	凸轮轴位置传感器的拆装	松开发动机护罩固定螺栓并取出 2 分、取下发动机护罩 2 分、断开凸轮轴位置传感器插头 2 分、松开凸轮轴位置传感器固定螺栓并取出 2 分、取出凸轮轴位置传感器 2 分、安装凸轮轴位置传感器 2 分、拧紧固定螺栓并连接插头 2 分		14 分	
4	火花塞的拆装	断开点火线圈线束插接器 2 分、松开点火线圈固定螺栓并取出 2 分、取出点火线圈总成 2 分、用专用套筒松开火花塞并取出火花塞 2 分、安装火花塞并拧至规定扭矩 2 分、安装点火线圈总成并拧紧固定螺栓 2 分、连接点火线圈的线束插接器 2 分、起动车辆并检查其点火性能 6 分		20 分	
5	车辆恢复及 8S 管理	车辆恢复 18 分、工具清洁整理 6 分、车辆与场地清洁 6 分		30 分	
6	团队协作	具有一定的团队协作能力 6 分		6 分	
总分 100 分					

练一练

一、填空题

1. 微机控制点火系统由__________、__________、__________等部分组成。

2. 独立点火系统中每个发动机气缸的火花塞单独配置一个__________，位置一般在火花塞的顶部，所产生的高压电直接送给火花塞，因而取消了__________。

二、简答题

1. 简述凸轮轴位置传感器的拆装流程。

2. 简述火花塞的拆装流程。

项目五

汽车照明与信号、仪表系统

项目描述

本项目主要介绍汽车照明与信号系统和仪表系统的作用、组成及分类。技能任务包括前照灯灯泡更换、前照灯总成更换与灯光调节；前照灯电路检测、转向灯电路检测、汽车仪表盘背光灯亮度调节以及对应电路图的识读。通过本项目的学习，学生掌握汽车照明与信号系统和仪表系统的相关知识点，并按操作流程完成前照灯灯泡更换、前照灯总成更换与灯光调节、前照灯电路检测及汽车仪表盘背光灯亮度调节的任务。

- 汽车照明与信号、仪表系统
  - 汽车照明与信号系统的检查与维护
    - 照明与信号系统的组成
    - 照明与信号系统的分类和作用
    - 前照灯的调整
  - 汽车前照灯及电路检测
    - 前照灯总成的结构
    - 汽车前照灯的类型
    - 别克威朗汽车前照灯电路
    - 汽车前照灯电路常见的故障及解决方法
  - 汽车转向灯及电路检测
    - 转向信号系统的发展和组成
    - 别克威朗汽车转向灯及危险警告灯电路
    - 转向灯电路和危险警告灯电路系统常见的故障及解决方法
  - 汽车仪表系统
    - 汽车仪表系统的作用和发展
    - 汽车仪表的分类
    - 汽车仪表系统中的指示灯
    - 别克威朗汽车仪表电路
    - 汽车仪表电路系统常见的故障及解决方法

任务一　汽车照明与信号系统的检查与维护

学习目标

知识目标：通过对汽车照明与信号系统的学习，了解汽车照明系统的组成及作用；了解汽车信号系统的组成及作用。

技能目标：能进行汽车前照灯的更换以及灯泡的检测；能进行前照灯总成的更换以及灯光的调整。

素养目标：养成积极主动的学习习惯；严格按照岗位要求规范操作；养成爱护设备、仪器的习惯，确保工具、设备和自身的安全；具有较强的组织沟通能力和良好的团队合作能力；穿戴要整齐；树立8S管理理念。

任务描述

客户吴先生的轿车已经到了首次保养的时间，他开车来到别克4S店，服务顾问在询问和检查后将车辆交给维修技师。维修技师对该车进行保养，发现左前照灯总成螺丝固定处有裂纹。按照吴先生的要求，维修技师对左前照灯总成进行更换与调整。

本次任务以别克威朗轿车为例，同学们将学习照明与信号系统的相关知识，并按操作流程完成前照灯灯泡更换、前照灯总成更换与灯光调节任务。

理论知识

为了保证汽车的行驶安全可靠，提醒行人及车辆注意安全，在汽车上装备了多种照明与信号设备。现代汽车照明系统随着照明技术的发展，在汽车照明功能、保障行车安全及使用功能等方面日益进步。

一、照明与信号系统的组成

照明系统包括车外照明、车内照明以及信号系统照明。车外照明包括前照灯、雾灯、倒车灯、牌照灯等；车内照明包括顶灯、仪表灯、行李舱灯等；信号系统包括转向灯、危险警告灯、制动灯、示宽灯、高位制动灯等。不同汽车的照明系统不是完全相同的，但都必须要符合交通法规和运行安全的要求。图5－1－1所示为别克威朗轿车前照灯总成，图5－1－2所示为别克威朗轿车侧转向灯，图5－1－3所示为别克威朗轿车车后部照明及信号灯，图5－1－4所示为别克威朗轿车车内照明灯。

汽车照明灯的种类、特点及用途，如表5－1－1所示。

图 5－1－1　别克威朗轿车前照灯总成

图 5－1－2　别克威朗轿车侧转向灯

图 5－1－3　别克威朗轿车车后部照明及信号灯

图 5－1－4　别克威朗轿车车内照明灯

表 5－1－1　汽车照明灯的种类、特点及用途

种类	车外照明灯			车内照明灯		
	前照灯	雾灯	牌照灯	顶灯	仪表灯	行李舱灯
工作时的特点	白色常亮，有远近光变化	黄色或白色单丝常亮	白色常亮	白色常亮	白色常亮	白色常亮
用途	为驾驶员安全行车提供保障	雨雪雾天保证有效照明及提供信号	用于照亮汽车尾部牌照	用于夜间车内照明	用于夜间观察仪表时的照明	用于夜间拿取行李物品时的照明

二、照明与信号系统的分类和作用

照明与信号系统包括照明灯和信号灯两大类。

1. 照明灯的组成及作用

（1）前照灯。又称为大灯，是夜间照明前方道路的主要灯具，功率一般为 40 ～ 60W，有四灯制和两灯制（为双灯丝）之分。图 5－1－5 所示为双灯丝灯泡。前照灯应能保证车辆前方有明亮且均匀的光束照明，能让驾驶员看清前方 100m 内路面上的物体。现代汽车的前照灯的照明距离能达到 200 ～ 250m。前照灯应具有防眩目功能，以避免车辆夜间会车时对方驾驶员炫目而造成交通事故。根据我国交通法规的规定，夜间会车时，必须在对面来车 100m 以外互闭远光灯，改用近光灯。图 5－1－6 所示为近光、远光光束。光束横向应具有一定的散射宽度，以便能看清车身侧面运动的物体及满足转弯时照明的需求。通常在调整光束时，其左远光灯光束向左偏不得大于 100mm，向右偏不得大于 170mm。

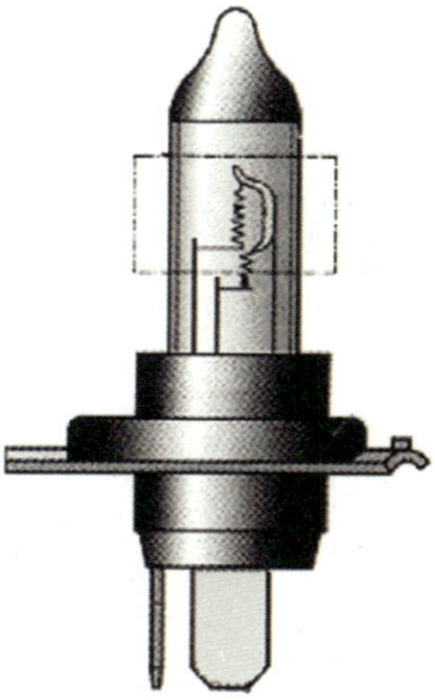

图 5－1－5　双灯丝灯泡

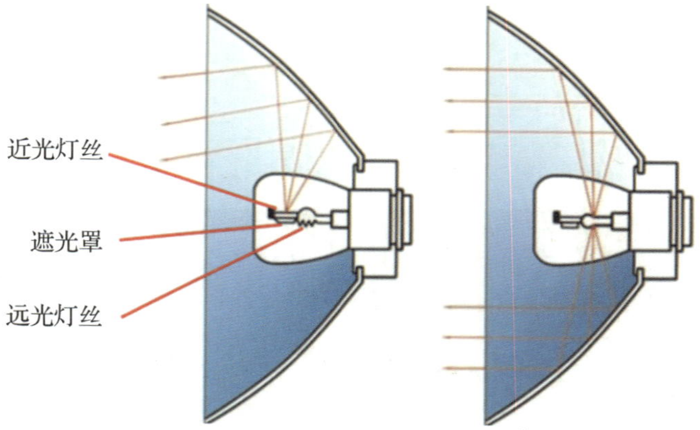

图 5－1－6　近光、远光光束

（2）示宽灯与尾灯。位于车辆前方的灯为示宽灯，位于车辆后方的灯为尾灯，用于夜间给其他车辆指示本车的位置与宽度。

（3）雾灯。用于有雾、下雪、暴雨或沙尘暴等恶劣条件下改善道路照明情况，光色为黄色或橙色。安装于车头的雾灯为前雾灯，安装位置比前照灯稍低一点，一般左右各有一个，其功率一般为 35 ～ 55W。安装于车尾的雾灯为后雾灯，有些车辆只有一个后雾灯。

（4）仪表灯。用于夜间照亮仪表盘，使驾驶员能看清仪表，其功率一般为 2 ～ 8W。有些车辆还加装了照明亮度调节的开关，驾驶员可根据自己的需求调节仪表灯的亮度。

（5）顶灯（见图 5－1－7）。用于车内照明，安装于车厢顶部，其功率为 5 ～ 8W。顶灯也作为车门未关的警告灯使用，当车门未关闭好时顶灯点亮，提醒驾驶员

图 5－1－7　顶灯

注意。

（6）牌照灯。安装在汽车尾部的牌照上方，用于夜间照亮汽车牌照，光色为白色，功率一般为 15 ～ 20W，以便在 25m 以外能看清车牌号码。

（7）行李舱灯。用于行李舱照明，当打开行李舱门时，行李舱灯点亮，其功率一般为 5W。

2. 信号灯的组成及作用

（1）示宽灯（前小灯）。安装于汽车前后两侧边缘，光色为白色，功率一般为 5W，用于标示汽车夜间行驶或停车时的宽度轮廓。

（2）转向信号灯。安装于汽车前后及侧面，光色为橙色，功率一般为 20W。当操作转向灯开关时，对应的转向灯发出明暗交替的闪光信号，以提醒其他车辆或行人。

（3）危险警告灯与转向信号灯共用，若按下危险警报开关，则汽车前、后、左、右的转向信号灯同时闪烁，以提醒其他车辆或行人。

（4）倒车灯。安装于汽车尾部，左右各有一只，光色为白色（有的车辆只有一只，安装在右后侧），功率为 20W 左右。当点火开关接通，变速杆换至倒车挡位时，倒车灯点亮，方便驾驶员看清车辆后面的环境，同时也提醒车辆后面的行人或车辆注意安全。

（5）制动灯。安装于汽车后面，光色为红色，功率一般为 20W。当踩下制动踏板时，制动灯点亮，提醒后面的车辆或行人注意安全，有些汽车还增设 LED 的高位制动灯。

（6）尾灯。安装于汽车尾部，左右各有一只，光色为红色，功率一般为 5W。当车辆在夜间或光照较弱的环境中行驶时，向后面的车辆或行人提供位置信息。

通常将后转向灯、制动灯、后示宽灯（尾灯）、后雾灯和倒车灯等组装在一起，称为后组合灯。图 5－1－8 所示为后组合灯。

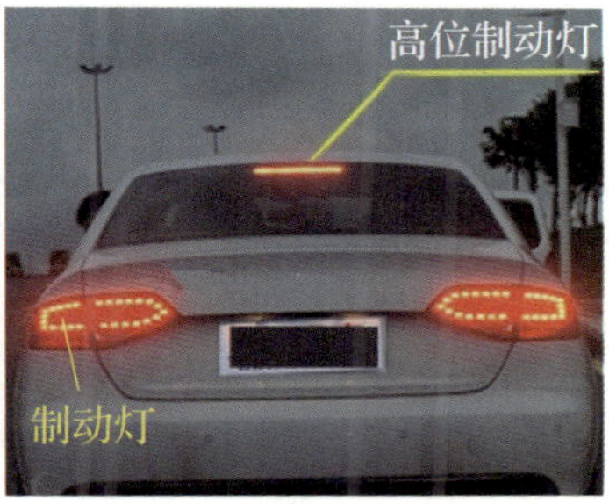

图 5－1－8　后组合灯

三、前照灯的调整

汽车前照灯的调整方法有屏幕测试法和专用检测仪测试法。汽修厂或 4S 店通常配备有专业的前照灯调整设备，如调整屏幕、调整仪器或专用调光台。这些设备能够准确测量和调整前照灯的光束亮度、角度和形状。

通过专业设备和技术对汽车前照灯光束进行精确调整，可确保车辆的灯光照明效果符合安全标准，提高驾驶安全性。

前照灯灯泡更换、前照灯灯光调节

任务实施

一、工作内容

前照灯灯泡更换、前照灯总成更换与灯光调节。

二、工具设备准备及要求

别克威朗实训车辆、车内三件套、车外三件套、车轮挡块、世达 120 件套装工具、工具车、灯泡、抹布、拖布、手套等。

要求：（1）按要求在规定时间内独立或小组合作完成工作任务；

（2）按操作规范做好车辆安全防护，确保人、车安全；

（3）规范使用拆装工具，按流程进行操作，确保照明系统能正常运行。

三、任务操作过程

1. 车辆防护

检查车外有无划痕、凹坑，检查车内有无贵重物品，并记录说明。

（1）安装车轮挡块。

（2）解锁车辆，在工单上正确填写车辆基本信息。

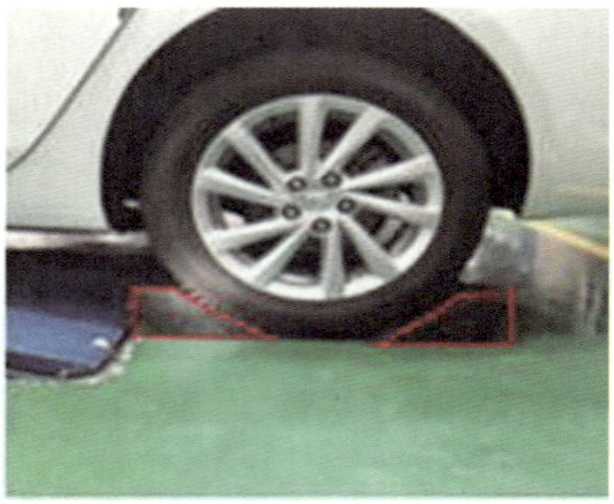

（3）安装车内三件套。

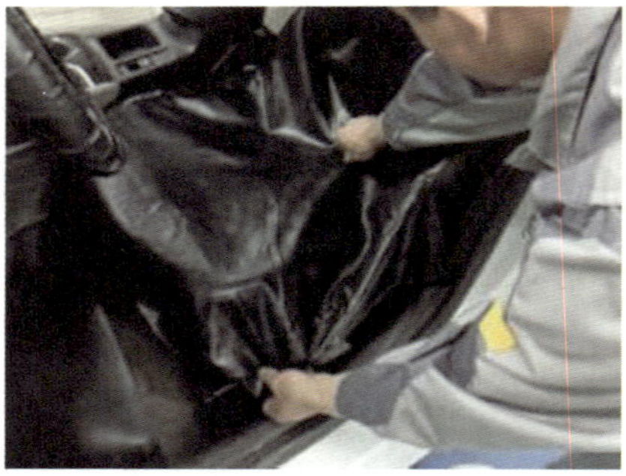

（4）检查挡位和制动状态（确保车辆挡位处于 P 位）。

（5）拉起转向盘左下方的释放杆（发动机舱盖弹起）。

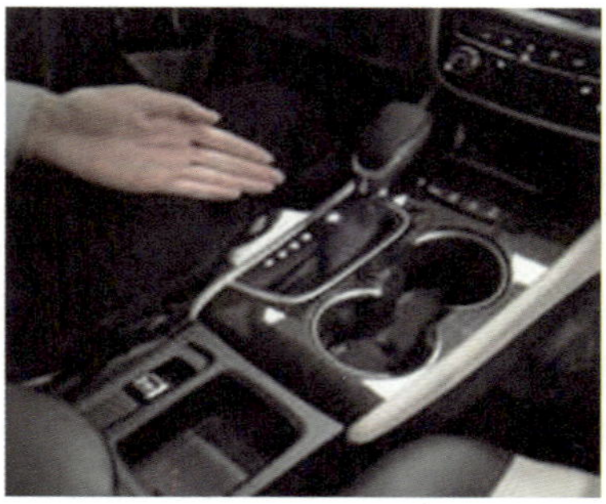

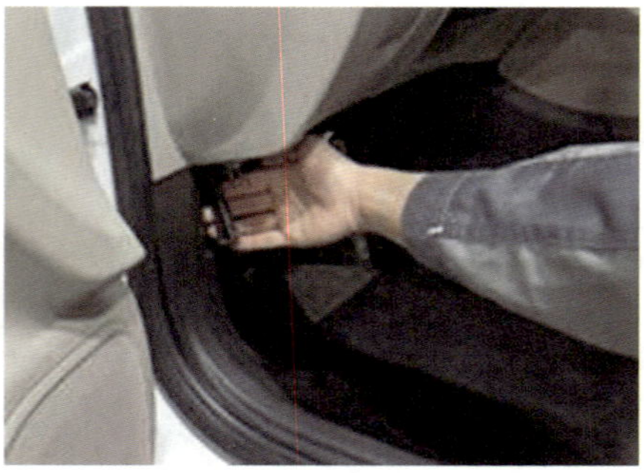

（6）在发动机舱盖中间处扣动机械锁，打开发动机舱盖。

（7）安装车外三件套。

2. 更换前照灯灯泡（以右前照灯为例）

（1）逆时针拧开前照灯防尘盖并取下。

（2）逆时针拧开灯泡。

（3）断开插接器，取出灯泡。

（4）将万用表拧到 200Ω 挡，测量灯泡电阻并记录。

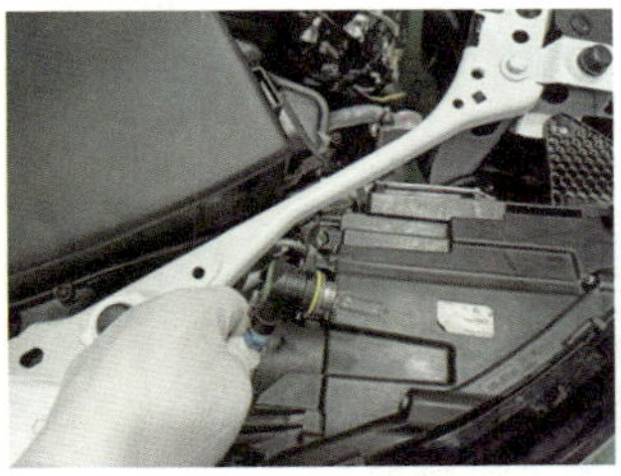

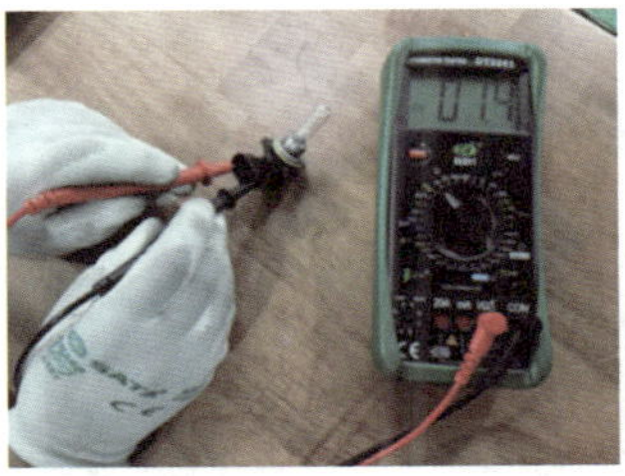

（5）安装新的灯泡。

（6）安装防尘盖。

3. 更换右前照灯总成

（1）拧出前大灯上部的 3 颗固定螺栓。

（2）拆下保险杠，拧出侧面的 2 颗固定螺栓。

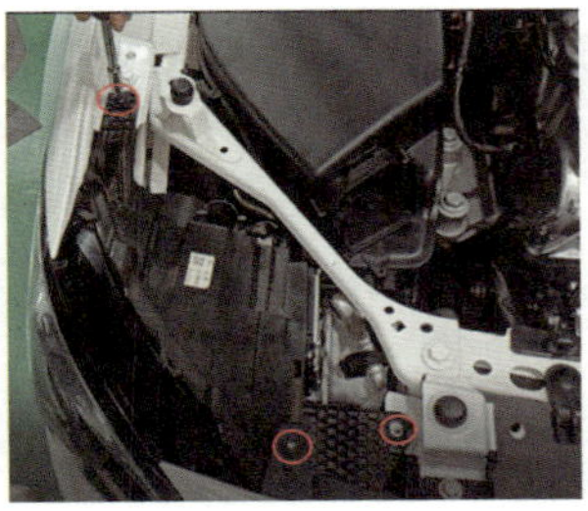

（3）依次断开远光灯、近光灯、小灯、转向灯线束插接器，取出前照灯总成。

（4）前照灯总成的安装顺序与拆卸顺序相反，安装好之后再安装保险杠。

4. 右前照灯灯光调整

按照调节螺母的调整方向进行，通常灯光的调整以近光灯为主。

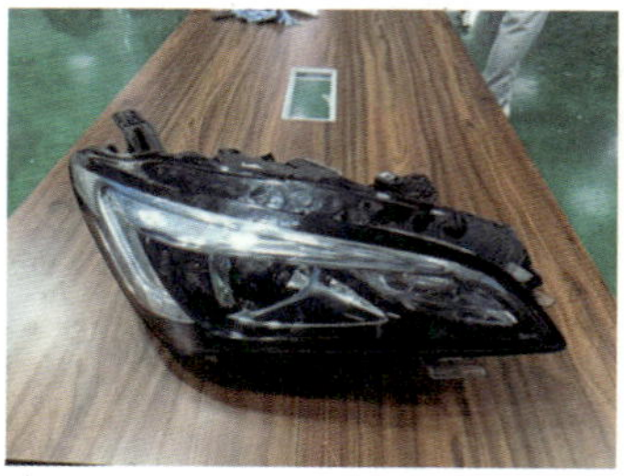

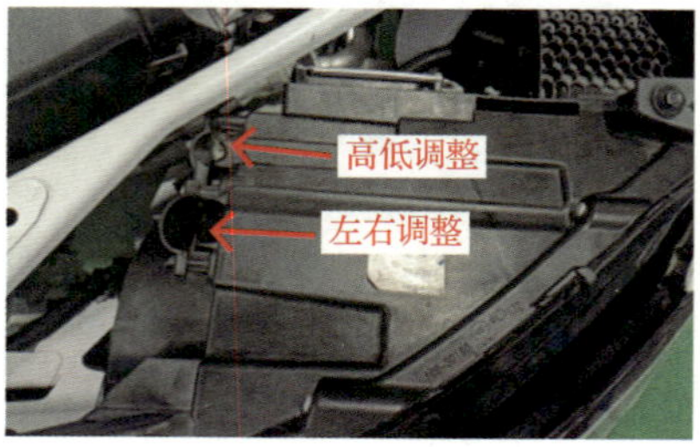

5. 车辆恢复及 8S 管理

（1）移除车外三件套，并叠放整齐。

（2）移除车内三件套，并叠放整齐。

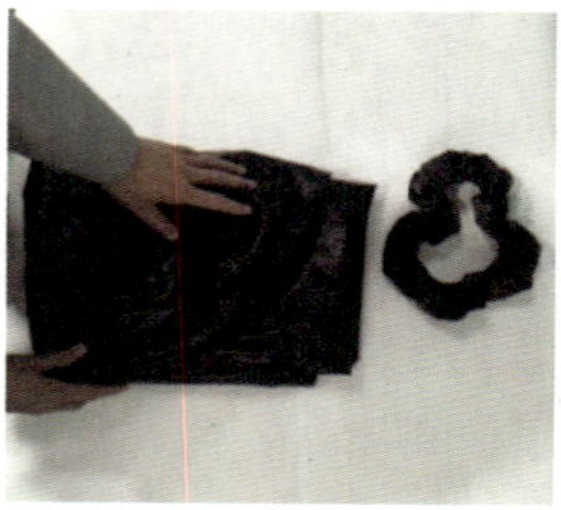

（3）关闭发动机舱盖（升起车窗玻璃，拔下车辆钥匙）。

（4）移除车轮挡块。

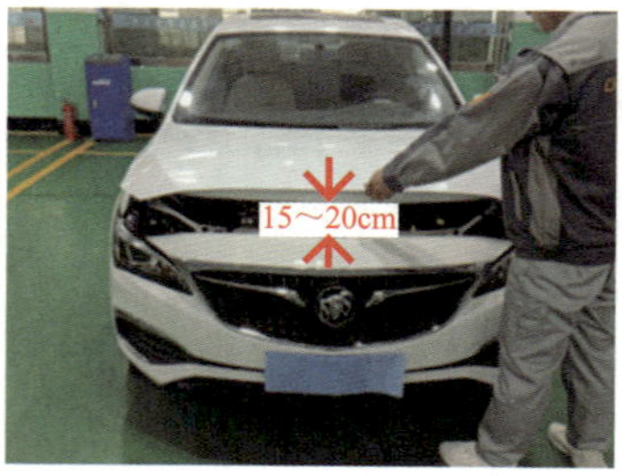

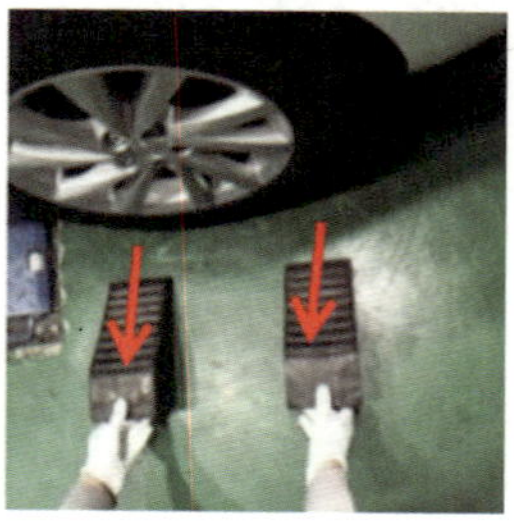

（5）工具整理归位。

（6）车辆、场地清洁。

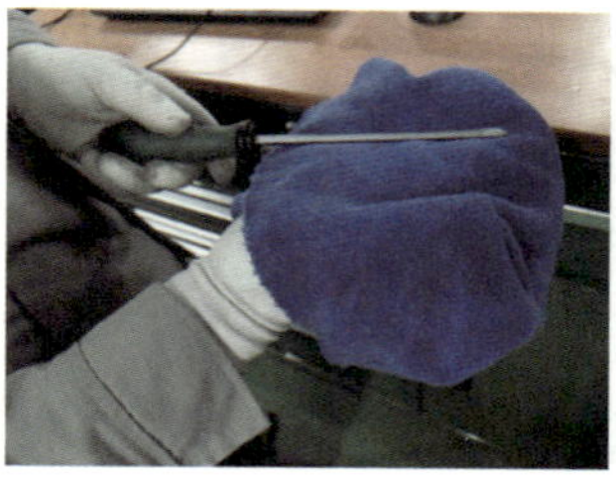

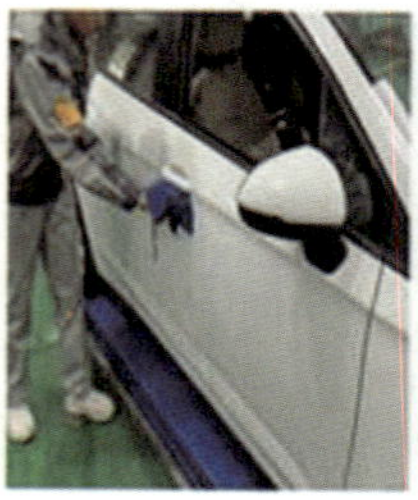

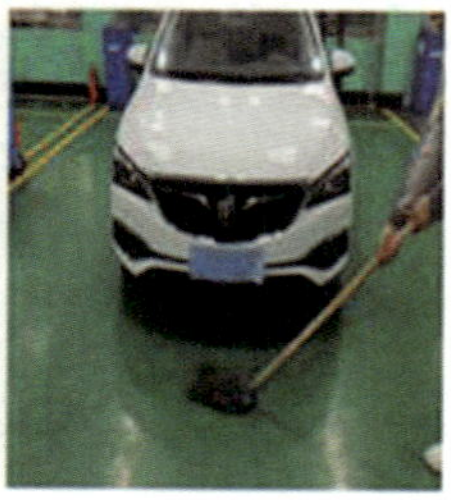

前照灯灯泡更换、前照灯总成更换与灯光调节　任务工单

操作时间：　　　　分钟	
组长初评　□合格　□不合格	教师复评　□合格　□不合格
一、车辆防护及信息记录	
车辆维修前检查车外有无划痕、凹坑等，检查车内有无贵重物品　□有　□无	
工具、车辆防护用品检查　□正常　□不正常	
安装车轮挡块　□安装　□未安装	安装车内三件套　□安装　□未安装
安装车外三件套　□安装　□未安装	检查驻车制动　□检查　□未检查

品牌		整车型号		生产年月	
发动机型号		发动机排量		行驶里程	
车辆识别码					

二、车辆右前照灯灯泡更换

操作项目	操作结果	操作项目	操作结果
1. 取下前照灯防尘盖	□完成　□未完成	2. 逆时针拧开灯泡	□完成　□未完成
3. 断开插接器，取下灯泡	□完成　□未完成	4. 用万用表测量灯泡电阻并记录	□合格　□不合格
5. 安装上新的灯泡	□完成　□未完成	6. 安装防尘盖	□完成　□未完成

三、右前照灯总成更换

操作项目	操作结果	操作项目	操作结果
1. 拧出前大灯上部的 3 颗固定螺栓	□完成　□未完成	2. 拧出前照灯侧面的 2 颗固定螺栓	□完成　□未完成
3. 断开前照灯线束插接器	□完成　□未完成	4. 取下前照灯总成	□完成　□未完成
5. 安装新的前照灯总成	□完成　□未完成	6. 前照灯灯光调整	□完成　□未完成

四、车辆恢复及 8S 管理

操作项目	操作结果	操作项目	操作结果
1. 移除车内三件套	□完成　□未完成	2. 移除车外三件套	□完成　□未完成
3. 移除车轮挡块	□完成　□未完成	4. 工具清洁整理	□完成　□未完成
5. 车辆、场地清洁	□完成　□未完成	6. 团队协作	□完成　□未完成

前照灯灯泡更换、前照灯总成更换与灯光调节　评分标准

序号	操作步骤	操作要点及规范	评分标准	配分	得分
1	场地、工位、工具准备情况	检查世达 120 件套装工具、车外三件套、车内三件套、车轮挡块，每项 3 分	依据得分条件进行评分，按要求完成打√，未按要求完成打 ×，扣分不得超过 100 分	12 分	
2	车辆防护	安装车轮挡块 4 分、安装车内三件套 4 分、安装车外三件套 4 分、驻车制动检查 4 分、车辆信息记录 4 分		20 分	
3	取下前照灯防尘盖	前照灯防尘盖拆卸方法合理 4 分		4 分	
4	断开插接器	插接器的断开方法合理 4 分		4 分	
5	取出灯泡并测量	灯泡的拆卸方法合理 2 分、测量方法合理 2 分		4 分	
6	安装新的灯泡	灯泡的安装方法合理 4 分		4 分	
7	安装防尘盖	防尘盖的安装方法合理 4 分		4 分	
8	拧出前大灯的固定螺栓	固定螺栓的拆卸方法合理 6 分		6 分	
9	依次断开所有灯泡线束插接器，取下总成	灯泡线束插接器的断开方法合理 5 分		5 分	
10	安装前照灯总成	前照灯总成的安装方法合理 5 分		5 分	
11	前照灯高度调整	远、近光灯高度调整方法合理 4 分		4 分	
12	车辆恢复及 8S 管理	车辆恢复 8 分、工具清洁整理 8 分、车辆与场地清洁 8 分		24 分	
13	团队协作	具有一定的团队协作能力 4 分		4 分	
总分 100 分					

练一练

一、填空题

1. 照明与信号系统包括________灯和________灯两大类。
2. 汽车照明分为车内照明和________。

二、简答题

1. 简述照明系统中照明灯的组成及作用。

2. 简述前照灯总成的拆装流程。

任务二 汽车前照灯及电路检测

学习目标

知识目标：通过对前照灯理论知识的学习，了解前照灯总成的结构；了解汽车前照灯的类型；掌握别克威朗汽车前照灯电路图的识读。

技能目标：能利用万用表对前照灯电路进行检查并排除故障。

素养目标：养成积极主动的学习习惯；严格按照岗位要求规范操作；养成爱护设备、仪器的习惯，确保工具、设备和自身的安全；具有较强的组织沟通能力和良好的团队合作能力；穿戴要整齐；树立8S管理理念。

任务描述

客户冯先生在驾驶过程中发现左前近光灯不亮，来到别克4S店，经维修技师检查，确定为左前近光灯电路出现故障，并对电路进行检测。

本次任务以左前照灯总成为例，将学习前照灯的结构、类型等，并按操作流程完成前照灯电路检测任务。

理论知识

一、前照灯总成的结构

轿车通常将示宽灯、远光灯、近光灯和转向灯组装在一起，称为前组合灯，前雾灯安装在前组合灯的下方。别克威朗轿车前照灯总成如图5-2-1所示。

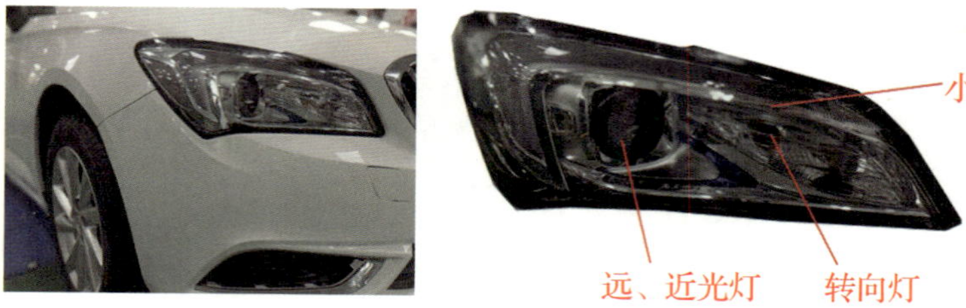

图 5－2－1　别克威朗轿车前照灯总成

二、汽车前照灯的类型

1. 卤素灯

卤素灯（见图 5－2－2）是目前最常见的汽车前照灯，与普通灯泡相比，在相同功率的情况下，亮度是普通灯泡的 1.5 倍，使用寿命是普通灯泡的 2 ～ 3 倍，因此得到广泛的应用。在一些低端的车型上配置的基本都是卤素灯。卤素灯的优点在于穿透能力强，在大雾、大雨等能见度低的环境中灯光的穿透效果较好。卤素灯光源的穿透能力要远远高于其他色温高的灯泡。由于卤素灯的色温比较低，光线颜色较暗，因此在光照较弱的环境中卤素灯的亮度比较低。

图 5－2－2　卤素灯

2. 氙气灯

氙气灯也叫高亮度弧光灯，又叫 HID 气体放电灯，由弧光灯组件、电子控制器和升压器三部分组成。其工作原理是将 12V 电压增压到 23 000V 的高电压，使气体碰撞产生电弧光，接着再将电压转换成 8 000V 左右，稳定持续供应，让氙气灯发光。与卤素灯相比，氙气灯的光线是白色的，亮度是卤素灯的 3 倍，消耗功率低，可靠性高，不受车上电压波动的影响，使用寿命为卤素灯的 3 ～ 5 倍。由于氙气灯都配备有透镜，射出来的光线十分聚焦，所以深受车主的喜爱。氙气灯也有自身的不足之处，如点亮慢、价格高等。氙气灯的外形、结构及系统组成图如图 5－2－3 所示。

3. LED 灯

LED 灯问世于 20 世纪 60 年代，到 2003 年以后，LED 灯开始广泛使用。LED 灯因使用寿命长（可达几万至十万小时），节能，光线质量高，无辐射（属于“绿色”光源），无须热启动时间（亮灯响应速度快），体积小，可以随意变换灯的模式（造型多样），越来越

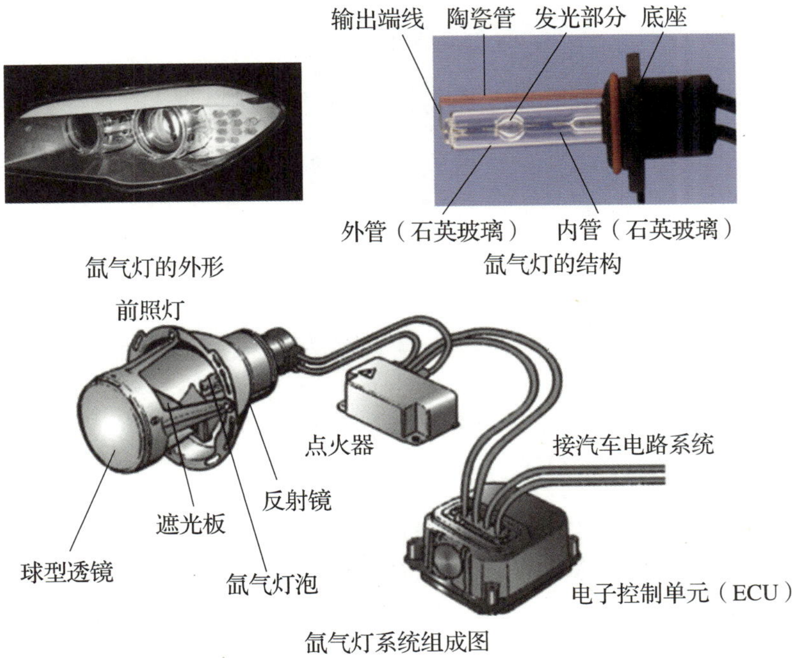

图 5－2－3　氙气灯的外形、结构及系统组成图

受车主们的喜爱。LED 灯外形图如图 5－2－4 所示。

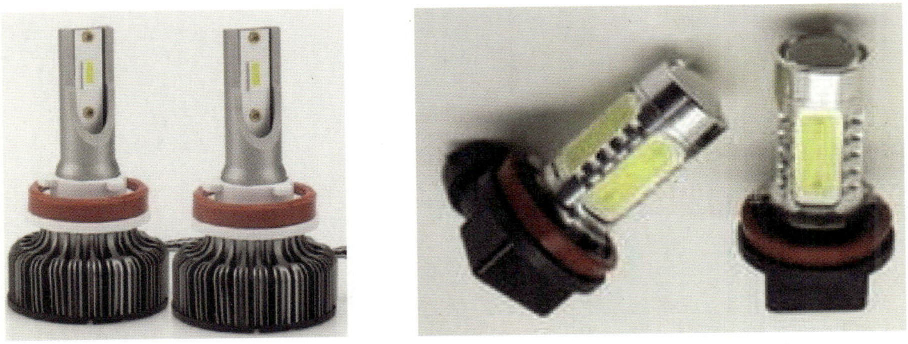

图 5－2－4　LED 灯外形图

4. 激光灯

激光灯的光源为激光二极管，它几乎与 LED 灯同时诞生。激光灯除了有 LED 灯大部分的优点（比如响应速度快、体积小、能耗低、寿命长等），还有自身突出的优势。首先，激光灯在体积方面更具有优势，单个激光二极管元件的长度（已经可以做到 10μm）仅为常规 LED 元件尺寸的 1/100，使汽车前照灯的设计尺寸大幅度缩小。其次，在发光效率方面，激光灯的能耗不到 LED 灯的 60%，比如 LED 灯的发光效率一般为 100Lm/W 左右，而激光二极管元件可达到 170 Lm/W 左右，进一步降低了能量消耗。最后，只需要调整镜片就可以方便地控制激光光束的方向，可以做到有指向性地照射某一个方位，有利于改善夜间的视野。激光灯的发光原理如图 5－2－5 所示。

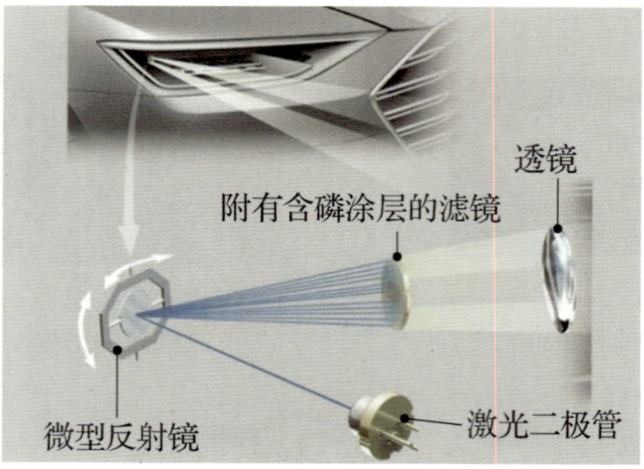

图 5-2-5　激光灯的发光原理

三、别克威朗汽车前照灯电路

别克威朗汽车开关电路（以远光灯为例）：先打开灯光开关，再打开远光灯开关，此时 K9 车身控制模块接收到开关的信号，并通过内部逻辑电路控制内部开关接通，使远光继电器工作，进而使远光灯灯泡工作。同时，通过 LIN 线将信号传给仪表电路，使仪表的远光指示灯点亮。图 5-2-6 所示为别克威朗汽车灯光开关电路，图 5-2-7 所示为别克威朗汽车前部灯光总成电路。

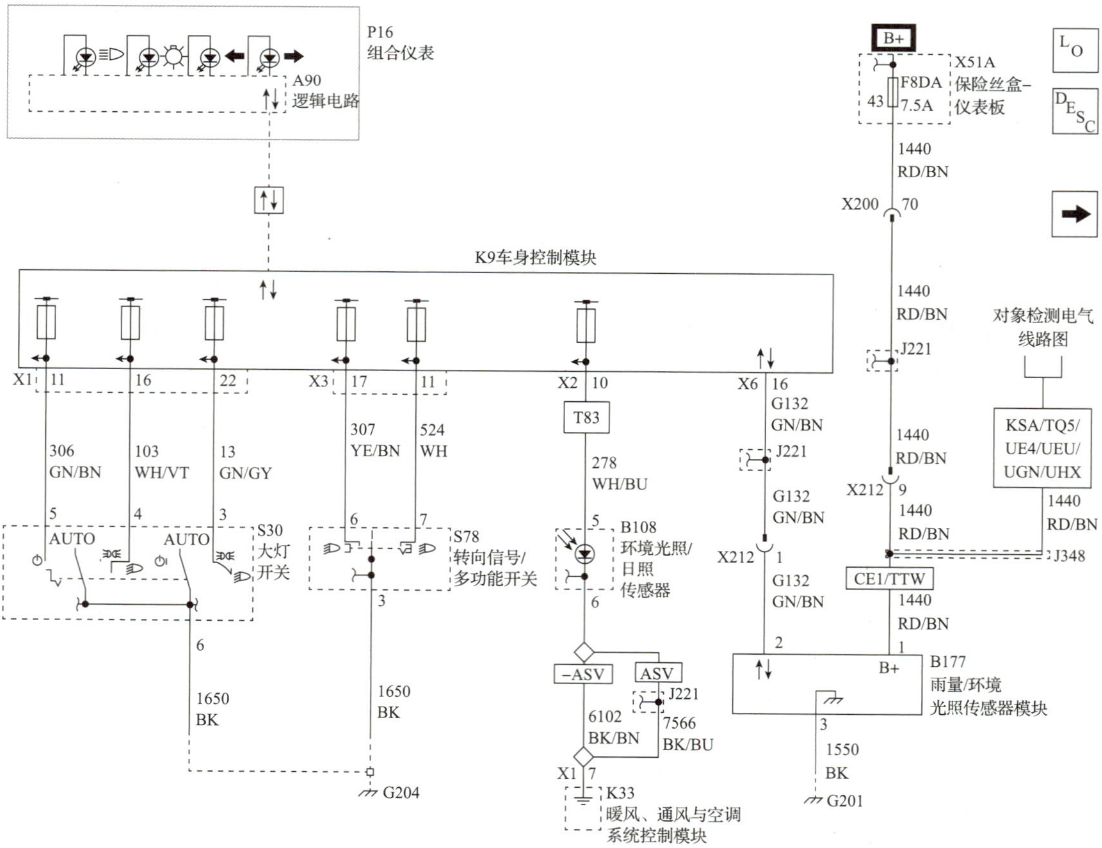

图 5-2-6　别克威朗汽车灯光开关电路

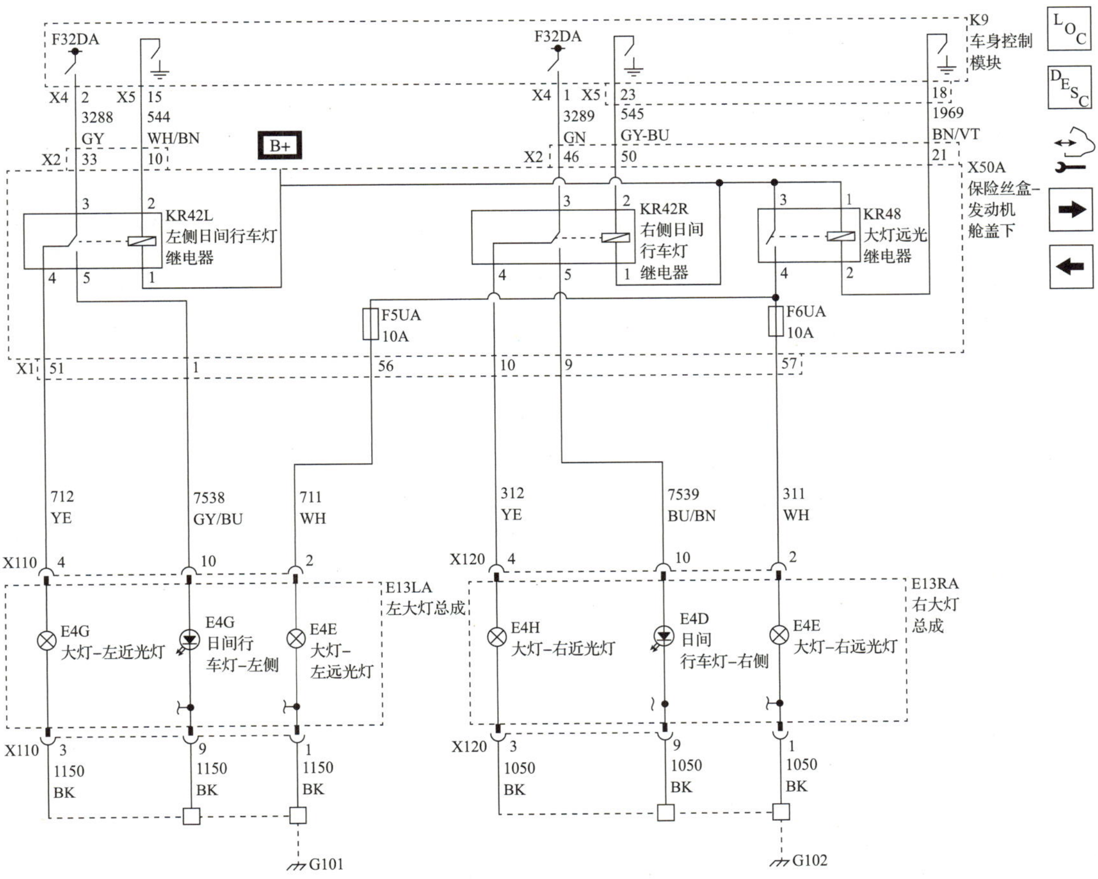

图 5-2-7 别克威朗汽车前部灯光总成电路

四、汽车前照灯电路常见的故障及解决方法

1. 灯泡故障

故障原因：灯泡老化或烧坏。

解决方法：更换灯泡。

2. 保险丝故障

故障原因：保险丝烧断。

解决方法：检查并更换烧断的保险丝。

3. 开关故障

故障原因：前照灯开关损坏。

解决方法：更换前照灯开关。

4. 连接线路故障

故障原因：连接线路断路、短路或接触不良。

解决方法：检查线路并修复受损部分。

5. 控制模块故障

故障原因：控制模块故障导致前照灯无法工作。

解决方法：检查控制模块并更换故障模块。

以上故障在别克威朗车型中可能会出现，但具体情况可能因车辆使用环境、维护状况等因素而异。

任务实施

前照灯电路检测

一、工作内容

前照灯电路检测。

二、工具设备准备及要求

别克威朗实训车辆、车内三件套、车外三件套、车轮挡块、工具车、万用表、抹布、拖布、手套等。

要求：(1) 按要求在规定时间内独立或小组合作完成工作任务；
(2) 按操作规范做好车辆安全防护，确保人、车安全；
(3) 规范使用检测工具，按流程进行操作。

三、任务操作过程

1. 前期准备

检查车外有无划痕、凹坑，检查车内有无贵重物品，并记录说明。

(1) 安装车轮挡块。

(2) 解锁车辆，在工单上正确填写车辆基本信息。

(3) 安装车内三件套。

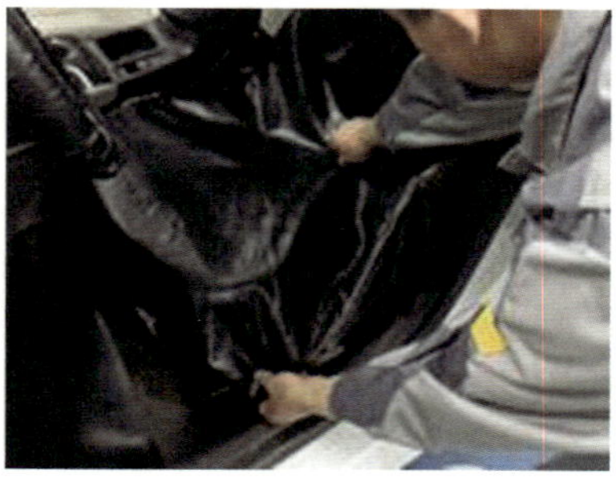

(4) 检查挡位和制动状态（确保车辆挡位处于 P 位）。

(5) 拉起转向盘左下方的释放杆（发动机舱盖弹起）。

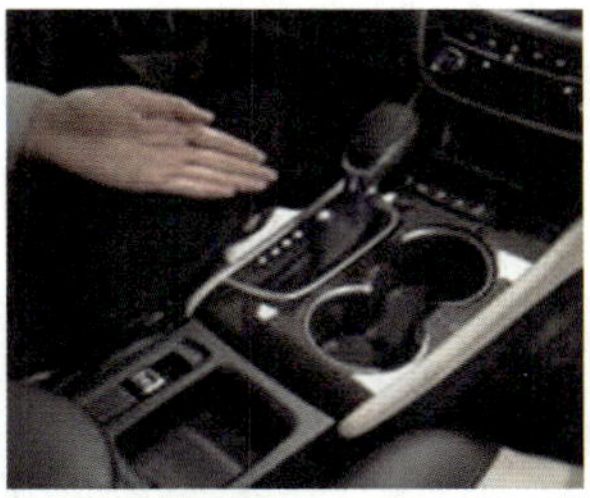
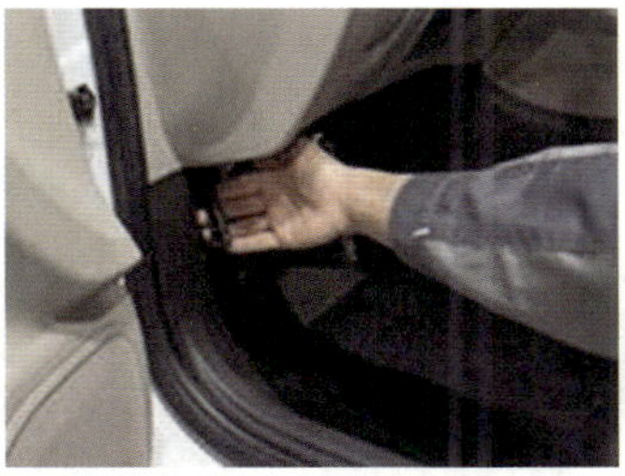

（6）在发动机舱盖中间处扣动机械锁，打开发动机舱盖。

（7）安装车外三件套。

2. 前照灯电路检测（以左近光灯为例）

（1）万用表选择直流电压 20V 挡位，红表笔连接蓄电池正极，黑表笔连接蓄电池负极，蓄电池正常电压应大于 12.5V，否则应予充电。

（2）断开灯泡线束插接器，测量灯泡电阻并记录。

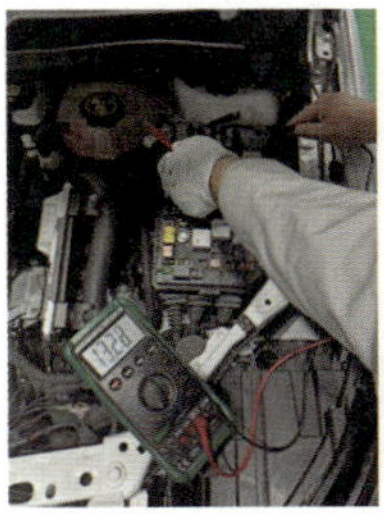
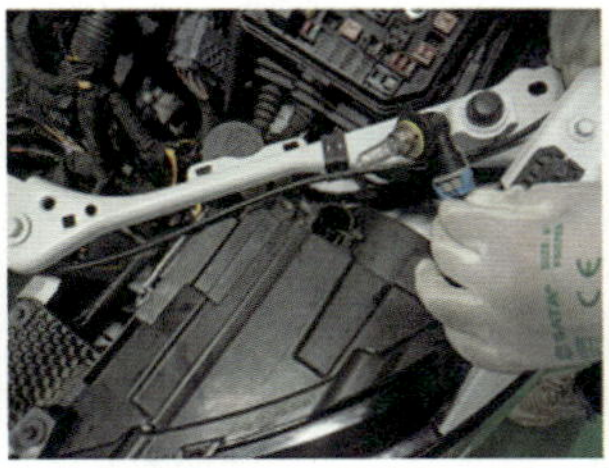

注意：

1）禁止用手直接拿灯泡的玻璃部分，以防沾到水汽。

2）禁止大灯亮或刚熄灭时触摸大灯，以防烫伤。

（3）测量 E13LA 左大灯总成 4 号端与 KR42L 左侧灯光继电器 4 号端之间的电阻并记录，正常应为 2Ω 左右。

（4）测量 KR42L 左侧灯光继电器 3 号端与 K9 车身控制模块的 X4/2 端之间的电阻并记录，正常应为 2Ω 左右。

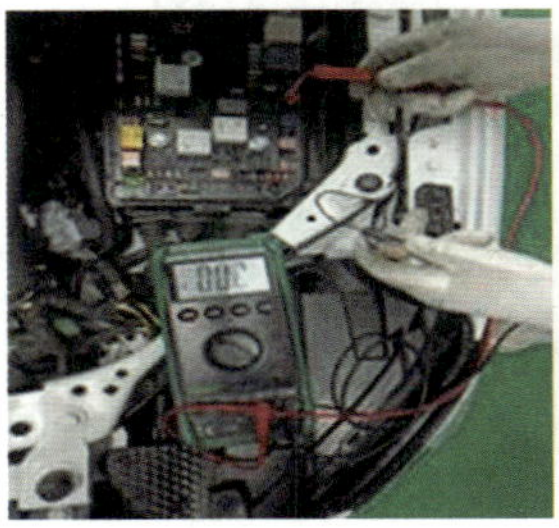
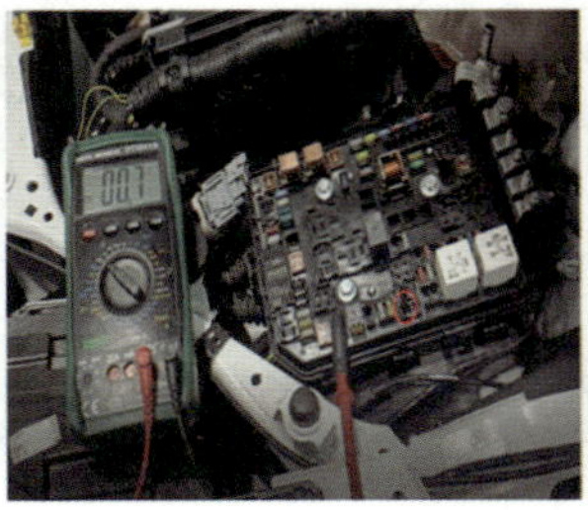

（5）测量 KR42L 左侧灯光继电器 2 号端与 K9 车身控制模块的 X5/15 端之间的电阻并记录，正常应为 2Ω 左右。

（6）测量 KR42L 左侧灯光继电器 1 号端的电压并记录，应在 12V 以上。

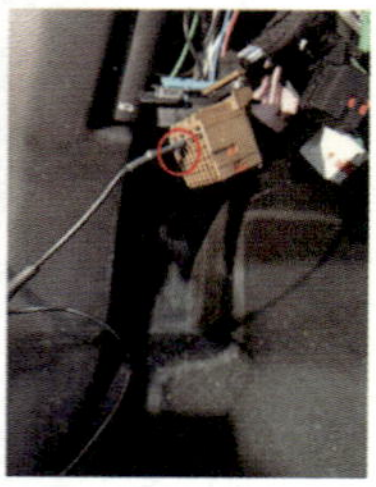
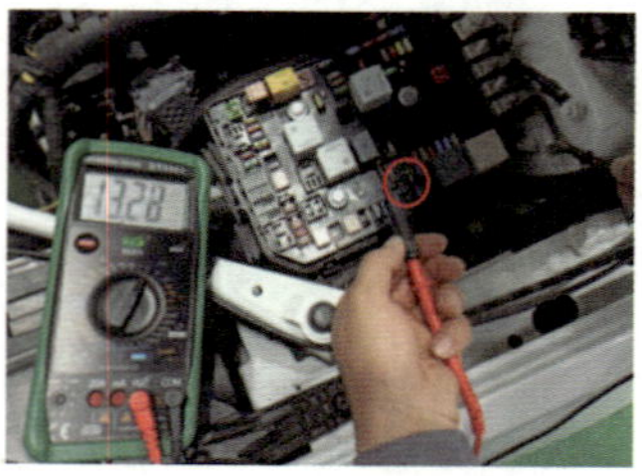

（7）拔下继电器，万用表选择电阻 200Ω 挡位，两表笔分别连接继电器线圈 2（85）号、1（86）号端子，并记录数据，标准值在 60 ～ 180Ω。

（8）蓄电池正负极分别连接继电器线圈端子，测量 3（30）号、5（87）号端子之间的电阻并记录，正常应小于 1Ω。

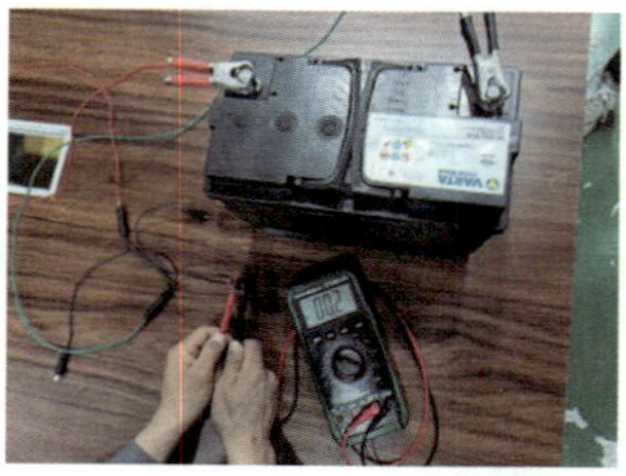

3. 车辆恢复及 8S 管理

（1）移除车外三件套，并叠放整齐。

（2）移除车内三件套，并叠放整齐。

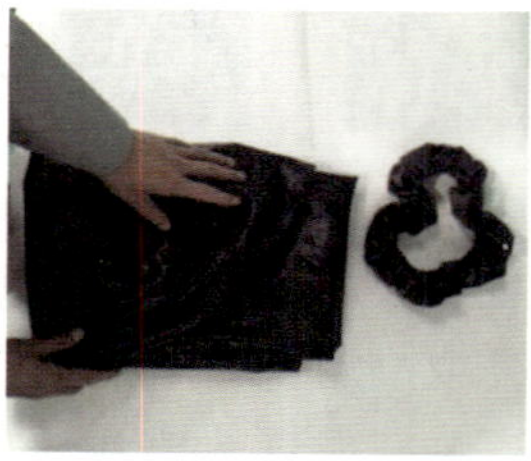

（3）关闭车灯，升起车窗玻璃，拔下车辆钥匙，关闭发动机舱盖。

（4）移除车轮挡块。

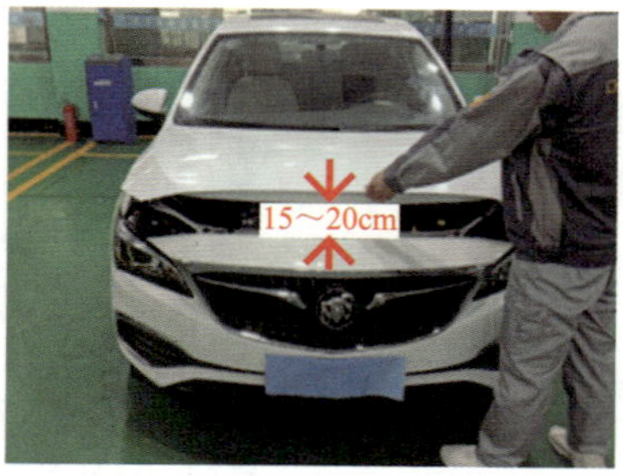

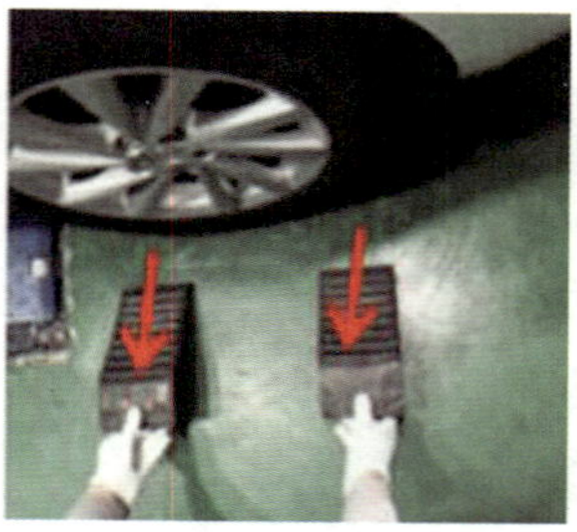

（5）工具清洁整理归位。

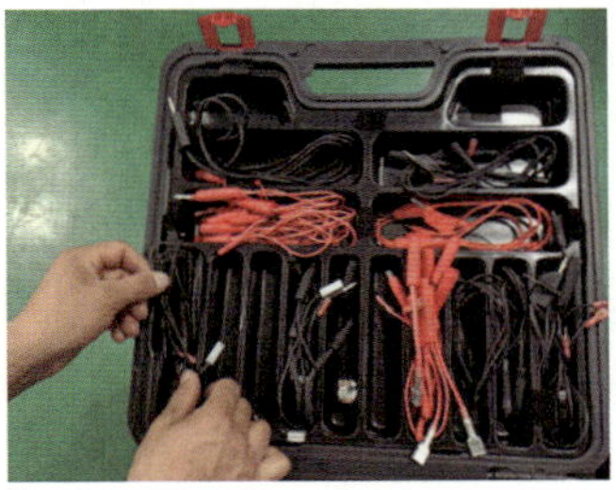

（6）车辆、场地清洁。

前照灯电路检测　任务工单

操作时间：　　　　分钟					
组长初评　□合格　□不合格			教师复评　□合格　□不合格		
一、车辆防护及信息记录					
车辆维修前检查车外有无划痕、凹坑等，检查车内有无贵重物品　□有　□无					
工具、防护用品检查　□正常　□不正常					
安装车轮挡块　□安装　□未安装			安装车内三件套　□安装　□未安装		
安装车外三件套　□安装　□未安装			检查驻车制动　□检查　□未检查		
品牌		整车型号		生产年月	
发动机型号		发动机排量		行驶里程	
车辆识别码					

二、近光灯电路检测

操作项目	检测数据记录	结果判断
1. 检测蓄电池电压并记录		□正常　□不正常
2. 断开近光灯灯泡线束插接器	无	□正常　□不正常
3. 取出近光灯灯泡并检测其是否正常		□正常　□不正常
4. 测量近光灯灯泡的电阻并记录		□正常　□不正常
5. 取出近光灯保险丝，测量其电阻并记录		□正常　□不正常
6. 取出近光灯继电器，测量其线圈电阻并记录		□正常　□不正常
7. 给近光灯继电器通电，检测触点开关是否正常并记录		□正常　□不正常

三、车辆恢复及 8S 管理

操作项目	操作结果	操作项目	操作结果
1. 移除车内三件套	□完成　□未完成	2. 移除车外三件套	□完成　□未完成
3. 移除车轮挡块	□完成　□未完成	4. 工具清洁、整理	□完成　□未完成
5. 车辆、场地清洁	□完成　□未完成	6. 团队协作能力	□合格　□不合格

前照灯电路检测　评分标准

序号	操作步骤	操作要点及得分条件	评分标准	配分	得分
1	场地、工位、工具准备情况	检查世达 120 件套装工具、车外三件套、车内三件套、车轮挡块，每项 3 分	依据得分条件进行评分，按要求完成打√，未按要求完成打 ×，扣分不得超过 100 分	12 分	
2	车辆防护及信息记录	安装车轮挡块 3 分、安装车内三件套 3 分、安装车外三件套 3 分、驻车制动检查 4 分、记录车辆信息 3 分		16 分	
3	蓄电池电压测量	蓄电池电压测量并记录 8 分，万用表的使用方法正确 4 分		12 分	
4	断开近光灯插接器，取出灯泡	插接器断开方法合理 4 分，灯泡的取出方法合理 4 分		8 分	
5	测量近光灯灯泡电阻	测量近光灯灯泡电阻并记录 4 分，万用表的使用方法正确 4 分		8 分	
6	近光灯保险丝电阻测量	近光灯保险丝电阻测量并记录 4 分，万用表的使用方法正确 4 分		8 分	
7	近光灯继电器线圈电阻测量	近光灯继电器线圈电阻测量并记录 4 分，万用表的使用方法正确 4 分		8 分	
8	近光灯继电器触点开关检测	近光灯继电器触点开关检测方法正确 4 分，万用表的使用方法正确 4 分		8 分	
9	车辆恢复及 8S 管理	车辆恢复 8 分、工具清洁 4 分、车辆、场地清洁 4 分		16 分	
10	团队协作	具有一定的团队协作能力 4 分		4 分	
总分 100 分					

练一练

一、填空题

1. 汽车前照灯按类型分为__________、__________、__________和__________。
2. 目前汽车前照灯主要有________________、________________、________________、________________等。

二、简答题

1. 简述汽车前照灯的类型及各种灯的优缺点。

2. 简述汽车前照灯电路的检测流程。

3. 简述汽车前照灯的主要功能。

任务三　汽车转向灯及电路检测

学习目标

知识目标：通过转向灯理论知识的学习，了解汽车转向信号系统的组成及作用；了解汽车转向灯电路的工作原理。

技能目标：能用万用表对转向灯电路进行检查并排除故障。

素养目标：养成积极主动的学习习惯；严格按照岗位要求规范操作；养成爱护设备、仪器的习惯，确保工具、设备和自身的安全；培养较强的组织沟通能力和良好的团队合作能力；树立8S管理理念。

任务描述

客户杨女士的别克威朗轿车左右转向灯闪光频率不一样，来到别克4S店进行检查。维修技师经过检测确定该车左转向灯电路故障，并对该车左转向灯电路进行故障排除。

本次任务将学习不同类型的闪光器以及转向灯电路，并以别克威朗轿车为例，进行转向灯电路的检测。

理论知识

一、转向信号系统的发展和组成

1. 转向信号系统的发展

在汽车刚被发明出来的时候，汽车的驾驶室非常简陋，人们根本没有安装转向灯的想法。当汽车要转弯时，驾驶员将左手伸出驾驶室示意转向，通过手势告诉周围的车辆和行人自己的行驶意图。最后人们还总结出一套标准规范的手势，在一定的社会范围内通用。

（1）机械手转向。

靠手势指示转向存在一个问题，就是需要用手摇下玻璃并伸出胳膊，这样非常不安全。后来发明家想到一个办法，利用机械手代替人手。1907 年，珀西・道格拉斯・汉密尔顿提出了他的发明：驾驶员可以在车内控制车身两边安装的手形标识牌的机械装置。但是这个装置并没有得到真正意义上的应用。

（2）箭头指示牌转向。

后来，人们想到一个行之有效的方法：在驾驶室里放了一个箭头指示牌来代替机械手。在驾驶室风窗玻璃正中间放置一个手动旋转的大号箭头指示牌，当驾驶员要转弯时，用手扭转箭头指示牌，告诉别人自己的行驶方向。由于这种箭头指示牌比较隐蔽，在侧面、背后的车辆很难察觉到，因此只适用于摩托车和轻型车辆。

（3）转向指示牌。

刚开始，人们受到铁路信号臂的启发，将信号臂的尺寸减半，制成转向指示牌，安装在车身两侧。后来，人们在信号臂中加入了转向灯泡，使其更加醒目，在晚上也可以使用。这种转向指示牌是最像转向灯的。

（4）转向灯的使用。

1938 年，美国一项专利引起了通用汽车公司工程师的注意，这个专利用一个继电器控制车尾两个小灯（也就是并联电路的应用），向左侧转向就接通左侧的开关，通过制动灯的闪烁提示车辆的转向。后来这种转向灯得到进一步优化，制作成更加可靠、稳定的电子控制系统，它的开关也从仪表盘逐渐转移到了方向盘下面的组合开关上，这就是我们如今常见的汽车转向灯。

2. 转向信号系统的组成

汽车转向信号系统采用闪烁的方式，指示车辆行驶的方向，提醒其他车辆及行人，保证自身车辆及对方的安全。转向信号系统主要由转向信号灯、闪光器、转向灯开关和转向指示灯组成。闪光器是使转向信号灯按一定的时间间隔闪烁的器件，我国国标规定闪光频率为 60 ～ 120 次 / 分钟。

在转向信号灯灯泡烧坏或线路中的插接器插接不良的情况下接通转向灯开关时，闪光器的工作频率将发生明显变化（通常闪光频率会加快），以提醒驾驶员尽快维修。闪光器（见图 5－3－1）按照结构和工作原理的不同分为电热式、电容式、翼片式、晶体管式和集成电路式等。由于晶体管式和集成电路式闪光器具有工作性能稳定、可靠等优点，因此在现代汽车上得

图 5－3－1　闪光器

到了广泛的应用。

（1）晶体管式闪光器。

常用的晶体管式闪光器有由晶体管和小型继电器组成的有触点晶体管式闪光器和无触点晶体管式闪光器两种，如图 5－3－2 所示。

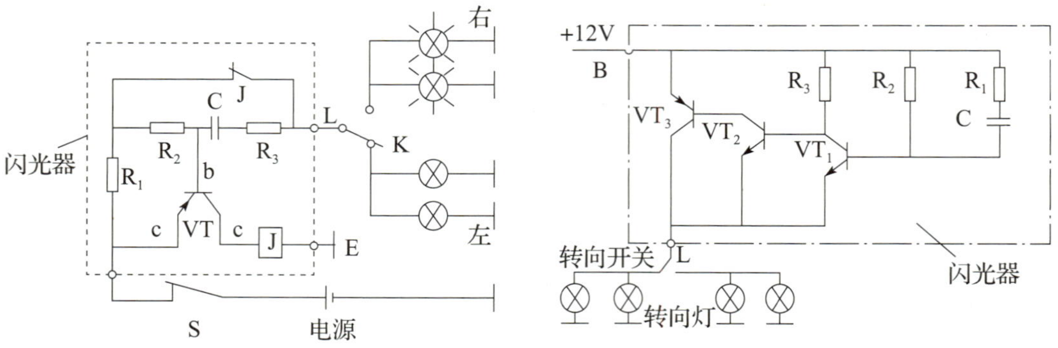

图 5－3－2　晶体管式闪光器

以有触点晶体管式闪光器为例，介绍其工作原理：当汽车向左转弯时，接通电源开关 S 和转向灯开关 K，晶体管 VT 导通（同时给电容器 C 充电），继电器线圈通电，使常闭触点断开，转向灯不亮。

随着电容器 C 电荷量的积累，充电电流逐渐减小，晶体管 VT 集电极电流逐渐减小，继电器线圈中的电流也逐渐减小，所产生的电磁力也逐渐减小。当电磁力小于触点 J 的回位弹力时，触点 J 闭合，转向灯点亮（同时，电容器 C 通过电阻 R_2 和触点 J 开始放电）。电流路径：蓄电池正极→电源开关 S→电阻 R_1→触点 J→接线柱 L→转向灯开关 K→左转向信号灯→搭铁→蓄电池负极。

电容器 C 不断地充电、放电，触点 J 也不断地断开和闭合，转向信号灯不停地闪烁。

（2）集成电路式闪光器。

随着集成电路制造技术的发展，集成电路式闪光器的应用越来越广泛。其工作原理是利用集成电路或晶体管振荡电路产生稳定的振荡信号，使转向灯闪烁。

图 5－3－3 是上海桑塔纳轿车采用的集成电路式闪光器的电路图，它的核心器件 U243B 是低功耗、高精度的汽车闪光器专用集成电路，主要由输入检测器 SR、电压检测器 D、振荡器 Z 以及功率输出器 SC 四部分组成。闪烁频率为 80 次 / 分钟。

输入检测器用来检测转向信号灯开关是否接通。振荡器由一个电压比较器和外接的 R_4 及 C_1 构成。内部电路给电压比较器的一端提供了一个参考电压（其电压值的高低由电压检测器控制），比较器的另一端则由外接的 R_4 及 C_1 提供一个变化的电压，从而形成电路的振荡。

如果一只转向信号灯电路出现故障，则流过取样电阻 R_S 的电流减小，其电压降低，经电压检测器识别后，控制振荡器电压比较器的参考电压，从而改变振荡频率，转向指示灯的闪光频率加快，以提示驾驶员或维修人员电路有故障。

二、别克威朗轿车转向灯及危险警告灯电路

别克威朗轿车转向灯及危险警告灯电路由左右转向灯、闪光器、危险警告灯开关等组

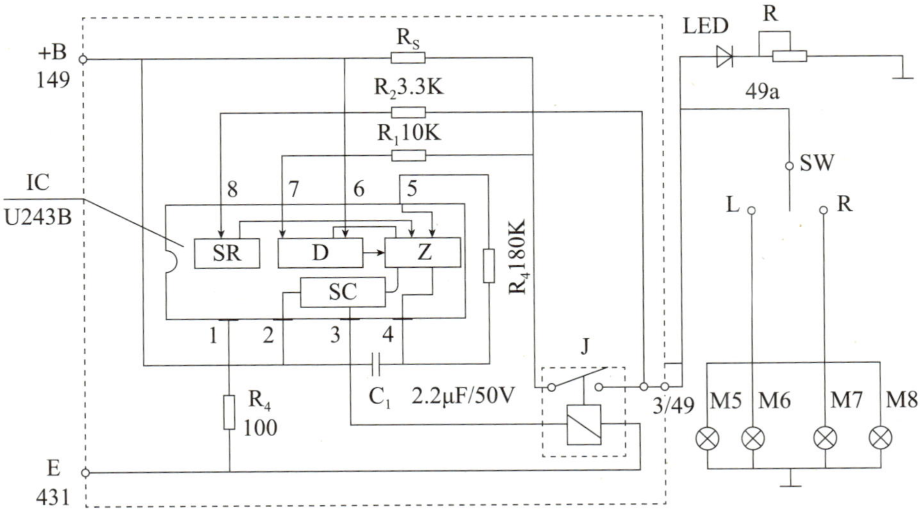

图 5-3-3　上海桑塔纳轿车采用的集成电路式闪光器的电路图

成。图 5-3-4 为别克威朗轿车转向灯及危险警告灯开关电路图，图 5-3-5 为别克威朗轿车转向灯及危险警告灯电路图。

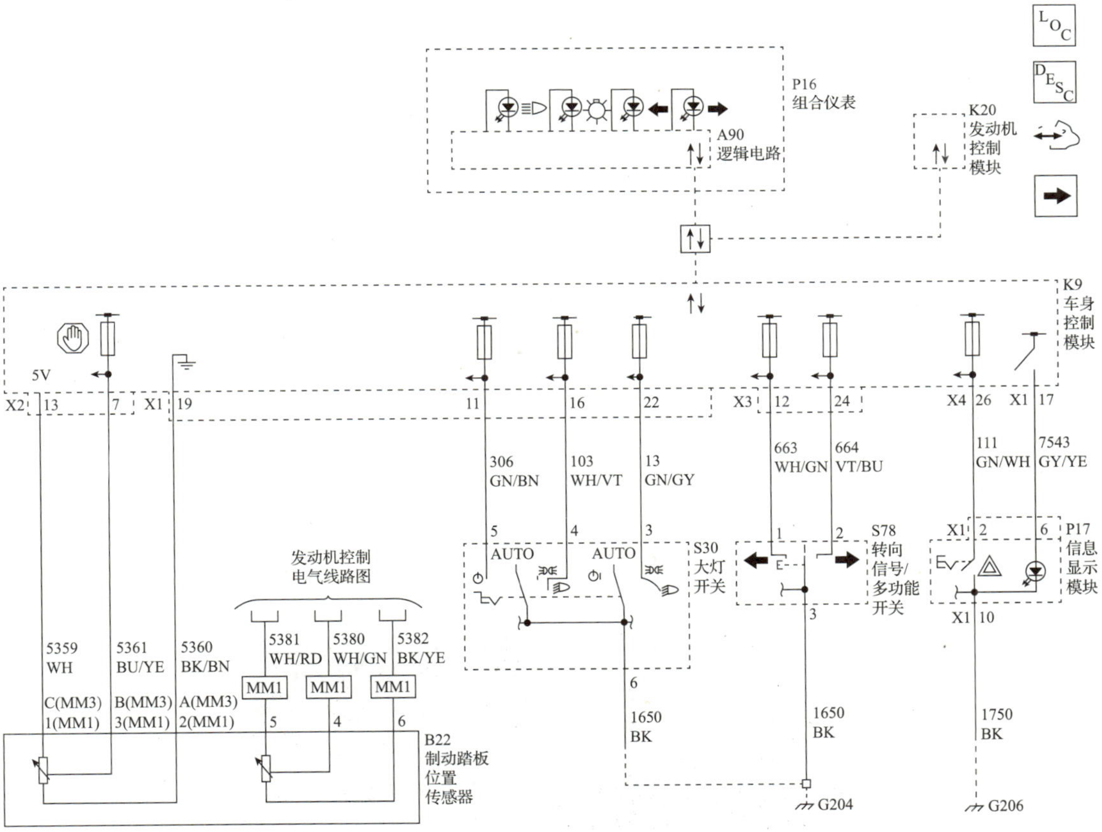

图 5-3-4　别克威朗轿车转向灯及危险警告灯开关电路图

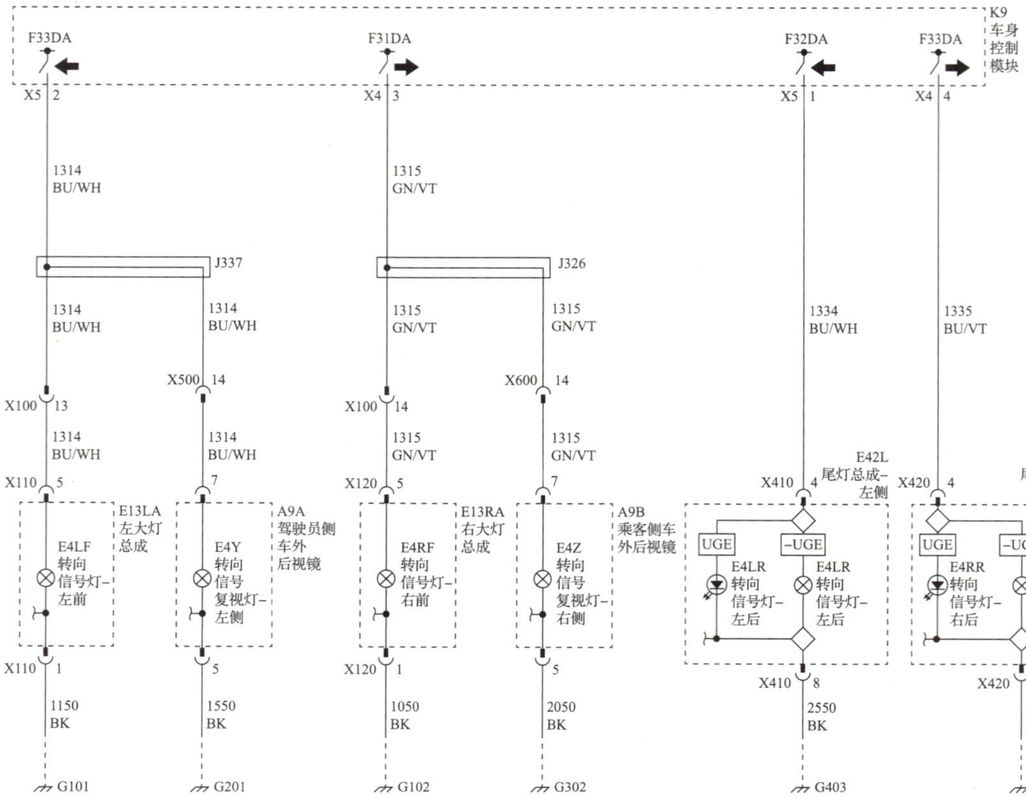

图 5-3-5　别克威朗轿车转向灯及危险警告灯电路图

以左侧转向灯为例，介绍其工作原理：当转向灯开关打到左侧方向时，S78 转向信号模块向 K9 输入开关信号，K9 根据信号控制 F33DA、F32DA 导通，从而使左侧前后的转向灯通电发光。同时，车内仪表盘上的左转向指示灯点亮。

目前汽车上用的危险警告灯开关及转向灯开关如图 5-3-6 所示。危险警告灯开关一般安装在汽车的中控区内，通常标记为红色三角符号。当按下危险警告灯开关时，危险警告灯电路接通，K9 接收到信号后控制 F33DA、F32DA、F31DA 同时接通。此时，汽车前、后、左、右侧转向灯同时闪烁，仪表盘上的转向指示灯也闪烁。转向灯开关一般与大灯开关、变光灯开关等集成在一起形成组合灯开关。

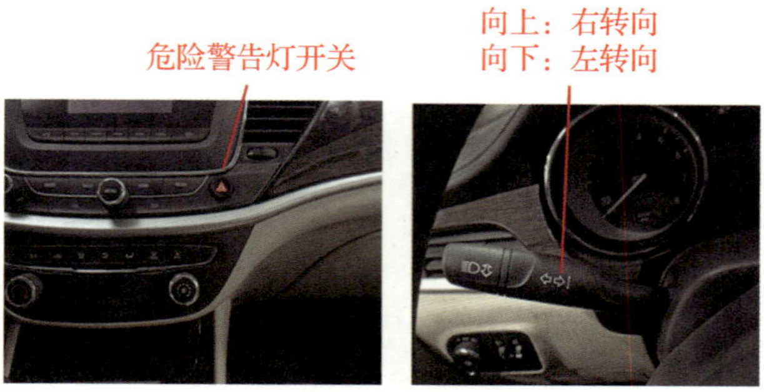

图 5-3-6　汽车上用的危险警告灯开关及转向灯开关

三、转向灯电路和危险警告灯电路系统常见的故障及解决方法

1. 转向灯或危险警告灯不闪烁

解决方法：首先需要检查闪光器是否接触不良，如果闪光器正常，那么可能是灯泡的问题，需要更换转向灯或危险警告灯的灯泡。

2. 转向灯或危险警告灯频繁闪烁

解决方法：闪光继电器接触不良是导致这个问题的原因之一，需要检查闪光继电器的接触点，并尝试清理或调整。也有可能是灯泡触点接触不良导致的，需要检查灯泡触点，并尝试调整。

3. 转向灯操作困难或直接不闪烁

解决方法：这种情况可能是由于转向灯开关电源线松动或短路导致的，需要检查并连接好线路。

4. 双闪灯一直亮着不闪烁

解决方法：可能是由于开关损坏导致电路短路，需要更换新的开关。

除此以外，转向灯系统还有以下故障，见表 5－3－1。

表 5－3－1　转向灯系统常见故障

故障现象	故障原因	排除方法
转向灯不闪烁	电源—闪光继电器—转向开关的电源线路断路	重新接好
	闪光继电器损坏	
	转向开关损坏	
左转向灯闪烁正常，而右转向灯闪烁频率变快	右转向灯功率变小	按规定安装灯泡、更换灯泡、使搭铁良好
	右转向灯中有一只灯泡烧坏或线路有接触不良的情况	
右转向灯闪烁正常，但左转向灯前面两小灯微弱发光	左小灯搭铁不良（采用双丝灯泡时）	使搭铁良好
接通转向开关，闪光器立即烧坏	转向开关至某一转向灯之间线路中有短路搭铁处	找出搭铁处重新绝缘处理
闪烁次数少	使用了比规定容量大的灯泡	更换成标准灯泡
	电压过低	给蓄电池充电
	闪光灯装置不良	更换闪光器
闪烁次数多	使用了比规定容量小的灯泡	更换成标准灯泡
	信号灯接地不良	修理灯座接地处
	闪光灯装置不良	更换闪光器
	信号灯丝断	换灯泡
左、右转向灯闪烁次数不一样或其中有一个不工作（非闪光器问题）	指示灯或信号灯断线，其中一个灯使用了非标准瓦数的灯泡	更换灯泡
	灯接地不良	接牢地线
	转向灯开关和转向灯之间有断线或接触不良	修理接触部位

任务实施

转向灯电路检测

一、工作内容

转向灯电路检测。

二、工具设备准备及要求

别克威朗实训车辆、车内三件套、车外三件套、车轮挡块、万用表、试灯、工具车、抹布、拖布、手套等。

要求：（1）按要求在规定时间内独立或小组合作完成工作任务；

（2）按操作规范做好车辆安全防护，确保人、车安全；

（3）规范使用检测工具，按流程进行操作，确保转向信号系统能正常运行。

三、任务操作过程

1. 车辆防护及信息记录

检查车外有无划痕、凹坑，检查车内有无贵重物品，并记录说明。

（1）安装车轮挡块。

（2）解锁车辆，在工单上正确填写车辆基本信息。

（3）安装车内三件套。

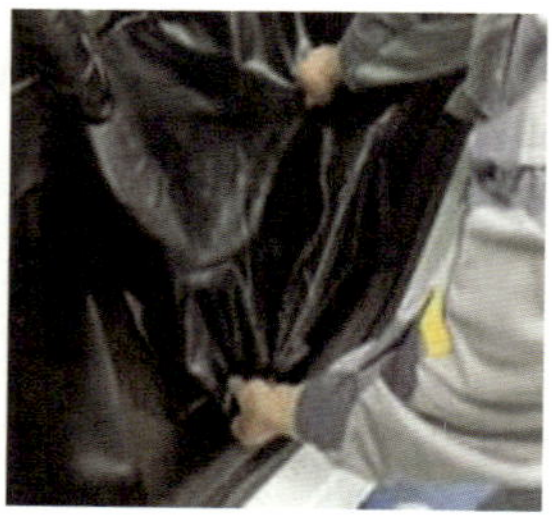

（4）检查挡位和制动状态（确保车辆挡位处于 P 位）。

（5）打开发动机舱盖，安装车外三件套。

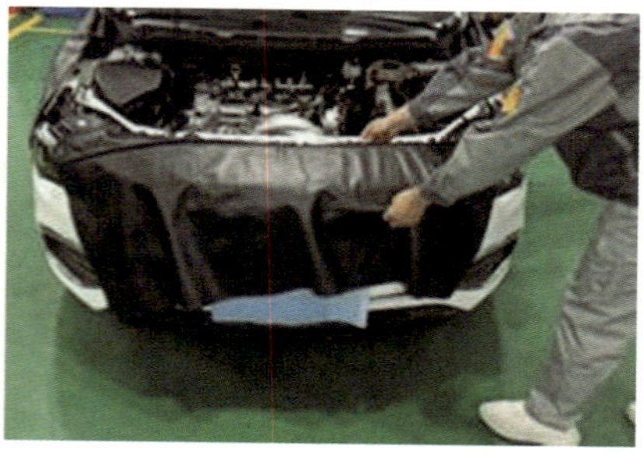

2. 左转向灯电路检测

（1）万用表选择直流电压挡位，测量电源电压。

（2）拔下左转向灯灯泡线束插接器，取出灯泡；万用表选择 20Ω 挡位，测量灯泡电阻值并记录。

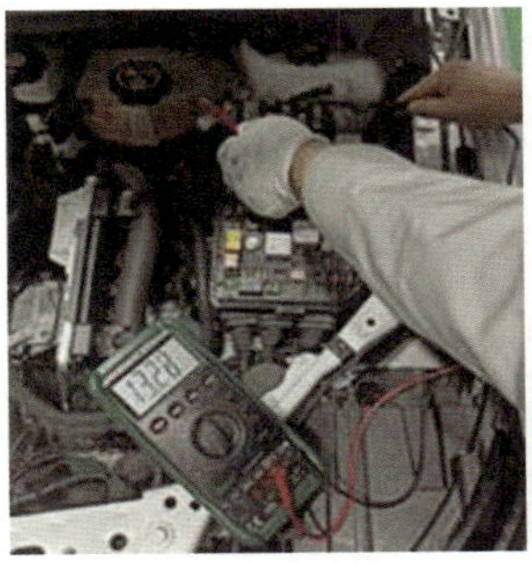
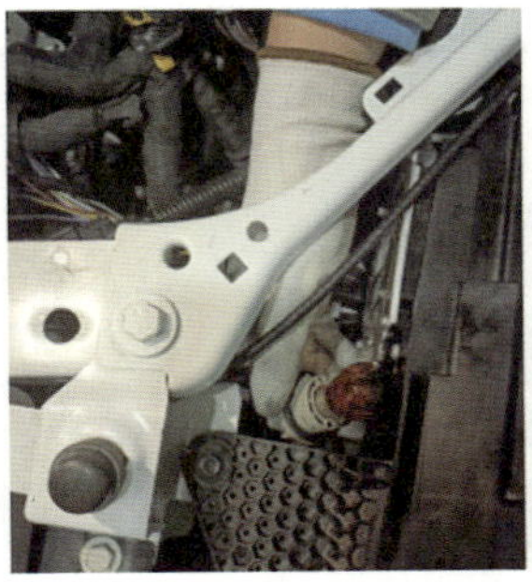
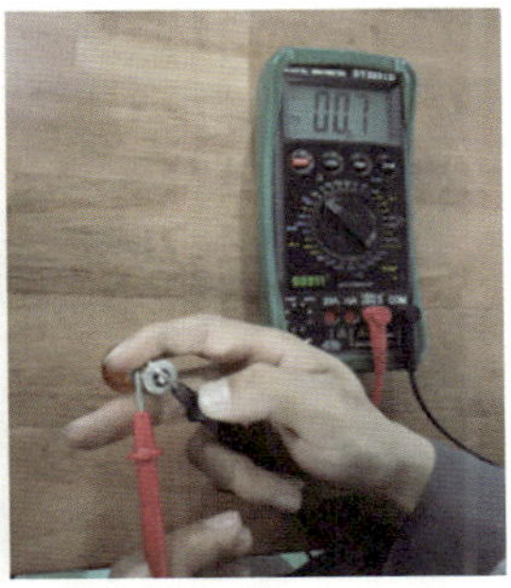

（3）转向灯开关拨到“左”侧，用试灯检测 E4RF5 号端左前转向信号灯是否闪烁。

（4）断开 X100 插接器，用试灯测试是否闪烁。

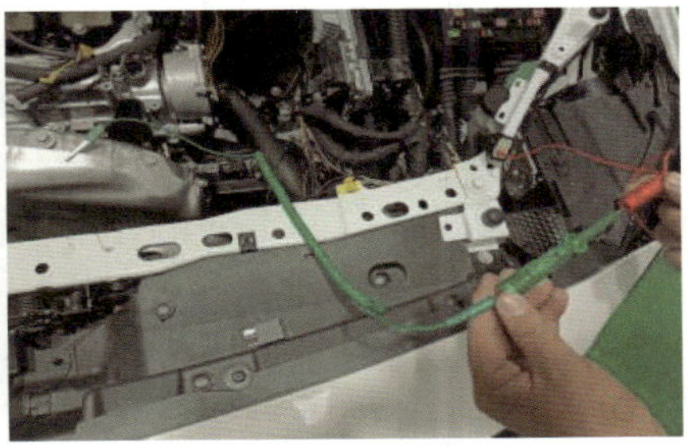

（5）断开 K9 车身控制模块 X5 连接插头，检测 X5/2 到 X110 之间导线电阻并记录，正常值应为 2Ω 左右。

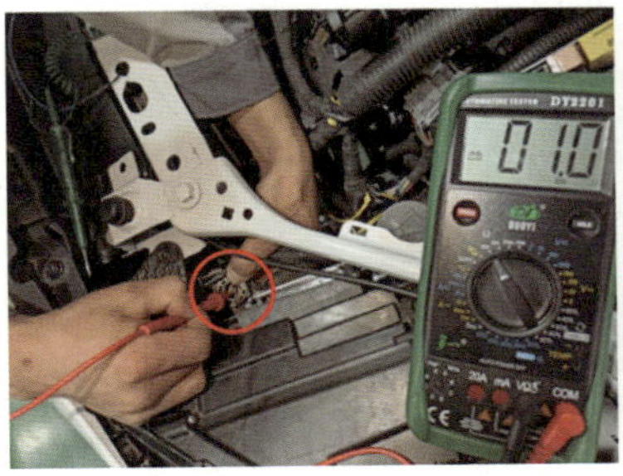
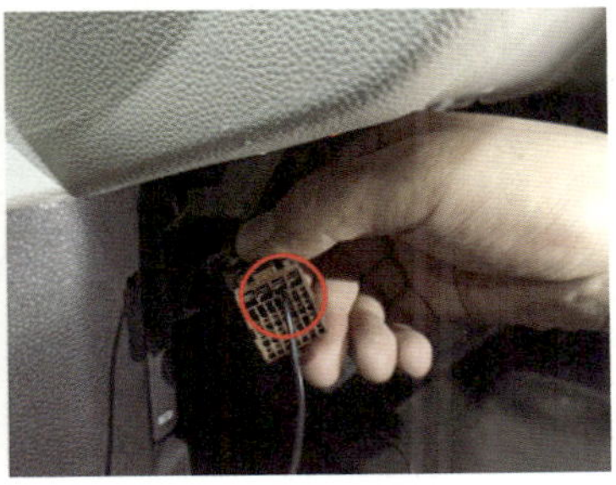

（6）用试灯检查转向灯开关性能。

3. 车辆恢复及 8S 管理

（1）移除车外三件套，并叠放整齐。

（2）移除车内三件套，并叠放整齐。

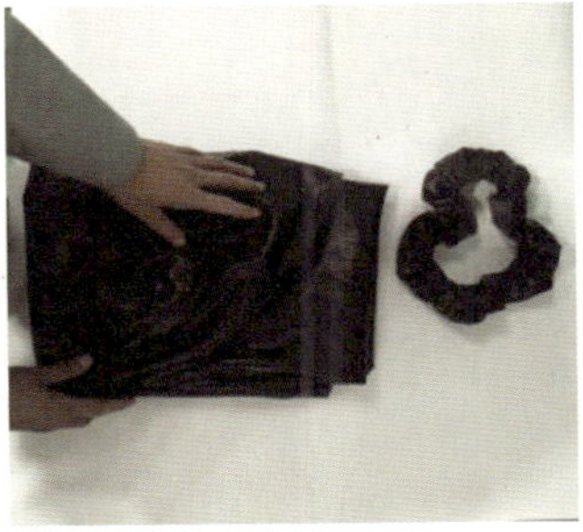

（3）关闭发动机舱盖（升起车窗玻璃，拔下车辆钥匙）。

（4）移除车轮挡块。

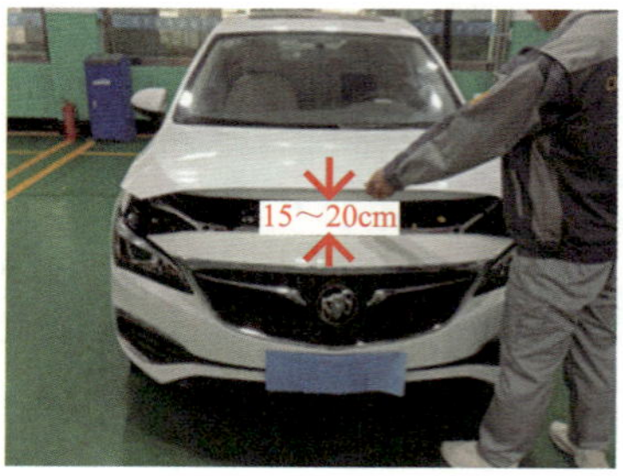

（5）工具清洁归位。

（6）车辆、场地清洁。

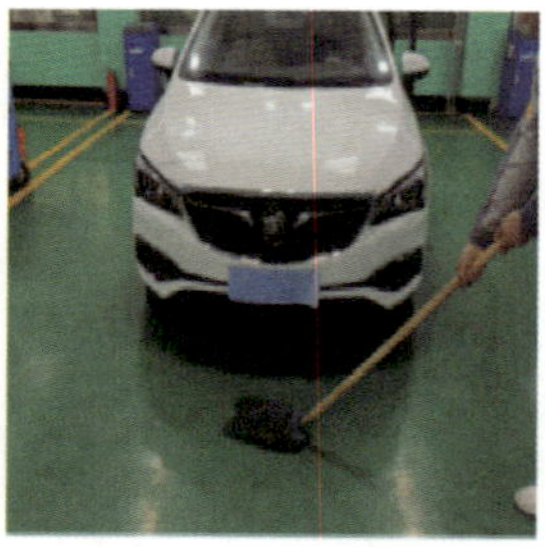

转向灯电路检测 任务工单

操作时间： 分钟	
组长初评 □合格 □不合格	教师复评 □合格 □不合格
一、车辆防护及信息记录	
车辆维修前检查车外有无划痕、凹坑等，检查车内有无贵重物品 □有 □无	
工具、防护用品检查 □正常 □不正常	
安装车轮挡块 □安装 □未安装	安装车内三件套 □安装 □未安装
安装车外三件套 □安装 □未安装	检查驻车制动 □检查 □未检查

品牌		整车型号		生产年月	
发动机型号		发动机排量		行驶里程	
车辆识别码					

二、左转向灯电路检测

操作项目	数据记录	操作结果
1. 蓄电池电压测量		□正常 □不正常
2. 断开转向灯灯泡线束插接器，取出灯泡	无	□完成 □未完成
3. 测量转向灯灯泡电阻		□正常 □不正常
4. 用试灯检测转向信号	无	□正常 □不正常
5. 测量 X5/2 至 X110 之间导线电阻并记录		□正常 □不正常
6. 用试灯检查转向灯开关性能	无	□正常 □不正常

三、车辆恢复及 8S 管理

操作项目	操作结果	操作项目	操作结果
1. 移除车内三件套	□完成 □未完成	2. 移除车外三件套	□完成 □未完成
3. 移除车轮挡块	□完成 □未完成	4. 工具清洁、整理	□完成 □未完成
5. 车辆、场地清洁	□完成 □未完成	6. 团队协作	□合格 □不合格

转向灯电路检测　评分标准

序号	操作步骤	操作要点及得分条件	评分标准	配分	得分
1	场地、工位、工具准备情况	检查世达120件套装工具、车外三件套、车内三件套、车轮挡块，每项3分	依据得分条件进行评分，按要求完成打√，未按要求完成打×，扣分不得超过100分	12分	
2	车辆防护及信息记录	安装车轮挡块3分，安装车内三件套3分，安装车外三件套3分，记录车辆信息3分，驻车制动检查4分		16分	
3	蓄电池电压测量	蓄电池电压测量并记录8分，万用表使用方法正确4分		12分	
4	断开转向灯灯泡线束插接器，取出灯泡	线束插接器断开方法合理4分，灯泡的取出方法合理4分		8分	
5	测量转向灯灯泡电阻	测量转向灯灯泡电阻并记录4分，万用表使用方法正确4分		8分	
6	检测转向信号	转向信号检测方法正确4分，试灯使用方法正确4分		8分	
7	测量X5/2至X110之间导线电阻	X5/2至X110之间导线电阻测量并记录4分，万用表使用方法正确4分		8分	
8	检查转向灯开关性能	左转向开关性能检测方法正确4分，试灯使用方法正确4分		8分	
9	车辆恢复及8S管理	车辆恢复8分、工具清洁整理4分、车辆、场地清洁4分		16分	
10	团队协作	具有一定的团队协作能力4分		4分	
总分100分					

练一练

一、填空题

1. 转向信号系统主要由__________、__________、__________和转向指示灯组成。
2. 闪光器有电热式、__________、__________、__________和__________等。
3. 我国汽车闪光器的闪光频率为__________。

二、简述题

1. 简述转向信号系统的发展历程。

2. 简述有触点晶体管式闪光器的工作原理。

3. 简述别克威朗轿车左转向灯电路的检测流程。

任务四　汽车仪表系统

学习目标

知识目标： 通过对仪表理论知识的学习，了解汽车仪表系统的作用、分类及组成；了解汽车仪表系统中各个指示灯的形式及作用。

技能目标： 能对背光灯亮度进行调节，能识读仪表电路图。

素养目标： 养成积极主动的学习习惯；严格按照岗位要求规范操作；养成爱护设备、仪器的习惯，确保工具、设备和自身的安全；具有较强的组织沟通能力和良好的团队合作能力；树立8S管理理念。

任务描述

客户王先生的别克威朗轿车发动机转速表指针不能正常工作，于是来到别克4S店。经维修技师检查，确定为仪表故障，并决定更换仪表总成。

本次任务将以别克威朗汽车仪表为例，了解汽车仪表系统的相关知识，并完成汽车仪表检查与背光灯调节任务。

理论知识

一、汽车仪表系统的作用和发展

1. 汽车仪表系统的作用

汽车仪表系统是汽车与驾驶员进行信息交流的界面，为驾驶员提供必要的汽车运行信息，帮助驾驶员随时掌握车辆的工作状况，并及时发现和排除潜在的故障，保证车辆的安全。此外，它也能给维修人员提供信息，方便维修人员排除故障。汽车仪表系统包括发动机转速表、车速表、里程表、燃油表、冷却液温度表以及各种报警显示装置，图 5－4－1 所示为别克威朗汽车仪表系统。

图 5－4－1　别克威朗汽车仪表系统

2. 我国汽车仪表系统的发展

（1）发展初期。

20 世纪 80 年代，中国汽车仪表制造业刚起步，汽车制造企业主要从事普通机械仪表的制造，仪表种类较少，仪表产品主要用于国内小型汽车。在这一阶段，汽车仪表业基本上处于萌芽状态，还没有开始跨国运营。

（2）成熟期。

20 世纪 90 年代，随着电子技术的发展，中国汽车仪表制造业进入了规模和设备水平比以前更为成熟的阶段，出现了大量实力雄厚的汽车仪表制造商。国内汽车仪表企业在汽车仪表领域取得实质性进步，产品质量和技术水平也得到很大提升，开始在国际上展开实质性的竞争。

（3）快速发展期。

21 世纪初，随着中国汽车行业发展和技术进步，汽车仪表制造业面临国际快速发展的高峰期，中国汽车仪表制造商根据机遇迅速跨越发展起点，最新技术赋能产品设计，使驾驶员的可视性有了较大的提高。中国的汽车仪表制造业逐渐在国际上占有一席之地。

随着汽车行业对产品和技术要求的不断提高，提升汽车仪表的功能性和安全性已成为当下全球汽车仪表制造业的发展趋势。

二、汽车仪表的分类

汽车仪表按结构形式不同分为电热式和电磁式两大类；按功能不同分为机油压力表、冷却液温度表、燃油表、车速里程表、发动机转速表、电流表和电压表等。

三、汽车仪表系统中的指示灯

驾驶员通过仪表盘指示灯随时掌握车辆的工作状况，指示灯点亮表明当前某个电控单元或电器工作的状态，起到提醒的作用。通常绿色表示指示灯，如转向指示灯；黄色表示故障提示灯，如发动机故障指示灯；蓝色表示警告灯，如远光灯；红色表示禁止灯，比如机油压力灯点亮，表明电控电气系统出现故障。图 5－4－2 所示为汽车常见仪表指示灯及信息说明。

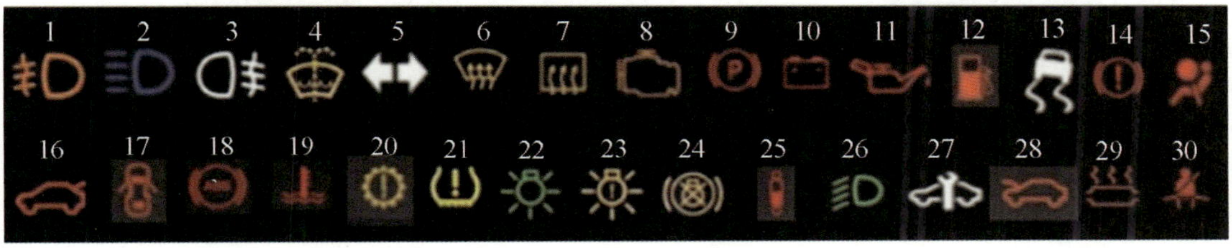

1.雾灯（前）	2.远光灯开启	3.雾灯（后）
4.玻璃水液位低	5.转向指示灯	6.前风窗玻璃加热
7.后窗加热	8.发动机排放警告	9.电子手刹未锁止到位
10.蓄电池电量不足	11.机油压力过低	12.燃油油量不够
13.关闭车身稳定控制系统	14.手刹未锁止到位	15.安全气囊故障
16.行李舱打开状态	17.车门开启状态	18.ABS防抱死故障
19.温度过高警告	20.自动变速箱故障	21.轮胎气压低
22.日行灯开启	23.汽车某处灯光故障	24.制动灯故障
25.减振器故障	26.近光灯开启	27.需要进行保养
28.引擎盖打开状态	29.催化转换器故障	30.安全带未系

图 5－4－2　汽车常见仪表指示灯及信息说明

1. 机油压力警告灯

当发动机润滑系统的机油压力低于允许值时，警告灯点亮，提醒驾驶员注意发动机的机油压力过低，继续行驶可能造成发动机损坏。机油压力报警装置的警告灯开关一般安装在发动机的主油道上。图 5－4－3 所示为膜片式机油压力警告灯开关及电路。当机油压力低于一定值时，膜片在弹簧的作用下使触点接合，电路接通，警告灯点亮；当机油压力高于一定值时，机油压力将膜片顶起使触点分开，电路断开，警告灯熄灭。

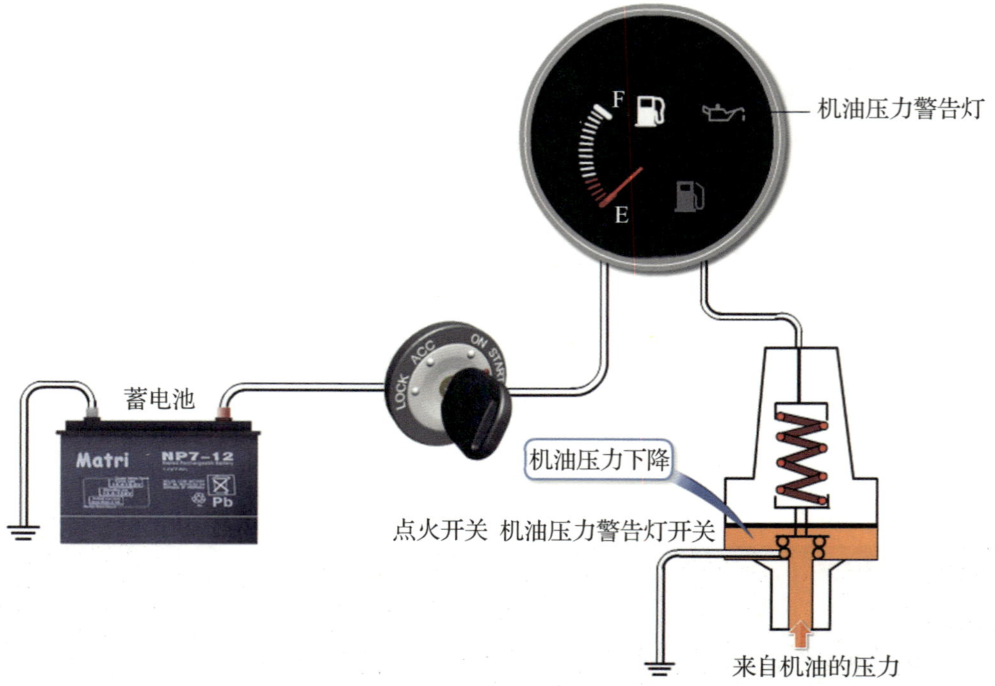

图 5－4－3　膜片式机油压力警告灯开关及电路

2. 低燃油量警告灯

低燃油量报警装置的作用是当油箱内燃油减少到规定值以下时，仪表板上的低燃油量警告灯点亮，起到提醒驾驶员的作用。它由热敏电阻式燃油报警传感器和警告灯组成。

当燃油量较多时，具有负温度特性的热敏电阻浸泡在燃油中，散热快，温度较低，电阻值大，所以电路中电流很小，警告灯不亮。当燃油减少到规定值以下时，热敏电阻会露出油面，散热慢，温度升高，电阻值减小，电路中电流增大，警告灯点亮。图 5－4－4 所示为低燃油量警告灯电路。

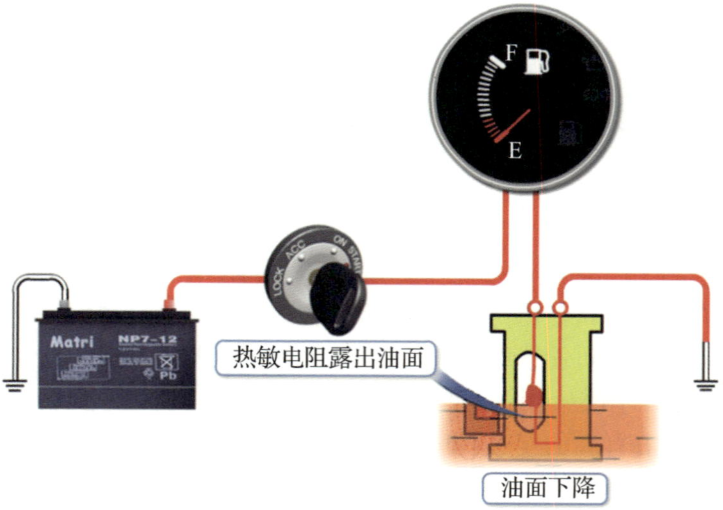

图 5－4－4　低燃油量警告灯电路

3. 液面不足警告灯

液面不足警告灯可用于检测制动液液面、冷却液液面以及风窗洗涤器液面等是否符合要求，当液面下降到规定值以下时警告灯点亮。液面不足报警装置由舌簧开关和警告灯等组成，舌簧开关安装在储液罐内。图 5－4－5 所示为液面不足警告灯电路。

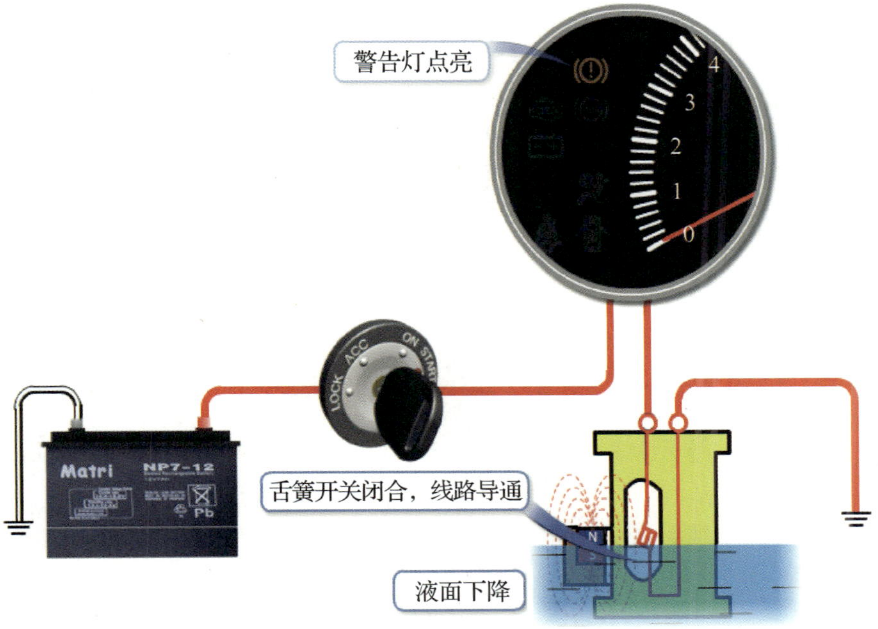

图 5－4－5　液面不足警告灯电路

永久磁铁安装在浮子内随液面变化而变化。当液量充足时，浮子的位置高，此时永久磁铁高于舌簧开关的位置，舌簧开关处于断开状态，警告灯电路断开，警告灯不亮。当浮子随着液面下降到规定值以下时，永久磁铁就接近舌簧开关，吸动舌簧开关使之闭合，接通警告灯电路，警告灯点亮。

四、别克威朗汽车仪表电路

图 5－4－6 所示为别克威朗汽车仪表电路，它有两条供电电路：一条为 B+ 常电源电路；另一条为点火开关处于 ON 位置时的供电电路，其中 G204 为仪表电路的搭铁负极。工作方式：当发动机 ECU 获得其他电子控制系统信息后，通过通信线给组合仪表 P16 提供信息，仪表进行信号处理后显示各种信息。

1. 冷却液温度表的结构与工作原理

（1）冷却液温度表的作用与结构。

冷却液温度表用来检测和显示发动机水套中冷却液的工作温度，以防止发动机过热。它由安装在仪表板内的冷却液温度指示表和安装在发动机气缸盖上的冷却液温度传感器等组成。冷却液温度指示表可分为电热式和电磁式两种，现代轿车一般采用电磁式；冷却液温度传感器可分为双金属片式和热敏电阻式两种，较多采用热敏电阻式。

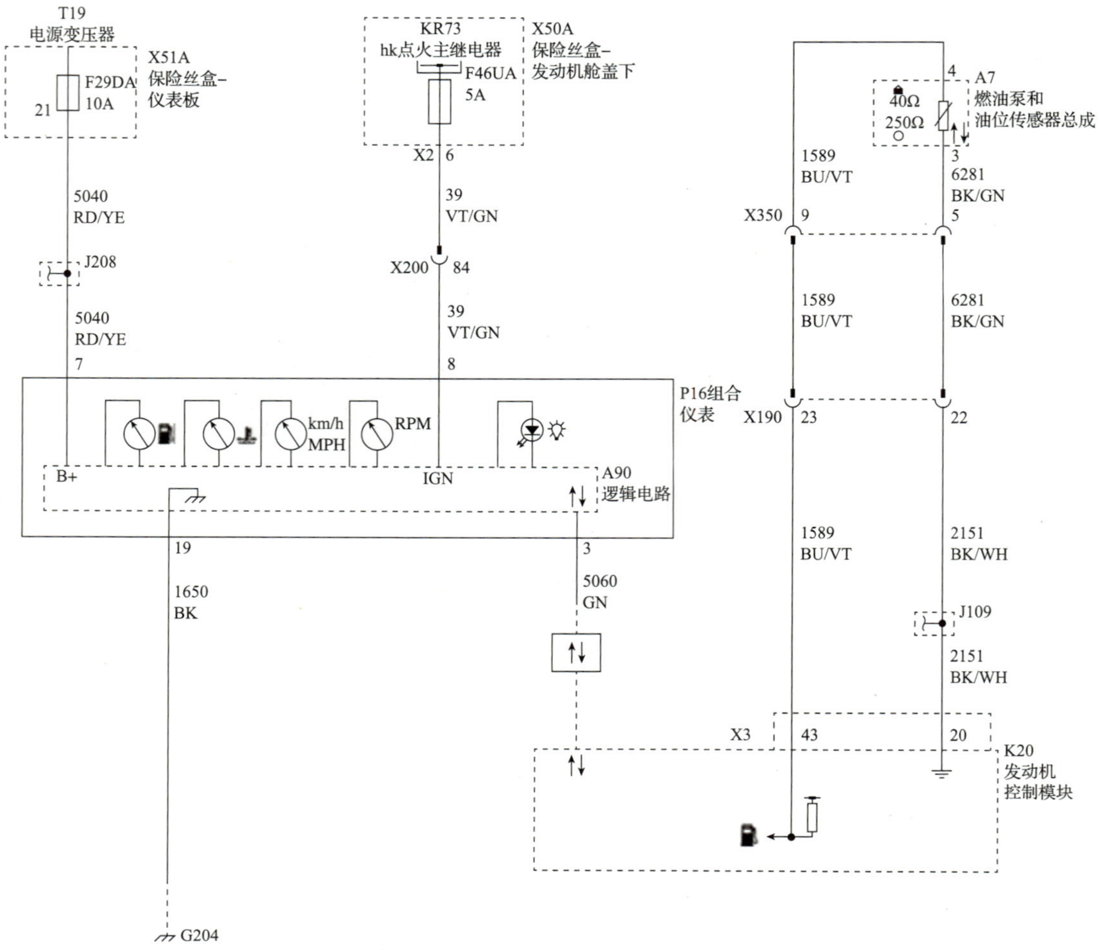

图 5-4-6　别克威朗汽车仪表电路

（2）冷却液温度表的工作原理。

冷却液温度指示表刻度盘的左、右两侧标有 C、H，分别表示低温和高温，一般发动机工作时，指针不在红色区域为正常。冷却液温度传感器的电阻值随温度升高而减小。

当发动机冷却液温度较低时，传感器电阻值较大，流经主线圈和副线圈的电流差不多，但由于副线圈匝数多，产生的磁场强，吸引衔铁，使指针偏向 C 侧（低温侧）。当冷却液温度逐渐增高时，负热敏电阻阻值逐渐减小，分流作用增强，流经副线圈的电流减小，磁力减弱，衔铁被主线圈的磁场吸引，使指针偏向 H 侧（高温侧）。图 5-4-7 所示为冷却液温度表工作原理图。

2. 燃油表的结构与工作原理

（1）燃油表的作用与结构。

燃油表用来指示燃油箱内燃油的储存量，它由安装在仪表板上的燃油指示表和安装在燃油箱内的燃油量传感器等组成。燃油表有电热式和电磁式两种，目前广泛使用电磁式。图 5-4-8 所示为燃油表结构图，图 5-4-9 所示为两种不同形式的燃油表。

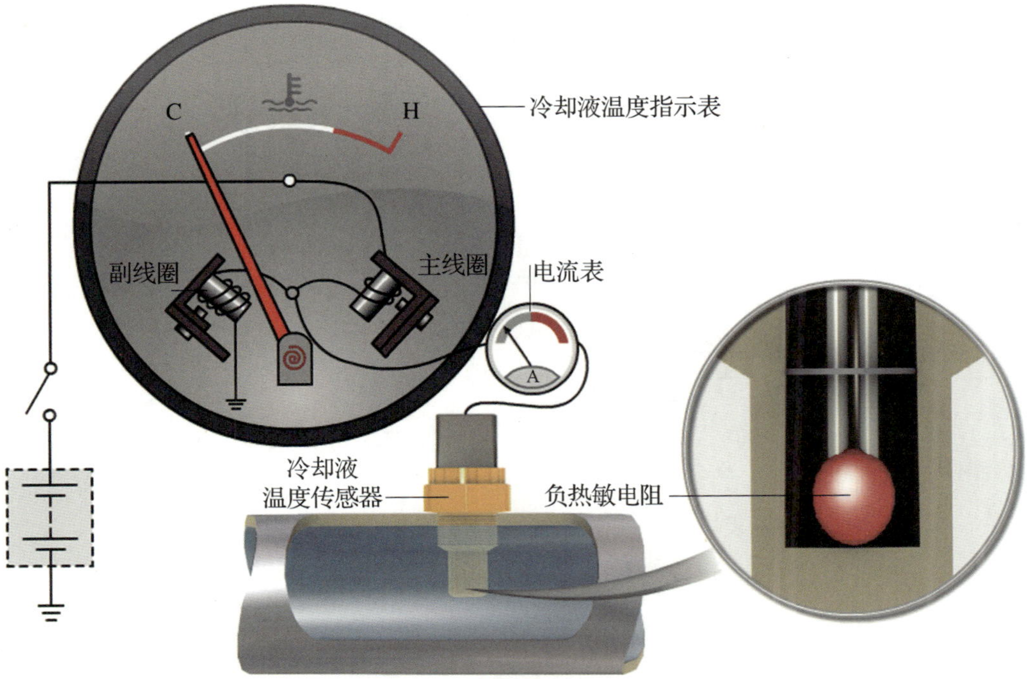

图 5-4-7　冷却液温度表工作原理图

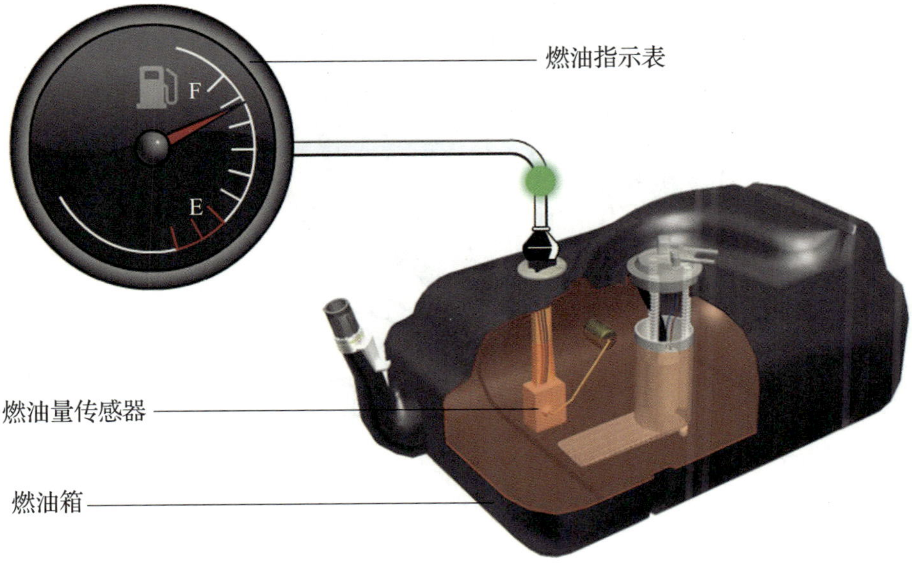

图 5-4-8　燃油表结构图

（2）燃油表的工作原理。

燃油指示表刻度盘从左至右标有 E、1/2、F，分别表示油箱内无油、半箱油、满油。可变电阻式传感器由可变电阻、滑片、浮子等组成。浮子漂浮在油面上，随油面的高低而起落，从而带动滑片使可变电阻的阻值随之改变，如图 5-4-10 所示。

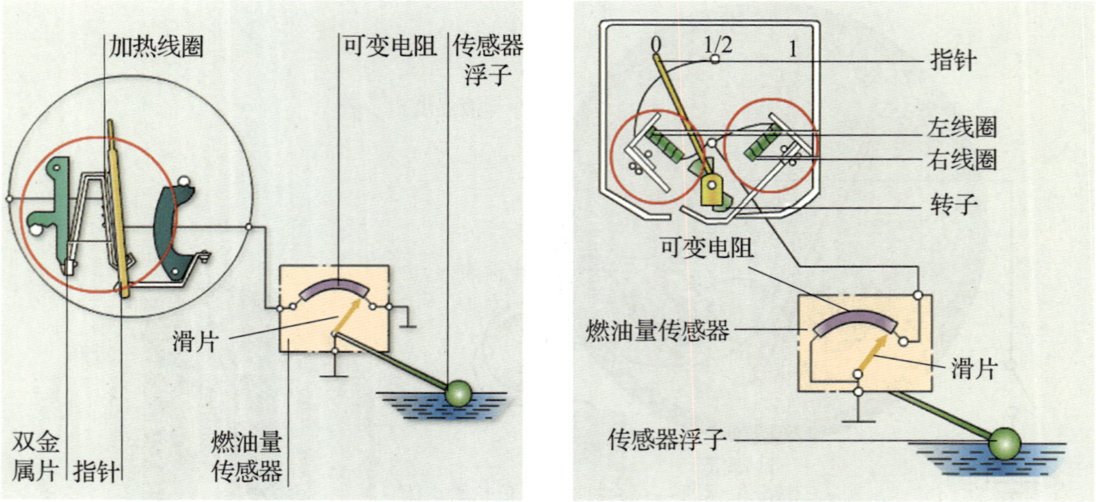

电热式燃油表　　电磁式燃油表

图 5-4-9　两种不同形式的燃油表

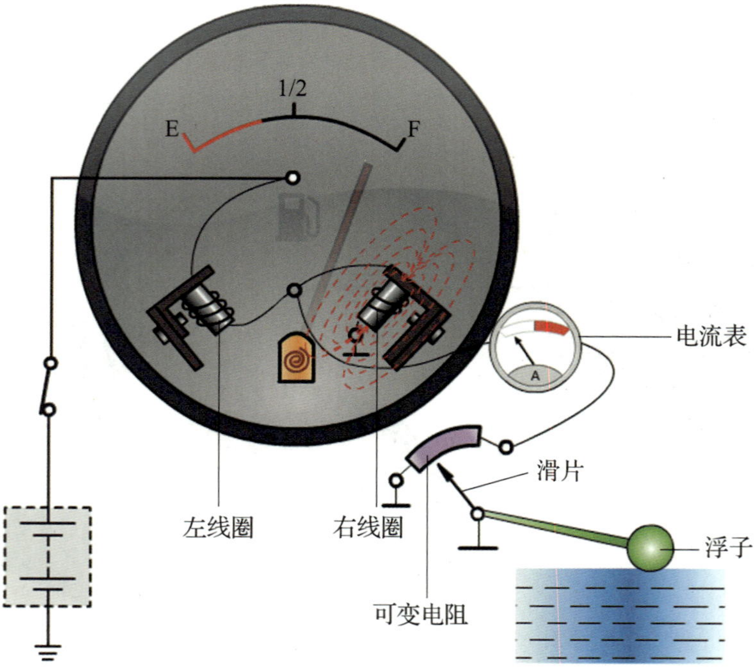

图 5-4-10　燃油表工作原理

3. 车速里程表的结构与工作原理

（1）车速里程表的作用与结构。

车速里程表是用来指示汽车行驶速度和累计汽车行驶里程数的仪表。它由安装在仪表板内的车速里程指示表和安装在变速器壳体上的车速传感器等组成。按其工作原理的不同可分为机械式和电子式两种，如图 5-4-11 所示。电子式车速里程表主要由安装在仪表板内的车速表、里程表、电子电路、步进电动机，以及安装在变速器输出轴壳体上的车速传感器组成。

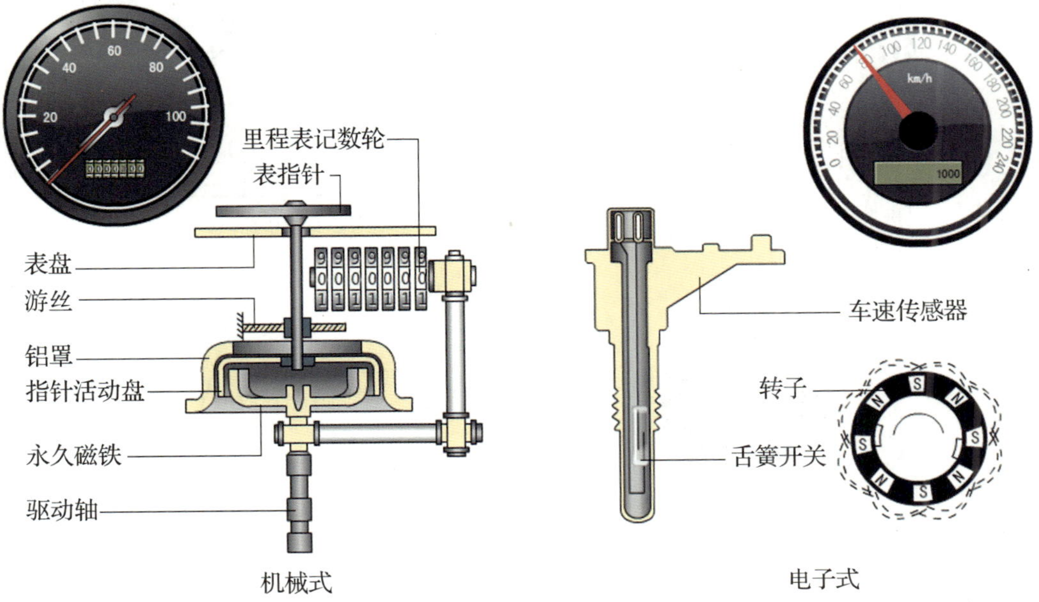

图 5－4－11　车速里程表

（2）车速里程表的工作原理。

车速传感器下方的齿轮由变速器输出轴驱动，能够产生正比于汽车行驶速度的电信号。它的内容由一个舌簧开关和一个含有四对磁极的转子组成。变速器输出轴带动转子每转一周，舌簧开关中的触点闭合 8 次，产生 8 个脉冲信号，汽车每行驶 1km，车速传感器将输出 4 127 个脉冲到车速里程表的电子电路，电子电路根据获得的信号驱动车速表指针偏转，从而指示相应的车速。图 5－4－12 所示为车速传感器，图 5－4－13 所示为车速里程表工作原理图。

图 5－4－12　车速传感器

4. 发动机转速表的结构与工作原理

（1）发动机转速表的作用与结构。

发动机转速表用来测量发动机曲轴的转速，它由安装在仪表板内的转速指示表和安装在发动机皮带轮处的转速传感器（也称为曲轴位置传感器）等组成。

（2）发动机转速表的工作原理。

当发动机运转时，转速传感器的信号转子随曲轴一起转动，使曲轴位置传感器产生随转速变化而变化的电压信号，并将该信号传输到发动机电脑（ECU），ECU 将该信号进行处理后，向转速指示表输出一个与转速成正比的频率信号，转速指示表内部的电子电路便驱动转速表指针偏转，从而指示相应的转速。图 5－4－14 所示为发动机转速表结构图。

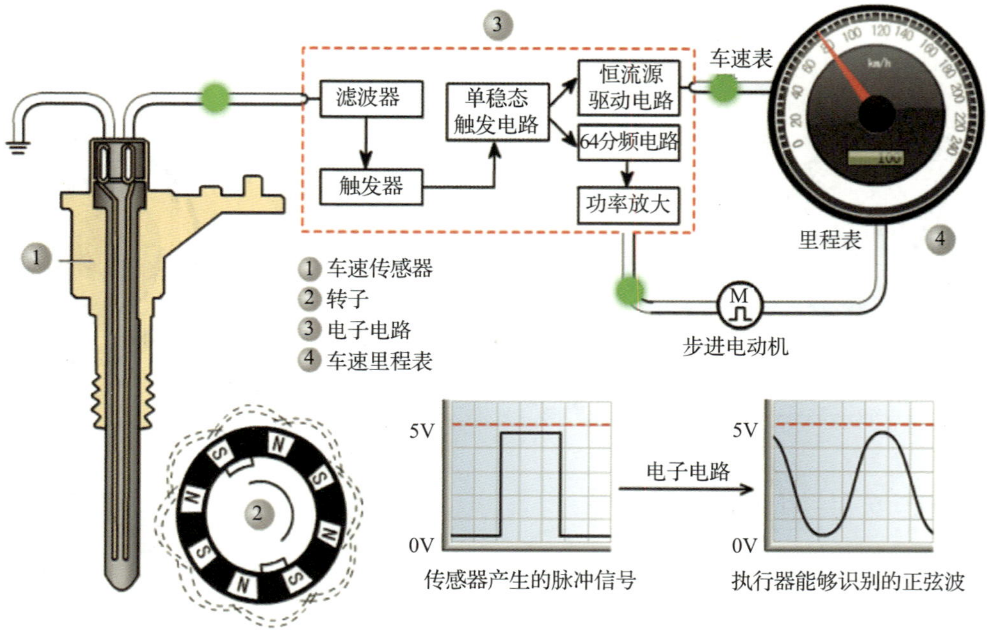

图 5-4-13　车速里程表工作原理图

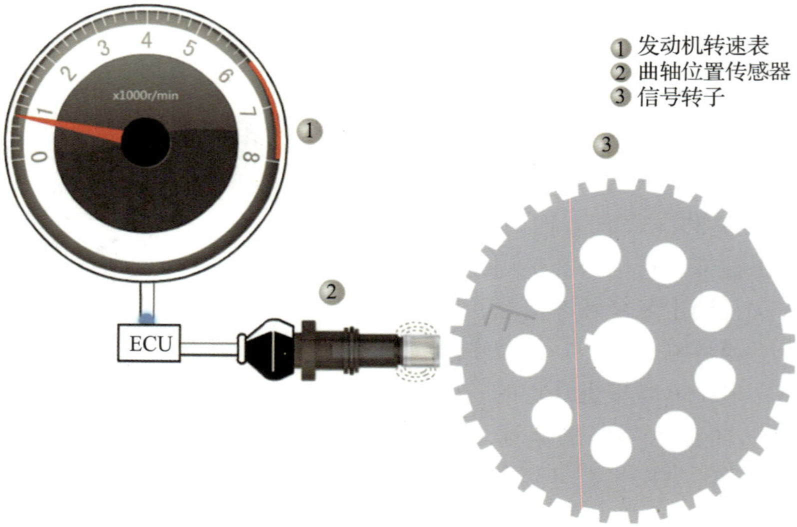

图 5-4-14　发动机转速表结构图

五、汽车仪表电路系统常见的故障及解决方法

1. 仪表不工作

仪表不工作可能是由于仪表盘熔丝烧坏或电路连接松动导致的。

解决方法：检查并更换烧坏的熔丝，检查仪表盘电路连接是否良好。

2. 仪表指针抖动或跳动

仪表指针抖动或跳动可能是由于仪表盘电路中存在干扰信号或连接不良导致的。

解决方法：检查仪表盘电路的接触点，确保连接良好，清除干扰信号。

3. 仪表背光不亮或闪烁

背光不亮或闪烁可能是由于灯泡烧坏或背光电路故障引起的。

解决方法：检查并更换烧坏的灯泡，修复背光电路故障。

4. 仪表显示错误信息

仪表显示不正常的信息或数字，可能是仪表本身的故障。

解决方法：检查仪表的连接线路和传感器，必要时更换损坏的零件。

在处理仪表电路系统故障时，首先应检查熔丝、连接线路和传感器，确保它们能正常工作。

任务实施

仪表检查与背光灯调节

一、工作内容

汽车仪表检查与背光灯调节。

二、工具设备准备及要求

别克威朗实训车辆、车内三件套、车轮挡块、抹布、拖布等。

要求：（1）按要求在规定时间内独立或小组合作完成工作任务；

（2）按操作规范做好车辆安全防护，确保人、车安全；

（3）按操作规范检查汽车仪表，并按流程规范调节背光灯。

三、任务操作过程

1. 车辆防护及信息记录

检查车外有无划痕、凹坑，检查车内有无贵重物品，并记录说明。

（1）安装车轮挡块（安装在非驱动车轮处）。

（2）解锁车辆，在工单上正确填写车辆基本信息。

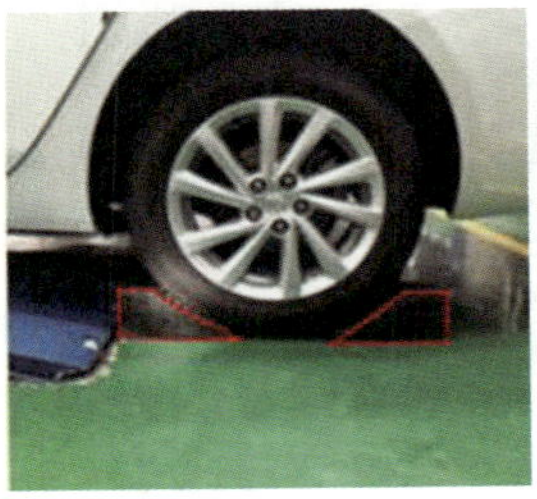

（3）安装车内三件套。

（4）检查挡位和制动状态（确保车辆挡位处于 P 位）。

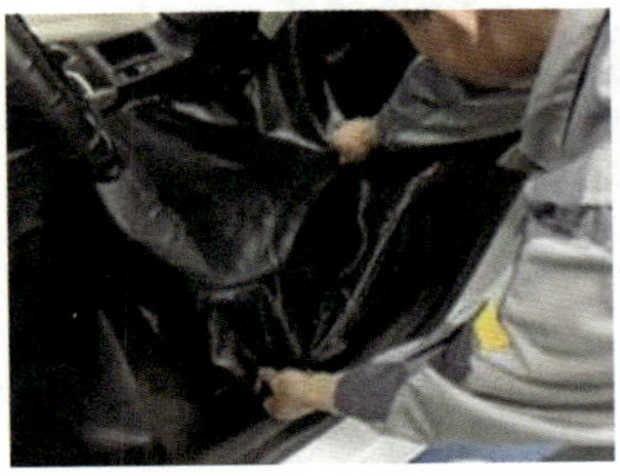

2. 汽车仪表检查

（1）打开点火开关，观察汽车所有仪表指示灯的状态，等待几秒后，除驻车指示灯、发动机指示灯和安全带指示灯点亮外，其余指示灯均应熄灭。

（2）起动车辆，过几秒后，除驻车指示灯和安全带指示灯外，其余指示灯均应熄灭。

3. 汽车背光灯亮度调节

使用调节开关调节背光灯亮度。

4. 车辆恢复及 8S 管理

（1）移除车内三件套，并叠放整齐。

（2）移除车轮挡块。

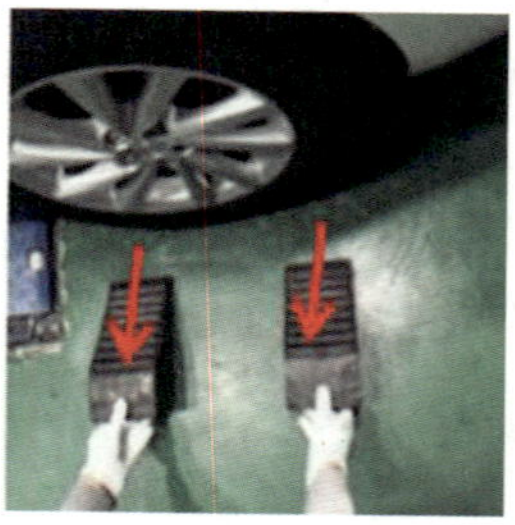

（3）车辆、场地清洁。

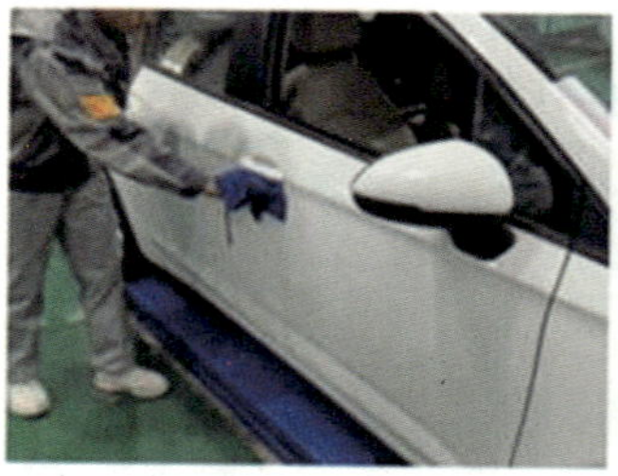

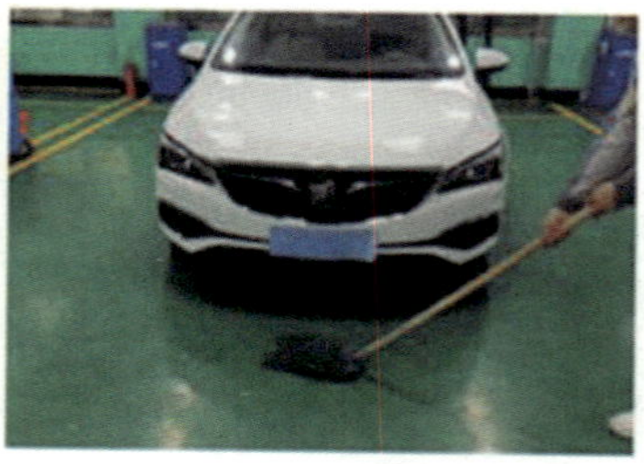

汽车仪表检查与背光灯调节　任务工单

操作时间：　　　　分钟	
组长初评　□合格　□不合格	教师复评　□合格　□不合格

一、车辆防护及信息记录

车辆维修前检查车外有无划痕、凹坑等，检查车内有无贵重物品　□有　□无					
工具、车辆防护用品检查　□正常　□不正常					
安装车轮挡块　□安装　□未安装		安装车内三件套　□安装　□未安装			
检查挡位和制动状态　□检查　□未检查					
品牌		整车型号		生产年月	
发动机型号		发动机排量		行驶里程	
车辆识别码					

二、汽车仪表认知

仪表	名称及作用说明

三、汽车仪表检查及背光灯亮度调节

操作项目	操作结果	操作项目	操作结果
1. 打开点火开关，观察所有指示灯状态	□完成　□未完成	2. 起动车辆，检查仪表功能是否正常	□完成　□未完成
3. 汽车背光灯亮度调节	□完成　□未完成		

四、车辆恢复及 8S 管理

操作项目	操作结果	操作项目	操作结果
1. 移除车内三件套	□完成　□未完成	2. 移除车轮挡块	□完成　□未完成
3. 车辆、场地清洁	□完成　□未完成	4. 团队协作	□合格　□不合格

汽车仪表检查与背光灯调节　评分标准

序号	操作步骤	操作要点及得分条件	评分标准	配分	得分
1	场地、工位、工具准备情况	检查车外三件套 6 分，检查车轮挡块 6 分	依据得分条件进行评分，按要求完成打√，未按要求完成打 ×，扣分不得超过 100 分	12 分	
2	车辆防护及信息记录	安装车轮挡块 4 分，安装车内三件套 4 分，驻车制动检查 4 分，车辆信息记录 4 分		16 分	
3	汽车仪表认知	认识发动机转速表并能说明其作用 9 分，认识汽车车速表并能说明其作用 9 分，认识燃油表并能说明其作用 9 分，认识冷却液温度表并能说明其作用 9 分		36 分	
4	仪表指示灯检查	检查方法合理 9 分		9 分	
5	背光灯亮度调节	调节方法合理 9 分		9 分	
6	车辆恢复及 8S 管理	车辆恢复 6 分，车辆、场地清洁 6 分		12 分	
7	团队协作能力	具有一定的团队协作能力 6 分		6 分	
总分 100 分					

练一练

一、填空题

1. 汽车仪表系统包括发动机转速表、________、________、________以及各种报警显示装置。

2. 根据车型配置不同，汽车仪表指示灯有很多种，请同学们根据已学知识，写出下列仪表指示灯的含义。

________　________　________　________

________　________　________　________

二、简答题

1. 汽车仪表系统基本由哪些仪表组成？

2. 简述机油压力警告灯的作用及工作原理。

项目六

汽车辅助电气系统

项目描述

本项目主要介绍电动车窗、电动后视镜、刮水系统以及喇叭的作用、组成及工作原理。技能任务包括电动车窗电路的检查，电动后视镜、调节开关的拆装及电动后视镜电路检测，刮水片的更换与刮水系统性能检查，以及喇叭电路检测。

- 汽车辅助电气系统
  - 电动车窗的检查与维护
    - 电动车窗的发展和组成
    - 别克威朗汽车电动车窗电路
    - 电动车窗常见的故障及解决方法
  - 电动后视镜的检查与维护
    - 电动后视镜的发展和组成
    - 别克威朗汽车电动后视镜电路
    - 汽车电动后视镜常见的故障及解决方法
  - 刮水系统的检查与维护
    - 刮水系统的作用和发展
    - 电动刮水器的组成
    - 刮水系统的工作原理
    - 别克威朗汽车刮水系统电路
    - 汽车刮水系统常见的故障及解决方法
  - 喇叭电路检测
    - 汽车喇叭的发展和类型
    - 喇叭继电器及电路
    - 别克威朗汽车的喇叭电路
    - 汽车喇叭电路常见的故障及解决方法

任务一　电动车窗的检查与维护

学习目标

知识目标： 通过电动车窗理论知识的学习，了解电动车窗的发展及组成；理解电动车窗电路的工作原理。

技能目标： 能正确识读电动车窗的电路原理图；能对电动车窗电路进行检测。

素养目标： 养成积极主动的学习习惯；严格按照岗位要求规范操作；养成爱护设备、仪器的习惯，确保工具、设备和自身的安全；具有较强的组织沟通能力和良好的团队合作能力；穿戴要整齐；树立8S管理理念。

任务描述

客户王先生的别克威朗车驾驶员侧的电动车窗无法升降，于是他来到4S店。维修技师检查后确定是电路故障，并对电动车窗电路进行检测。

本次任务以别克威朗车电动车窗为例，将学习电动车窗的组成；识读电动车窗的电路图；检测电动车窗的主控开关及车窗电动机。

理论知识

电动车窗是以电为动力使车窗玻璃自动升降的车窗，它由驾驶员或乘客通过操纵开关接通车窗电动机的电路，使电动机产生电磁转矩，从而实现车窗玻璃按要求进行升降，其优点是操作简便，有利于行车安全。

一、电动车窗的发展和组成

1. 电动车窗的发展

20世纪初期，汽车还处于发展早期，车窗的开合都需要驾驶员用手操作。这种操作方式既费力，又不安全。随着电子科技的不断进步，以电动机驱动的车窗升降系统逐渐应用于汽车车窗。到了20世纪60年代，电动车窗已经广泛应用于豪华车型。此后，随着汽车技术的不断发展和改进，电动车窗已成为现代汽车的标配。

电动车窗的最大优点是方便快捷，只需要轻轻按下按钮，车窗就可以自动升降，无须费力操作。这种操作方式大大方便了驾驶员，也提高了汽车的驾驶舒适性。电动车窗还有一个重要的优点就是安全可靠，电动车窗可以根据驾驶员的要求自动完成操作，不会分散驾驶员的注意力，从而提高了驾驶的安全性。

2. 电动车窗的组成

电动车窗主要由车窗玻璃、车窗玻璃升降器、控制开关和电动机等组成，如图6-1-1所示。

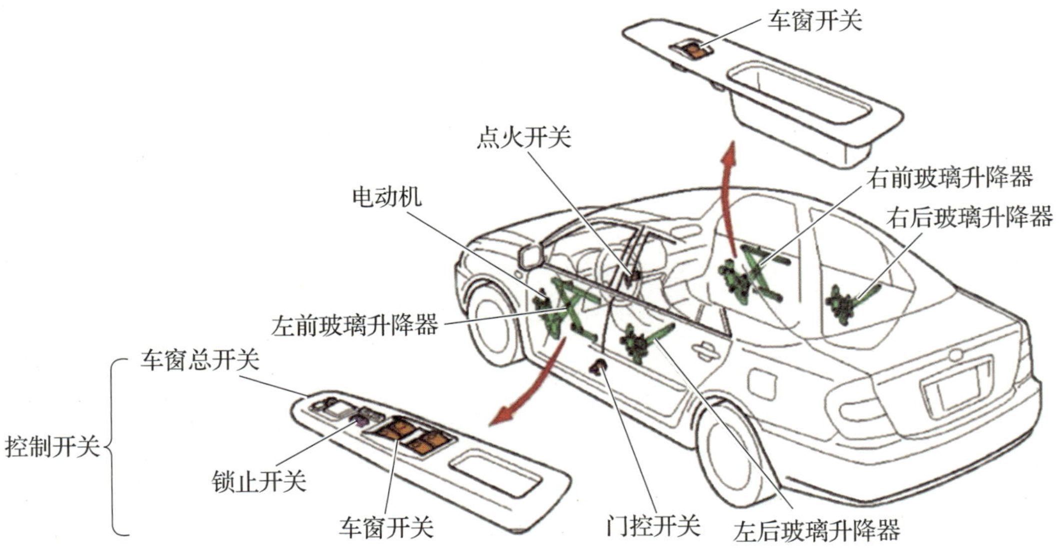

图 6－1－1　电动车窗的组成

（1）车窗玻璃升降器。

车窗玻璃升降器由操纵机构（摇臂或电动控制系统）、传动机构（齿轮、齿扇或齿条、齿轮软轴啮合机构）、玻璃升降机构（升降臂、运动托架）、玻璃支承机构（玻璃托架）、止动弹簧、平衡弹簧等组成。

常见的车窗玻璃升降器有交臂式和绳轮式两种，如图 6－1－2 所示。

交臂式

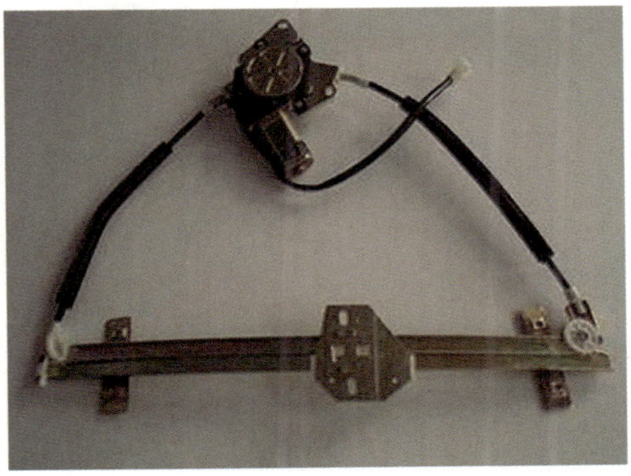

绳轮式

图 6－1－2　车窗玻璃升降器

（2）控制开关。

车窗控制开关有两套：一套为主控开关，安装在驾驶员侧车门上，由驾驶员控制所有车窗玻璃的升降；另一套为分控开关，安装在其余三个车门上，由乘客控制车窗玻璃的升降，如图 6－1－3 所示。主控开关上还安装有控制分控开关的门窗锁止开关，若门窗锁止开关断开，则除驾驶员侧的车窗外，其他车窗的分控开关不再起作用。

（3）电动机。

电动车窗用电动机一般为双向直流电动机，如图 6－1－4 所示，有永磁式和双绕组串励式两种。每个车窗都安装有一个双向直流电动机，通过开关控制电动机内电流的方向，从而实现车窗玻璃的上升或下降。

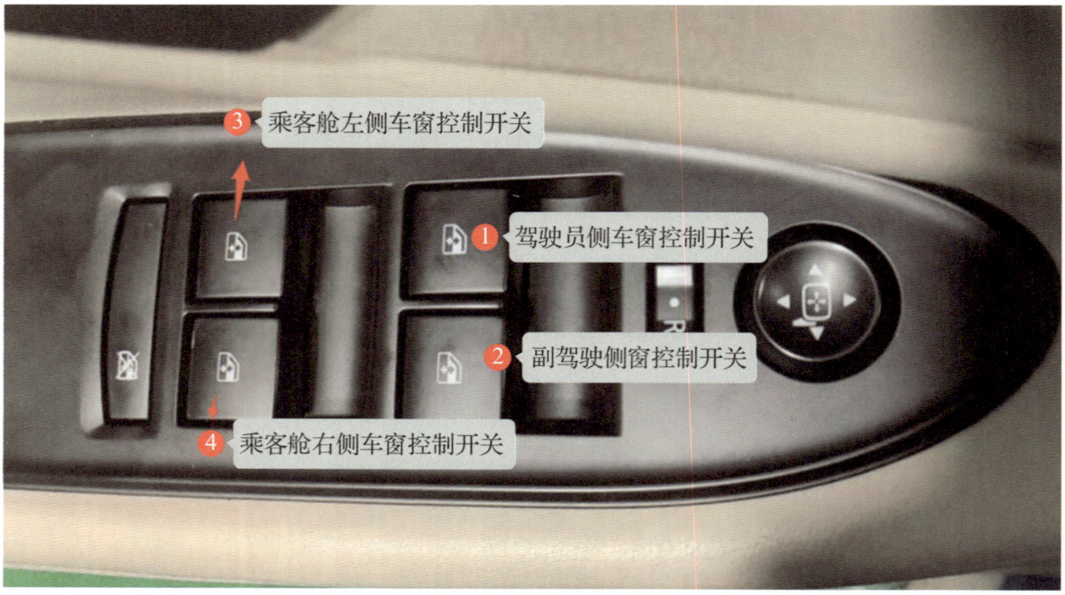

图 6-1-3　车窗控制开关

图 6-1-4　双向直流电动机

二、别克威朗汽车电动车窗电路

别克威朗汽车电动车窗电路由 S79D 驾驶员侧车窗开关、M74D 驾驶员侧车窗电动机、S79P 乘客侧车窗开关、M74P 乘客侧车窗电动机、S79LR 左后车窗开关、M74LR 左后车窗电动机、S79RR 右后车窗开关、M74RR 右后车窗电动机等构成。其中主控开关通过 LIN 线与其他车窗电动机控制模块进行通信，再由电动机控制模块控制电动机运转。副驾驶及后排乘客的分控开关使用独立 LIN 线控制电动机控制模块，再由电动机控制模块控制电动机运转。

图 6-1-5 所示为驾驶员侧电动车窗电路。其中 4 号线为主控开关 S79D 的正极线，F8DA 为 S79D 的供电正极保险丝；2 号线为 M74D 的正极线，F5DA 为 M74D 的供电正极保险丝；1 号线为负极线，G201 为搭铁。

别克威朗汽车左后电动车窗电路中，8 号线为开关 S79LR 的正极线，F10DA 为行李舱保险丝盒供电正极保险丝，G201 为搭铁；右后电动车窗电路中，8 号线为开关 S79RR 的正极线，1 号线为信号线，G302 为搭铁，如图 6-1-6 所示。

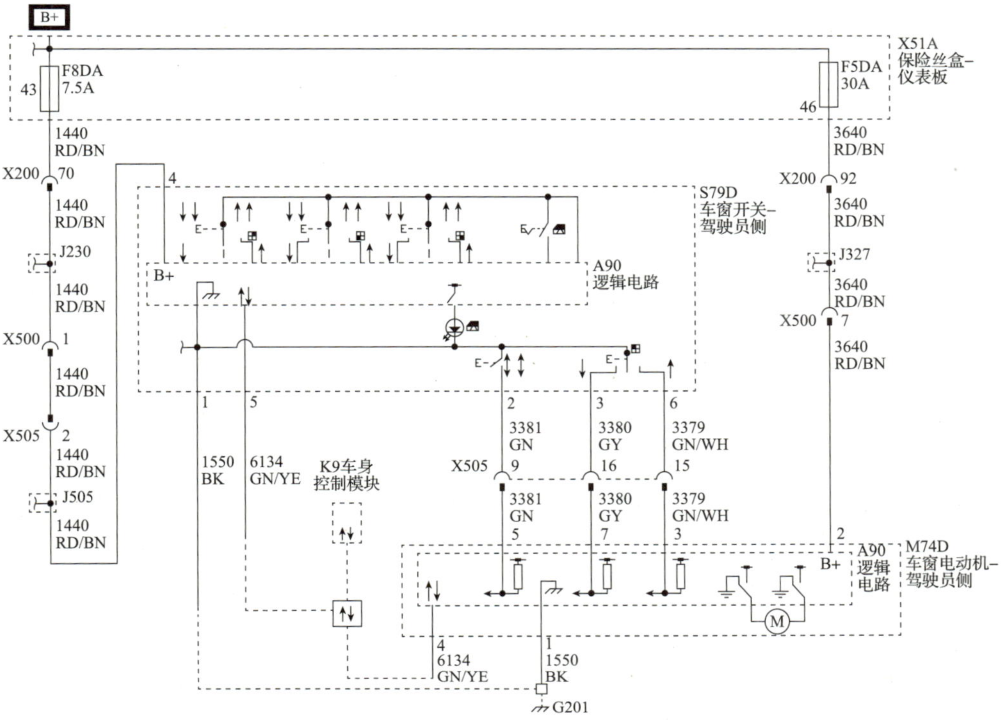

图 6－1－5　驾驶员侧电动车窗电路

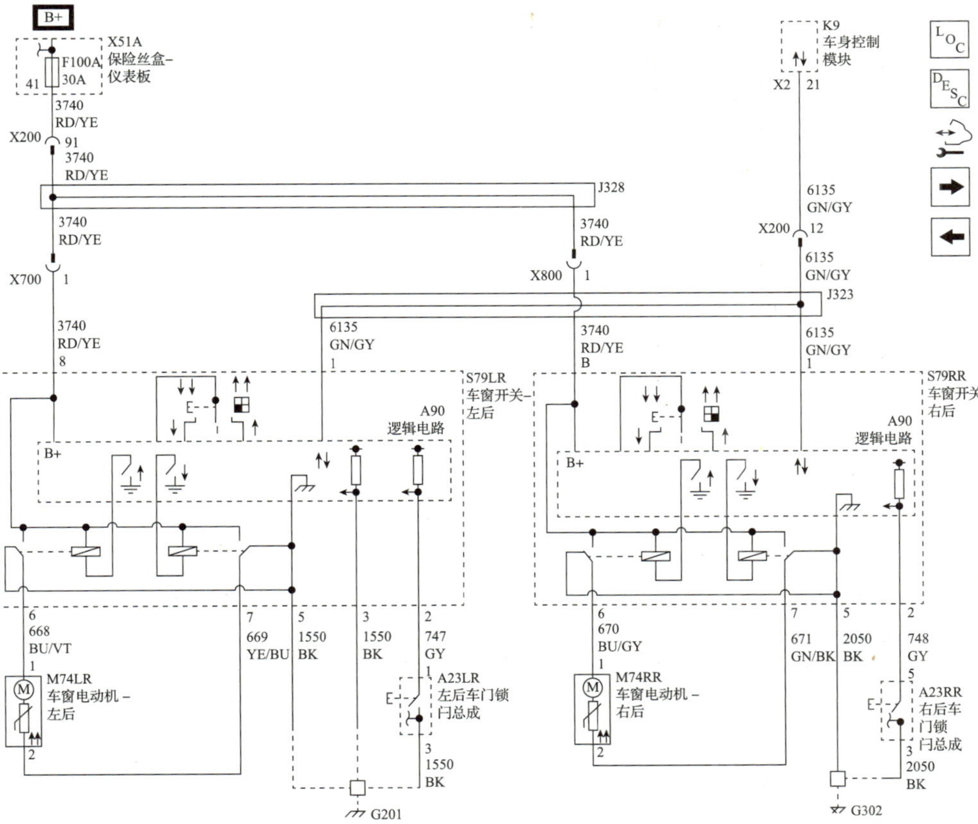

图 6－1－6　别克威朗汽车左后、右后电动车窗电路

三、电动车窗常见的故障及解决方法

1. 电动车窗无法升降

解决方法：首先检查滑轨，看是否缺少润滑。如果滑轨已经磨损或损坏，则需要更换滑轨。如果玻璃的升降支架损坏，则需要更换新的玻璃升降支架。

2. 电动车窗升降速度太快

解决方法：可以尝试手动操作电动车窗，设置合适速度。如果仍然太快，可能是相关控制电路的问题，需要进一步检查或更换相关部件。

3. 电动车窗开关失灵

解决方法：检查开关是否正常，如果不正常，则需要更换新的电动车窗开关。

任务实施

车窗电路检查

一、工作内容

电动车窗电路的检查。

二、工具设备准备及要求

别克威朗实训车辆、万用表、世达120件套工具、车内三件套、车外三件套、车轮挡块、保险丝、抹布、拖布、手套等。

要求：（1）按要求在规定时间内独立或小组合作完成工作任务；

（2）按操作规范做好车辆安全防护，确保人、车安全；

（3）规范使用拆装工具和检测工具，按流程进行操作，确保电动车窗能正常运行。

三、任务操作过程

1. 车辆防护及信息记录

检查车外有无划痕、凹坑，检查车内有无贵重物品，并记录说明。

（1）安装车轮挡块。

（2）解锁车辆，在工单上正确填写车辆基本信息。

（3）安装车内三件套。

（4）检查挡位和制动状态（确保车辆挡位处于P位）。

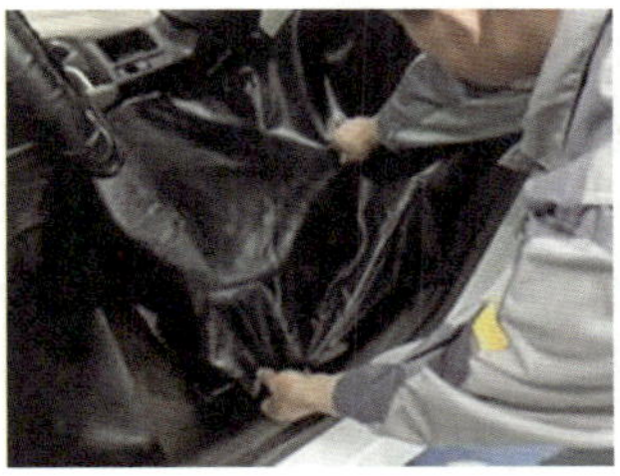

（5）打开发动机舱盖，安装车外三件套。

2. 驾驶员侧电动车窗电路检查

（1）测量仪表盘保险盒中的 F8DA、F5DA 保险两端的电压，正常值为 12V。

F5DA

F8DA

（2）拔下保险丝，测量阻值，正常值应小于 1Ω。

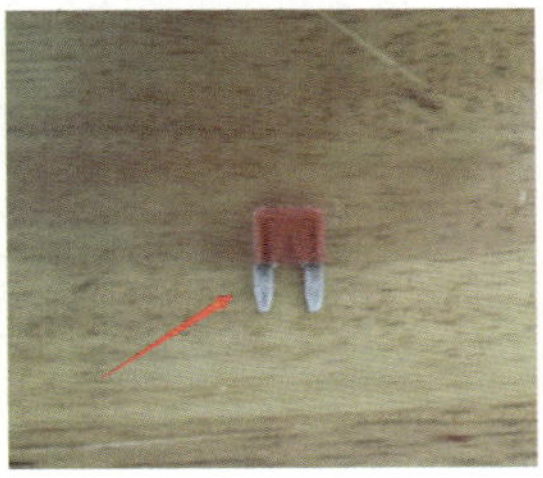

（3）利用套筒扳手拆卸门板固定螺栓。

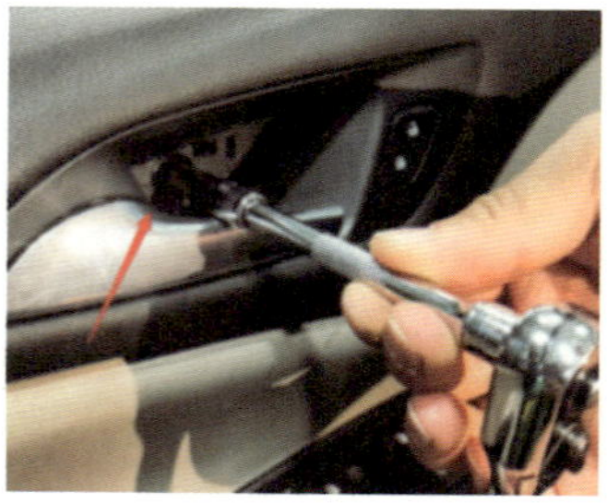

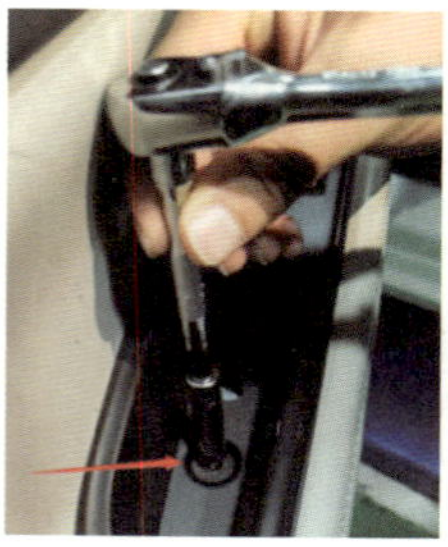

（4）利用塑料撬板拆下驾驶员侧车窗门板。

（5）拔下 S79D 线束插接器。

（6）测量 S79D/1 号端接地电阻，正常值应小于 1Ω。

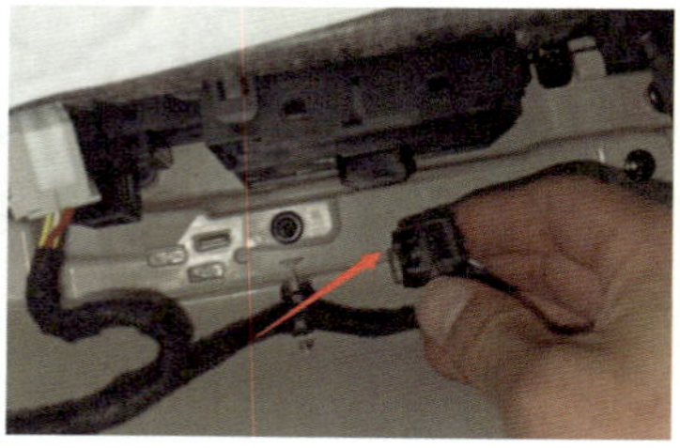

（7）测量 M74D/1 号端接地电阻是否正常，正常值应小于 1Ω。

（8）检查 S79D/4 号端是否有电，并记录测量数据。

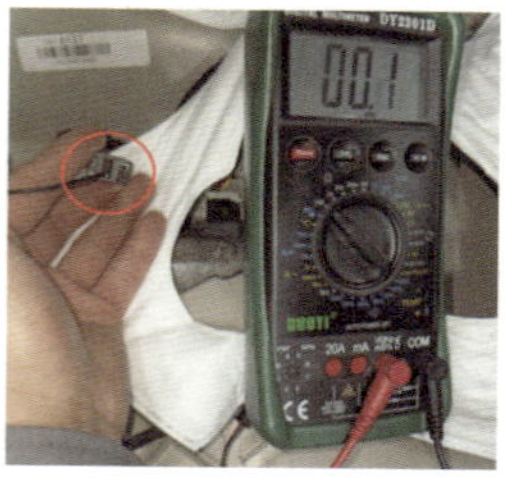

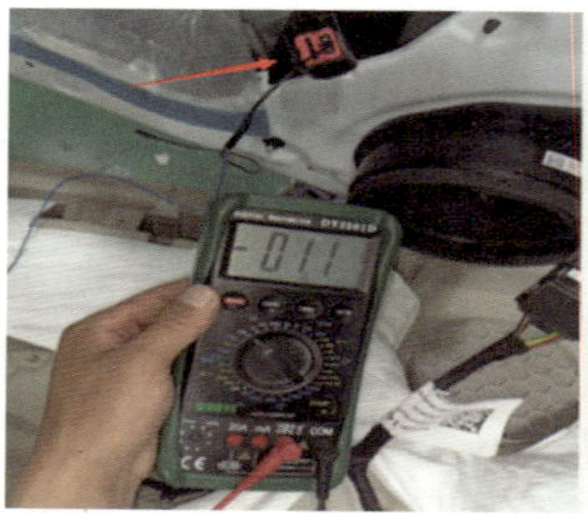

（9）检查 S79D/5 号端是否有电，正常值应为 5V 左右。

（10）开关调到“下”，检查 S79D/3 号端是否有电。

（11）开关调到“上”，检查 S79D/6 号端是否有电。

（12）测量 S79D/3 号端与 M74D/7 号端之间的电阻，正常值应小于 1Ω。

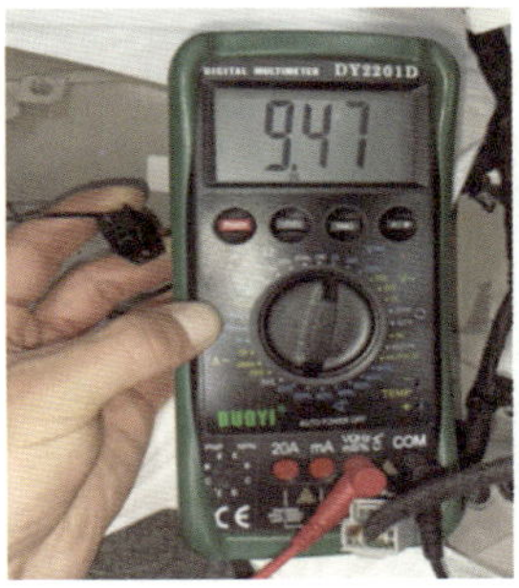

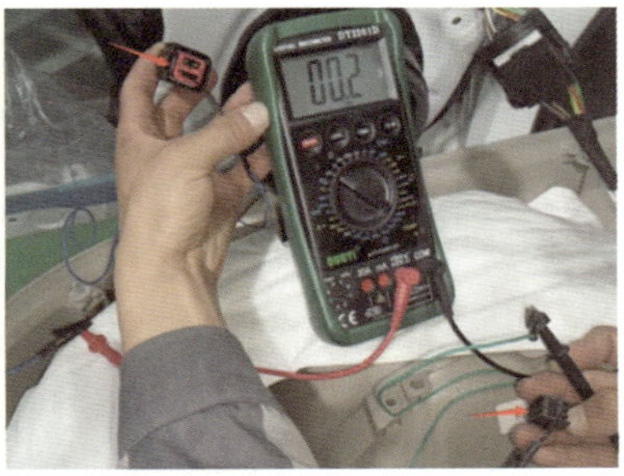

（13）检查 M74D/2 号端是否有电，正常值应为 12V。

3. 车辆恢复及 8S 管理

（1）移除车外三件套，并叠放整齐。

（2）移除车内三件套，并叠放整齐。

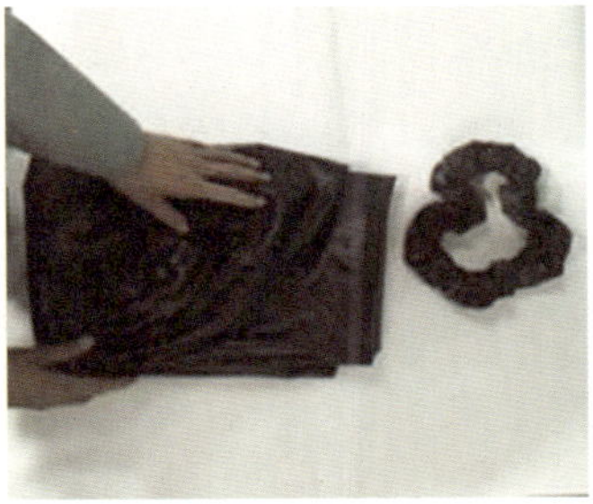

（3）关闭发动机舱盖（升起车窗玻璃，拔下车辆钥匙）。

（4）移除车轮挡块。

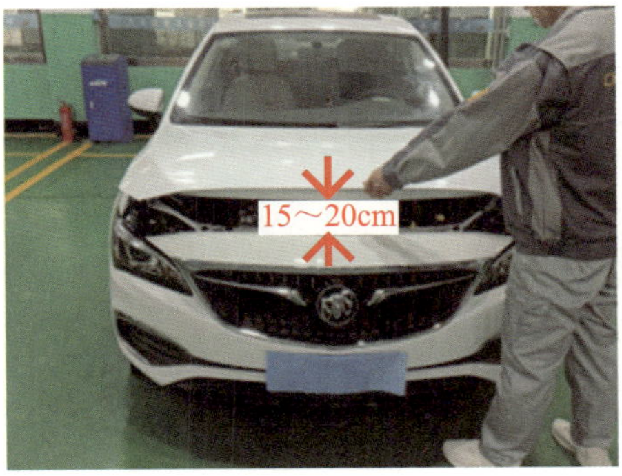

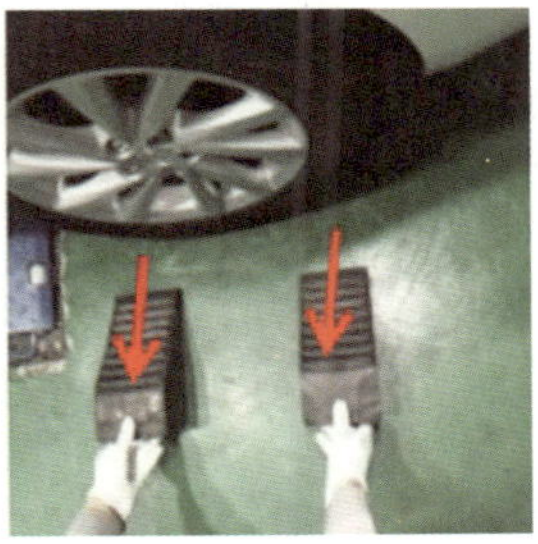

（5）工具清洁归位。

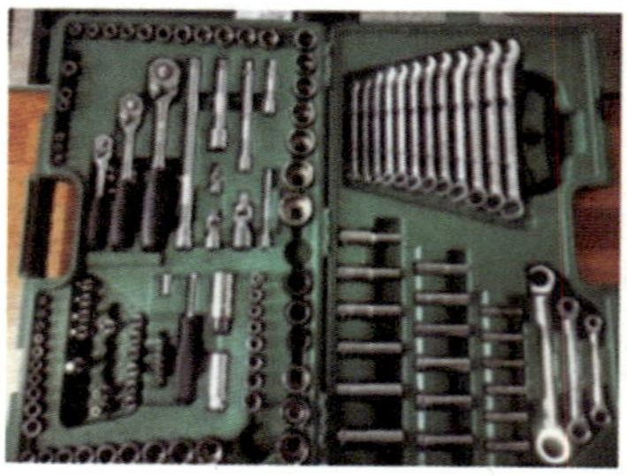

（6）车辆、场地清洁。

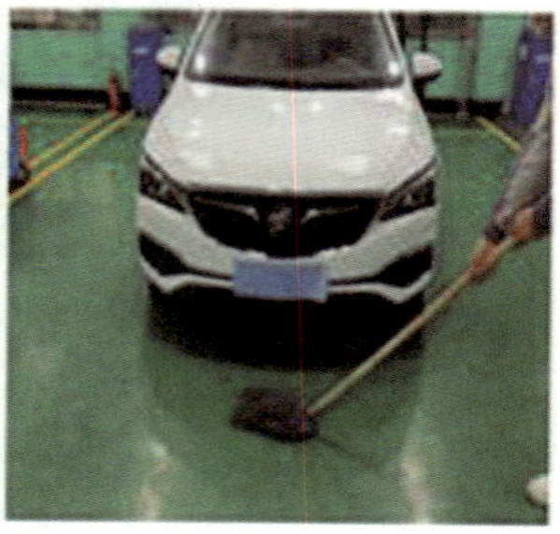

电动车窗电路的检查　任务工单

操作时间：　　　　分钟					
组长初评　□合格　□不合格			教师复评　□合格　□不合格		
一、车辆防护及信息记录					
车辆维修前检查车外有无划痕、凹坑等，检查车内有无贵重物品　□有　□无					
工具、防护用品检查　□正常　□不正常					
安装车内三件套　□安装　□未安装			安装车外三件套　□安装　□未安装		
安装车轮挡块　□安装　□未安装			驻车制动检查　□检查　□未检查		
品牌		整车型号		生产年月	
发动机型号		发动机排量		行驶里程	
车辆识别码					

二、驾驶员侧电动车窗开关功能检查

操作项目	结果判断	
1. 左前玻璃升降情况	向上：□正常　□不正常	向下：□正常　□不正常
2. 车窗锁止开关功能检查	□正常　□不正常	
3. 右前玻璃升降情况	向上：□正常　□不正常	向下：□正常　□不正常
4. 左后玻璃升降情况	向上：□正常　□不正常	向下：□正常　□不正常
5. 右后玻璃升降情况	向上：□正常　□不正常	向下：□正常　□不正常

三、驾驶员侧电动车窗电路检查

操作项目	结果记录	结果判断
1. 检查仪表盘保险盒中的 F8DA、F5DA 保险		□正常　□不正常
2. 拆卸主控开关总成，注意工具的使用和拆卸方法	无	□完成　□未完成
3. 拔下 S79D 线束插接器，测量 S79D/1 号端接地电阻		□正常　□不正常
4. 测量 M74D/1 号端接地电阻		□正常　□不正常
5. 检查 S79D/4 号端是否有电		□正常　□不正常
6. 检查 S79D/5 号端是否有电		□正常　□不正常
7. 测量 S79D/3 号端与 M74D/7 号端之间的电阻		□正常　□不正常
8. 检查 M74D/2 号端是否有电		□正常　□不正常

四、车辆恢复及 8S 管理

操作项目	操作结果	操作项目	操作结果
1. 移除车内三件套	□完成　□未完成	2. 移除车外三件套	□完成　□未完成
3. 移除车轮挡块	□完成　□未完成	4. 工具清洁整理	□完成　□未完成
5. 车辆、场地清洁	□完成　□未完成	6. 团队协作	□合格　□不合格

电动车窗电路的检查　评分标准

序号	操作步骤	操作要点及得分条件	评分标准	配分	得分
1	场地、工位、工具准备情况	检查万用表、车内三件套、车外三件套、车轮挡块、世达 120 件套工具，每项 2 分	依据得分条件进行评分，按要求完成打√，未按要求完成打 ×，扣分不得超过 100 分	10 分	
2	车辆防护及信息记录	安装车轮挡块 2 分，安装车内三件套 2 分，安装车外三件套 2 分，驻车制动检查 3 分，记录车辆信息 3 分		12 分	
3	左前玻璃升降检查	上升、下降操作方法正确 4 分，结果记录 1 分		5 分	
4	主控开关锁止功能检查	操作方法正确 4 分，结果记录 1 分		5 分	
5	右前玻璃升降检查	上升、下降操作方法正确 4 分，结果记录 1 分		5 分	
6	左后玻璃升降检查	上升、下降操作方法正确 4 分，结果记录 1 分		5 分	
7	右后玻璃升降检查	上升、下降操作方法正确 4 分，结果记录 1 分		5 分	
8	F8DA、F5DA 保险检查	检查方法正确 2 分，结果记录 1 分		3 分	
9	拆卸主控开关总成	工具的使用和拆卸方法合理 8 分		8 分	
10	S79D/1 号端接地电阻测量	S79D 线束插接器断开，测量 S79D/1 号端接地电阻操作方法合理 8 分，结果记录 1 分		9 分	
11	M74D/1 号端接地电阻测量	M74D/1 号端接地电阻测量方法合理 4 分，结果记录 1 分		5 分	
12	检查 S79D/4 号端是否有电	S79D/4 号端检查方法合理 4 分，结果记录 1 分		5 分	
13	检查 S79D/5 号端是否有电	S79D/5 号端检查方法合理 4 分，结果记录 1 分		5 分	
14	测量 S79D/3 号端与 M74D/7 号端之间的电阻	S79D/3 号端与 M74D/7 号端之间的电阻测量方法合理 4 分，结果记录 1 分		5 分	
15	检查 M74D/2 号端是否有电	M74D/2 号端检查方法合理 4 分，结果记录 1 分		5 分	
16	车辆恢复及 8S 管理	车辆恢复 2 分，工具清洁整理 2 分，车辆、场地 2 分		6 分	
17	团队协作	具有一定的团队协作能力 2 分		2 分	
总分 100 分					

练一练

一、填空题

1. 常见的汽车玻璃升降器有________和________。

2. 汽车玻璃升降器一般由________、________、________、________及止动弹簧、平衡弹簧组成。

3. 别克威朗轿车驾驶员侧电动车窗检测时首先应检测________、________两个保险。

二、简答题

简述左前电动车窗电路的检测流程。

任务二　电动后视镜的检查与维护

学习目标

知识目标： 通过对电动后视镜理论知识的学习，了解电动后视镜的组成及工作原理。

技能目标： 能对电动后视镜总成进行拆装；能对电动后视镜调节开关进行拆装；能对别克威朗汽车电动后视镜电路进行检查。

素养目标： 养成积极主动的学习习惯；严格按照岗位要求规范操作；养成爱护设备、仪器的习惯，确保工具、设备和自身的安全；具有较强的组织沟通能力和良好的团队合作能力；穿戴要整齐；树立 8S 管理理念。

任务描述

客户李先生的别克威朗汽车乘客侧的电动后视镜无法正常工作，来到别克 4S 店进行维修。维修技师检查后确定为调节开关故障，通过更换电动后视镜调节开关，电动后视镜能正常工作。

本次任务以别克威朗汽车电动后视镜为例，将学习电动后视镜的结构及工作原理等，并学习电动后视镜电路的检查以及电动后视镜、调节开关的拆装作业。

理论知识

一、电动后视镜的发展和组成

1. 电动后视镜的发展

为了保障汽车行驶安全，汽车发明家发明了后视镜。驾驶员通过后视镜可观察后方具体情况，减少汽车事故的发生。

（1）内部后视镜（见图 6－2－1）：20 世纪初，汽车内部的后视镜开始出现。这种后视镜安装在汽车前风窗玻璃内部，驾驶员可以透过后风窗玻璃观察后方的行驶情况，减少了事故的发生，便于驾驶员驾驶。因此，内部后视镜成了标准配置，直到现在仍然使用非常广泛。

（2）手动外部后视镜：最早汽车后视镜是用手来调节上下左右的。这些后视镜安装在汽车的侧门上，驾驶员可以手动调整后视镜的角度来观察周围的行驶情况。这种设计造价便宜且耐用，在早期汽车中应用很广泛。

（3）电动后视镜（见图 6－2－2）：随着电子技术和控制器技术的高速发展，手动后视镜发展为电动后视镜，具有电动调节功能。驾驶员通过按下按钮或开关调整电动后视镜的角度。这种设计有着较好的操作性和精确性，减轻了驾驶员的疲劳感。

图 6－2－1　内部后视镜

图 6－2－2　电动后视镜

（4）加热后视镜：在寒冷的气候条件下，电动后视镜可能会被冰雪覆盖，影响驾驶员驾驶的视野。为解决冰雪覆盖后视镜的问题，电动后视镜内置了加热元件，可以快速融化冰雪，使驾驶员具有清晰的视野，减少了事故的发生。当按下电动后视镜加热按钮时，电热丝会在几分钟内迅速加热至一个固定的温度（一般为 35 ～ 60℃），起到除雾除霜的作用。图 6－2－3 所示为电动后视镜加热丝开关。

（5）电动后视镜伸缩功能。具有伸缩功能的电动后视镜由伸缩开关控制伸缩电动机工作，使整个电动后视镜伸出或缩回，以防止与其他车辆或行人相撞。图 6－2－4 所示为具有伸缩功能的电动后视镜。

2. 电动后视镜的组成

电动后视镜一般由镜片、微型直流电动机（装有两个电动机，通常一个电动机控制上下方向的转动，另一个电动机控制左右方向的转动）、调节开关等组成。图 6－2－5、

图 6－2－6 所示分别为微型直流电动机和电动后视镜调节开关。

图 6－2－3　电动后视镜加热丝开关

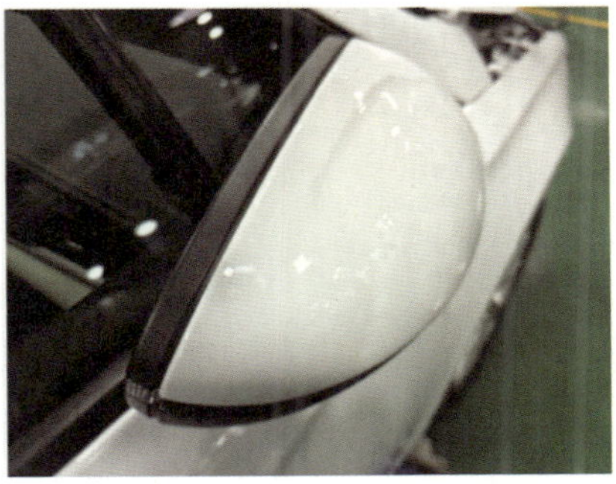

图 6－2－4　具有伸缩功能的电动后视镜

图 6－2－5　微型直流电动机

图 6－2－6　电动后视镜调节开关

二、别克威朗汽车电动后视镜电路

通过改变电动机中电流的方向，实现电动机的正反转，从而完成电动后视镜上下及左右方向的调整。

下面介绍别克威朗汽车驾驶员侧电动后视镜向上调节的工作过程。首先将左右调节开关调至驾驶员侧，接着按下调节开关“上”按键，电流方向为：电源 B+→ S52 车外后视镜开关 12 → S52 车外后视镜开关 6 → A9A 驾驶员侧车外后视镜（12）→电动机 M → A9A 驾驶员侧车外后视镜（9）→ S52 车外后视镜开关 8 →左侧选择开关→向上组合开关→ S52 车外后视镜开关 11 →搭铁。驾驶员侧电动后视镜向上调节电路图，如图 6－2－7 所示。

驾驶员侧电动后视镜向下调节电路图，如图 6－2－8 所示。首先将左右调节开关调至驾驶员侧，接着按下调节开关“下”按键，电流方向为：电源 B+ → S52 车外后视镜开关 12 →向下组合开关→左侧选择开关→ S52 车外后视镜开关 8 → A9A 驾驶员侧车外后视镜（9）→电动机 M → A9A 驾驶员侧车外后视镜（12）→ S52 车外后视镜开关 6 →向下组合开关→ S52 车外后视镜开关 11 →搭铁。

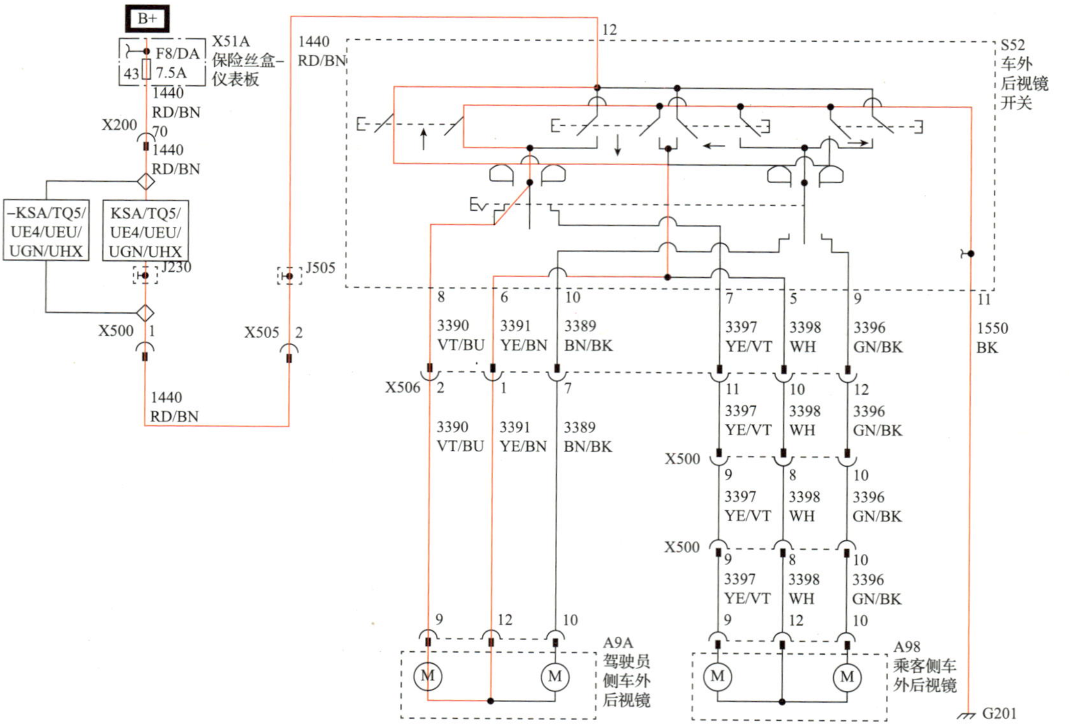

图 6-2-7　驾驶员侧电动后视镜向上调节电路图

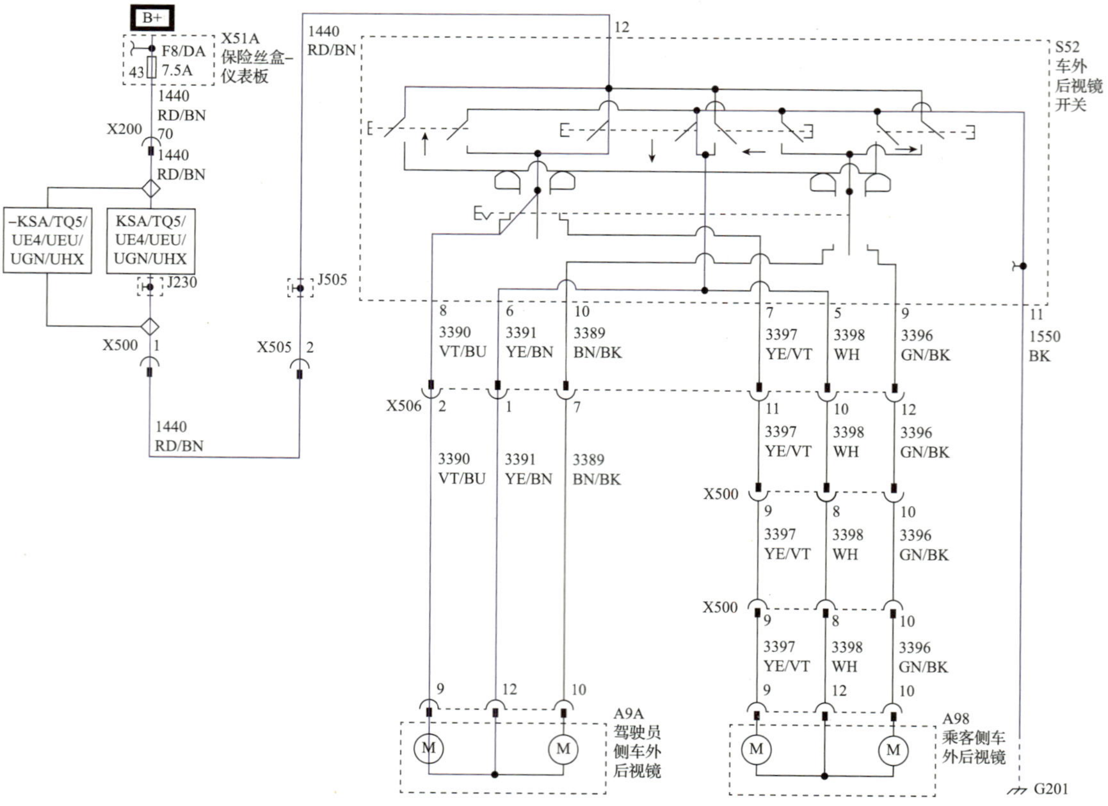

图 6-2-8　驾驶员侧电动后视镜向下调节电路图

三、汽车电动后视镜常见的故障及解决方法

1. 后视镜无法电动调节

后视镜无法电动调节可能由电动后视镜的电动机损坏或电路故障导致。

解决方法：检查并更换损坏的电动机调节电机，修复电路故障。

2. 后视镜无法加热

这通常是由于后视镜加热线路故障或加热元件损坏导致的。

解决方法：检查并修复加热线路问题，更换受损的加热元件。

3. 后视镜无法自动折叠或折叠功能异常

这可能是折叠电机或控制电路问题导致的。

解决方法：检查电动折叠电机和相关开关，必要时更换新的电动折叠电机。

4. 后视镜调节过程中发出异常声音

这通常是由于电动调节机构运转不畅或零部件损坏导致的。

解决方法：检查调节机构，清洁和润滑相关零部件，必要时更换损坏的部件。

任务实施

电动后视镜、调节开关拆装及电路检测

一、工作内容

电动后视镜、调节开关的拆装及电动后视镜电路检测。

二、工具设备准备及要求

别克威朗实训车辆、车内三件套、车外三件套、车轮挡块、万用表、保险丝、抹布、拖布、手套等。

要求：（1）按要求在规定时间内独立或小组合作完成工作任务；

（2）按操作规范做好车辆安全防护，确保人、车安全；

（3）规范使用拆装工具和检测工具，按流程进行操作，确保电动后视镜能正常运行。

三、任务操作过程

1. 车辆防护及信息记录

检查车外有无划痕、凹坑，检查车内有无贵重物品，并记录说明。

（1）安装车轮挡块。

（2）解锁车辆，在工单上正确填写车辆基本信息。

（3）安装车内三件套。

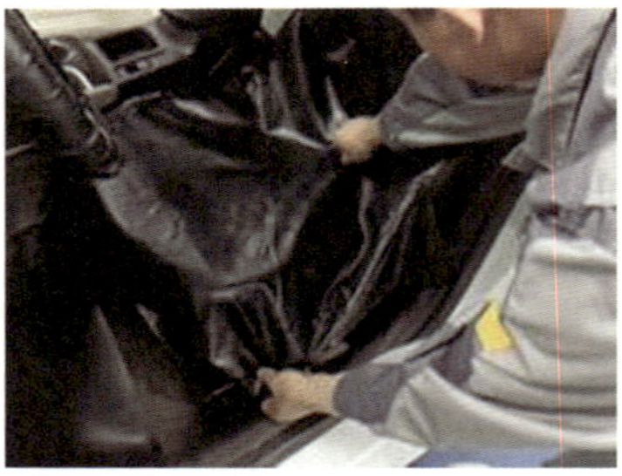

（4）检查挡位和制动状态（确保车辆挡位处于 P 位）。

（5）打开发动机舱盖，安装车外三件套。

2. 电动后视镜功能检查（以左侧为例）

（1）左右调节开关调至左侧。

（2）按下调节开关“上”按键，检查左侧后视镜是否向上运动。

（3）按下调节开关“下”按键，检查左侧后视镜是否向下运动。

（4）按下调节开关“左”按键，检查左侧后视镜是否向外运动。

（5）按下调节开关“右”按键，检查左侧后视镜是否向内运动。

3. 电动后视镜和调节开关拆卸

（1）断开开关总成的插头，取出开关总成。

（2）撬起开关座卡扣，拿出后视镜调节开关。

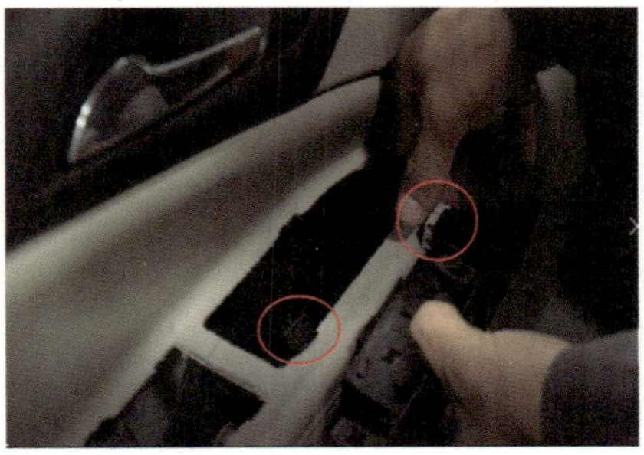
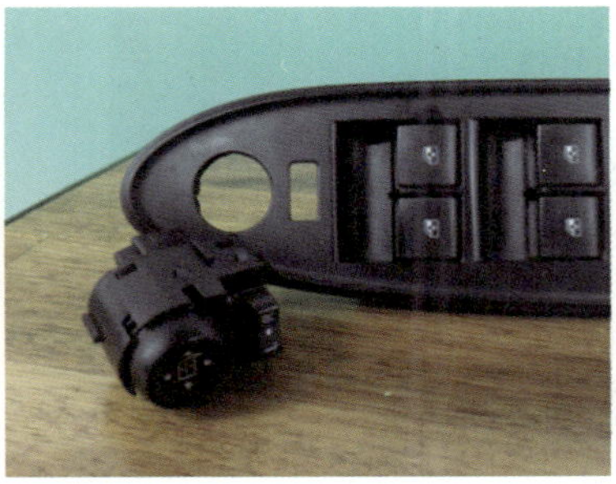

（3）拆卸后视镜的固定螺栓，断开后视镜线束插头。

（4）取下后视镜。

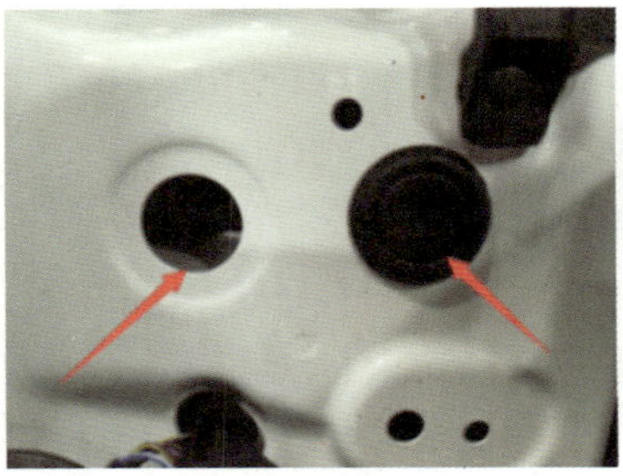
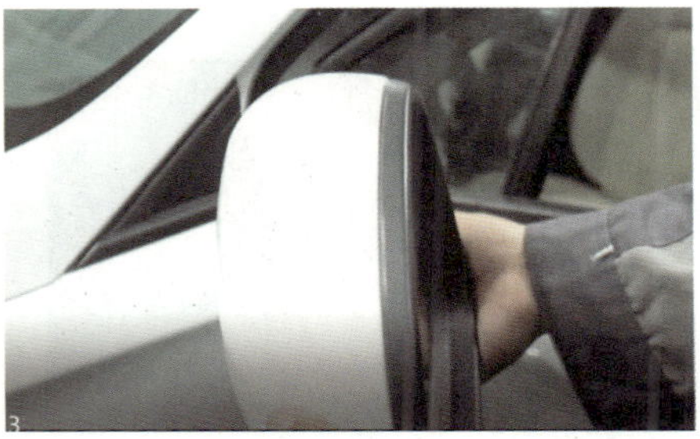

4. 电动后视镜电路检测（以左侧为例）

（1）检查仪表盘 X51A 保险盒中 F8DA 保险是否正常。

（2）检查 S52 车外后视镜开关 12 号端是否有电，有电则正常。

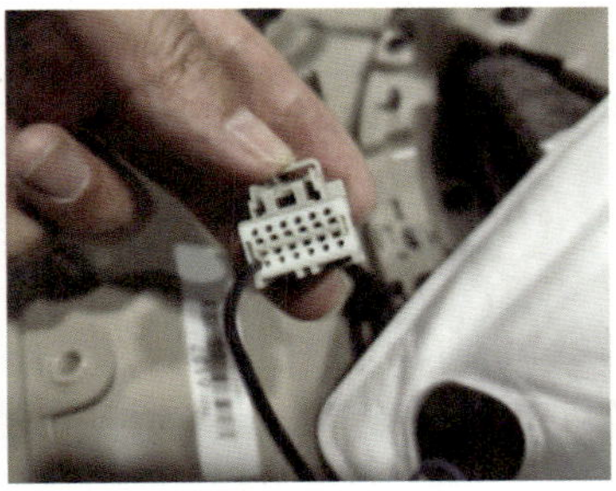
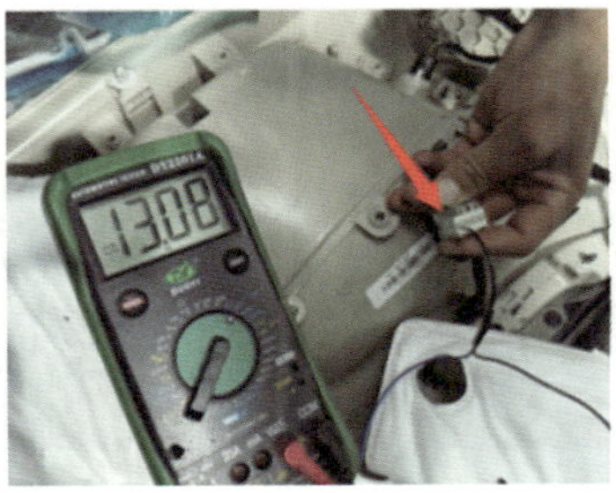

（3）检测 S52 车外后视镜开关插接器 6 号端至 8 号端电阻，并记录数据。

（4）检测 S52 车外后视镜开关插接器 6 号端至 10 号端电阻，并记录数据。

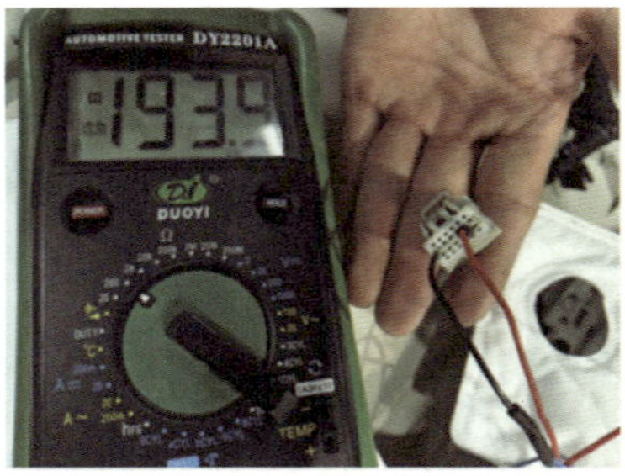

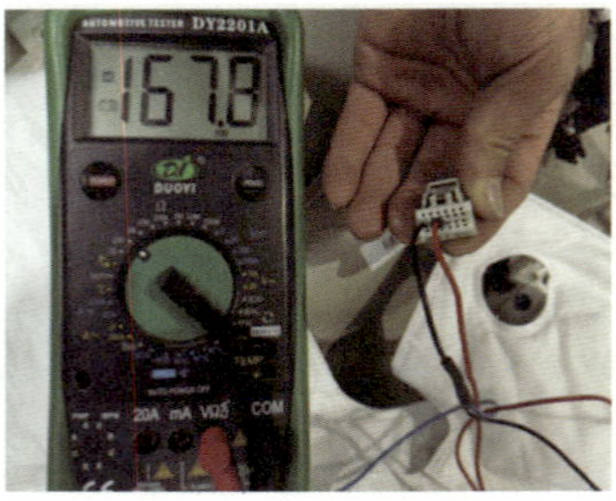

5. 电动后视镜和调节开关安装

（1）安装电动后视镜并固定。

（2）连接后视镜线束插头。

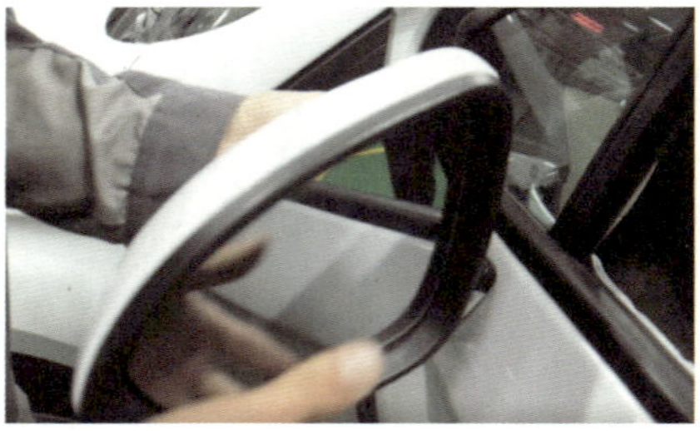
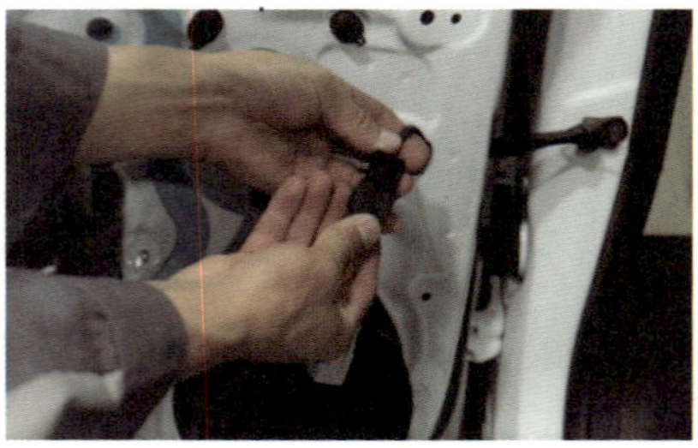

（3）安装电动后视镜调节开关。

（4）连接主控开关线束插头。

（5）安装门板。

（6）用螺钉固定主控开关。

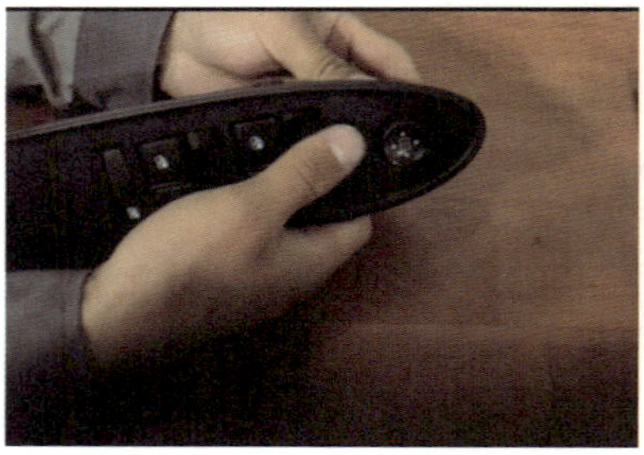
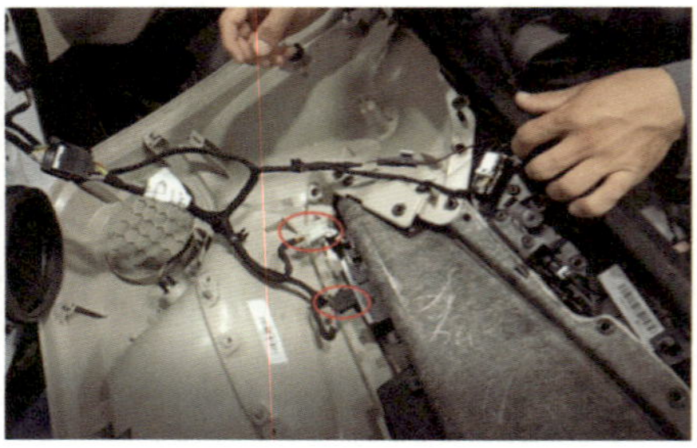

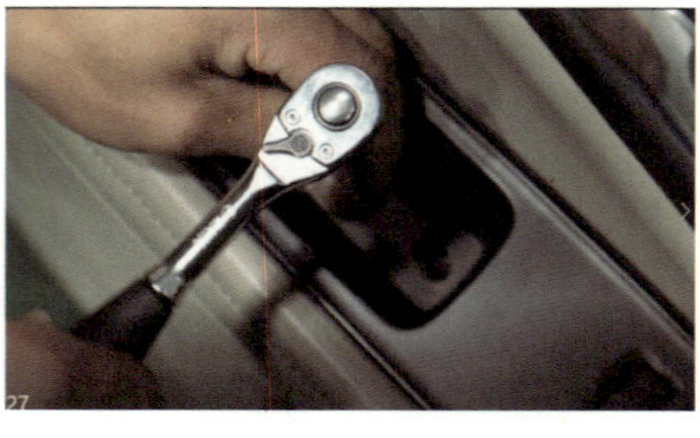

6. 车辆恢复及 8S 管理

（1）移除车外三件套，并叠放整齐。

（2）移除车内三件套，并叠放整齐。

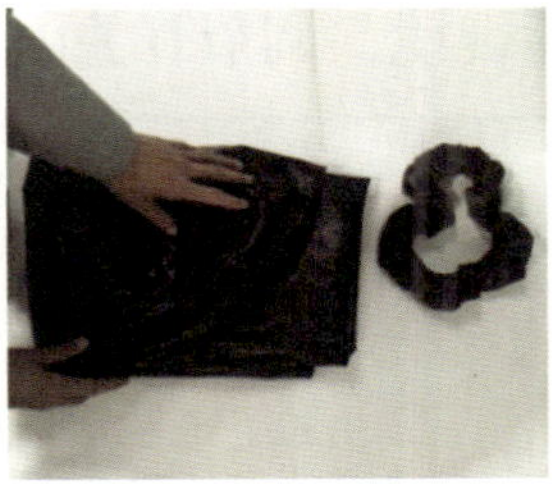

（3）关闭发动机舱盖（升起车窗玻璃，拔下车辆钥匙）。

（4）移除车轮挡块。

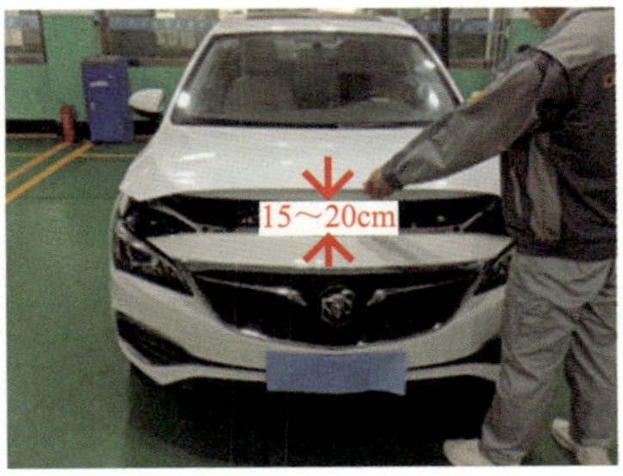

（5）工具清洁归位。

（6）车辆、场地清洁。

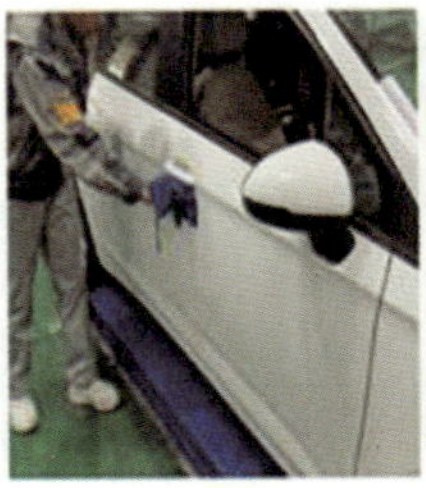
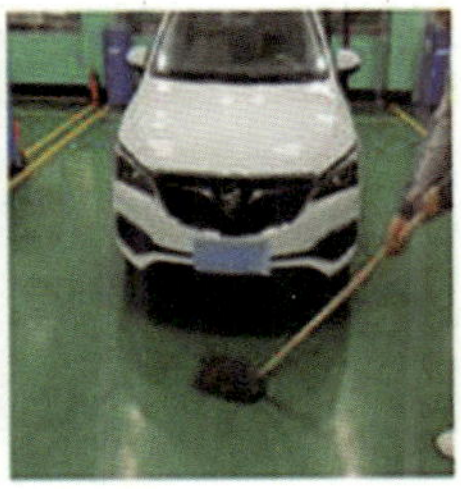

电动后视镜、调节开关的拆装及电动后视镜电路检测　任务工单

操作时间：　　　　分钟					
组长初评　□合格　□不合格			教师复评　□合格　□不合格		
一、车辆防护及信息记录					
车辆维修前检查车外有无划痕、凹坑等，检查车内有无贵重物品　□有　□无					
工具、防护用品检查　□正常　□不正常					
安装车内三件套　□安装　□未安装			安装车外三件套　□安装　□未安装		
安装车轮挡块　□安装　□未安装			驻车制动检查　□检查　□未检查		
品牌		整车型号		生产年月	
发动机型号		发动机排量		行驶里程	
车辆识别码					

二、电动后视镜功能检查（以左侧为例）

操作项目	检查结果	操作项目	检查结果
1. 检查左侧电动后视镜向上调节功能	□正常　□不正常	2. 检查左侧电动后视镜向下调节功能	□正常　□不正常
3. 检查左侧电动后视镜向左调节功能	□正常　□不正常	4. 检查左侧电动后视镜向右调节功能	□正常　□不正常

三、电动后视镜和调节开关拆卸

操作项目	注意事项	操作结果
1. 断开开关总成插头，取出开关总成	注意插接器的断开操作方法	□完成　□未完成
2. 撬起开关卡扣，拿出电动后视镜调节开关	注意工具的使用，注意操作方法	□完成　□未完成
3. 拆卸电动后视镜的固定螺栓，断开后视镜线束插头	注意工具的使用，注意操作方法	□完成　□未完成

四、电动后视镜电路检测（以左侧为例）

操作项目	结果记录	结果判断
1. 检查仪表盘 X51A 保险盒中 F8DA 保险是否正常		□正常　□不正常
2. 检查 S52 车外后视镜开关 12 号端是否有电		□正常　□不正常
3. 检测 S52 车外后视镜开关插接器 6 号端至 8 号端电阻		□正常　□不正常
4. 检测 S52 车外后视镜开关插接器 6 号端至 10 号端电阻		□正常　□不正常

续表

五、电动后视镜和调节开关安装		
操作项目	注意事项	操作结果
1. 安装电动后视镜并用螺栓固定	注意扭矩及安装方法	□完成　□未完成
2. 连接电动后视镜线束插头	注意安装方法	□完成　□未完成
3. 安装电动后视镜调节开关	注意扭矩及安装方法	□完成　□未完成
4. 连接主控开关线束插头	注意安装方法	□完成　□未完成
5. 安装门板	注意安装方法	□完成　□未完成
6. 用螺钉固定主控开关	注意安装方法	□完成　□未完成

六、车辆恢复及 8S 管理			
操作项目	操作结果	操作项目	操作结果
1. 移除车内三件套	□完成　□未完成	2. 移除车外三件套	□完成　□未完成
3. 移除车轮挡块	□完成　□未完成	4. 车辆、场地清洁	□完成　□未完成
5. 团队协作	□合格　□不合格		

电动后视镜、调节开关的拆装及电动后视镜电路检测　评分标准

序号	操作步骤	操作要点及得分条件	评分标准	配分	得分
1	场地、工位、工具准备情况	检查世达 120 件套工具、车内三件套、车外三件套、车轮挡块、万用表，每项 2 分	依据得分条件进行评分，按要求完成打√，未按要求完成打 ×，扣分不得超过 100 分	10 分	
2	车辆防护及信息记录	安装车轮挡块 2 分，安装车内三件套 2 分，安装车外三件套 2 分，驻车制动检查 1 分，车辆信息记录 1 分		8 分	
3	检查电动后视镜的调节功能	检查向上、向下、向外、向内调节功能 8 分，填写工作页 4 分		12 分	
4	拆卸固定螺栓	操作方法正确 4 分，填写工作页 1 分		5 分	
5	撬起开关座卡扣	操作方法正确 4 分，填写工作页 1 分		5 分	
6	拿出开关总成，断开插头	操作方法正确 4 分，填写工作页 1 分		5 分	
7	检查仪表盘中 F8DA 保险是否正常	操作方法正确 4 分，填写工作页 1 分		5 分	
8	检查 S52 车外后视镜开关 12 号端是否有电	操作方法正确 4 分，填写工作页 1 分		5 分	
9	检测 S52 车外后视镜开关插接器 6 号端至 8 号端电阻	操作方法正确 4 分，填写工作页 1 分		5 分	
10	检测 S52 车外后视镜开关插接器 6 号端至 10 号端电阻	操作方法正确 4 分，填写工作页 1 分		5 分	
11	安装后视镜并固定	操作方法正确 2 分，填写工作页 1 分		3 分	
12	连接后视镜线束插头	操作方法正确 2 分，填写工作页 1 分		3 分	
13	安装后视镜调节开关	操作方法正确 2 分，填写工作页 1 分		3 分	
14	连接主控开关线束插头	操作方法正确 2 分，填写工作页 1 分		3 分	
15	安装门板	操作方法正确 2 分，填写工作页 1 分		3 分	
16	用螺钉固定主控开关	操作方法正确 2 分，填写工作页 1 分		3 分	
17	车辆恢复及 8S 管理	车辆恢复 5 分，工具清洁整理 5 分，车辆、场地清洁 5 分		15 分	
18	团队协作	具有一定的团队协作能力 2 分		2 分	
总分 100 分					

练一练

一、填空题

1. 电动后视镜一般由__________、__________、__________等组成。
2. 电动后视镜其他功能还有__________、__________等。

二、简述题

1. 简述电动后视镜、调节开关的拆装流程。

2. 简述别克威朗汽车电动后视镜电路检测流程（以左侧向下调节功能是否正常为例）。

任务三　刮水系统的检查与维护

学习目标

知识目标： 通过学习刮水系统的理论知识，了解刮水系统的组成和工作原理。

技能目标： 能进行刮水片的更换；能识读刮水系统电路图。

素养目标： 养成积极主动的学习习惯；严格按照岗位要求规范操作；养成爱护设备、仪器的习惯，确保工具、设备和自身的安全；具有较强的组织沟通能力和良好的团队合作能力；穿戴要整齐；树立 8S 管理理念。

任务描述

客户王先生的别克威朗汽车刮水系统洗涤功能不好，同时风窗玻璃上的雨水清除不太干净，于是王先生开车来到别克 4S 店。维修技师检查后确定是刮水系统电路故障，并对刮水系统电路进行检测，同时更换车辆的刮水片。

本次任务以别克威朗汽车刮水系统为例，将学习刮水系统的组成、电路的工作原理以及刮水片的更换方法。

理论知识

一、刮水系统的作用和发展

1. 刮水系统的作用

为了保证在雨雪天气行驶时驾驶员的视线不受影响，通常利用刮水装置除去风窗玻璃上的雨水或尘土等。部分汽车后风窗玻璃上也装有刮水器。目前车辆上广泛使用电动刮水器。

2. 刮水系统的发展

（1）汽车刮水器的发明。

汽车刮水器的发明源自美国玛丽·安德森（Mary Anderson）在大雨中经历的一次交通事故。为解决行车中擦拭雨水的问题，她经过多次试验发明了刮水器，并申请了专利，这个最早的刮水器被用在了很多早期车型中。

（2）自动刮水器。

1919 年，威廉·福尔伯特（William M.Folberth）创立的公司发明了首个自动刮水器。但它需要手动持续按住一个按钮才能擦拭雨水，并不完全自动。

（3）电动刮水器。

1920 年末，德国博世（Bosch）公司加快拓展海外市场，在比利时的工厂完成技术投产，之后迅速成长为当时最大的刮水器制造大厂。1957 年，福特公司设计出一款让两个刮水片平行工作的刮水系统。电动双平行刮水系统成为许多名牌汽车的标配，并迅速受到市场和顾客的认可，刮水器技术已完全成熟。

如今，许多车上配备了更为先进的刮水系统，这些都是在电动刮水器的基础上进行技术改造而得的，比如间歇性刮水系统、感应式刮水系统等。

（4）硅胶镀膜刮水。

20 世纪初期，随着刮水器的使用，人们发现橡胶刮水片容易老化，擦拭玻璃后容易产生水渍、划痕等，会影响行车安全。因此，硅胶镀膜（CAP）刮水片应运而生。CAP 刮水片利用第三代镀膜刮水技术，具有很强的耐磨性和高活性吸附等特点，可以终身镀膜，刮水效果极佳，视野清晰、持久如新。CAP 刮水片是无骨的，材料精选优质的硅胶，与弧形玻璃贴合紧密，受力非常均匀，运行时无噪声。

二、电动刮水器的组成

电动刮水器（见图 6－3－1）由刮水臂、刮水片、摇臂、连杆、电动机、蜗轮减速机构等组成，如图 6－3－2 所示。

图 6－3－1　电动刮水器

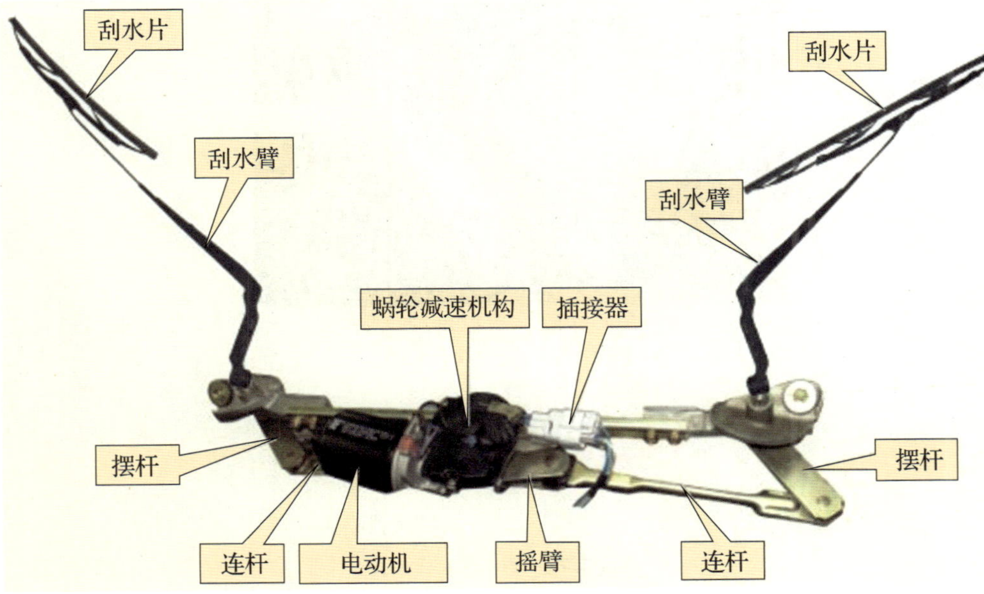

图 6-3-2　电动刮水器的组成

1. 电动机

电动刮水器电动机一般为永磁式双速直流电动机，其与蜗轮蜗杆式减速器和自动复位器等集成在一起，如图 6-3-3 所示。

实物图

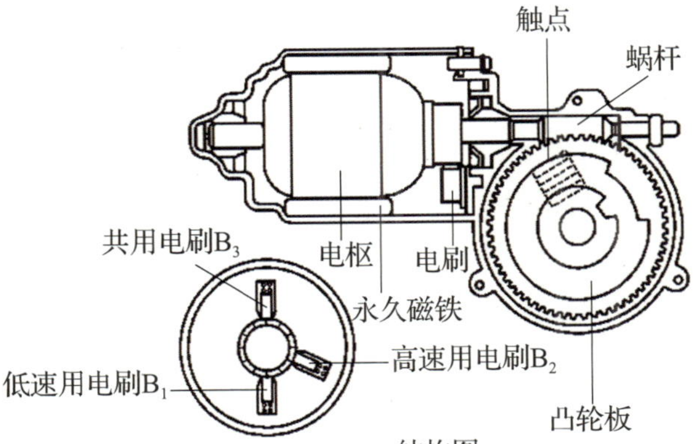

结构图

图 6-3-3　电动刮水器电动机实物图和结构图

2. 组合开关

电动刮水器组合开关包括前风窗刮水开关和后风窗刮水开关。其中前风窗洗涤开关“INT”为间歇刮水；“LO”为低速刮水；“HI”为高速刮水；“1x”为复位一次开关（当组合开关推到该挡位时电动机运转，推离时电动机停止运转），如图 6-3-4 所示。

3. 风窗玻璃洗涤系统

风窗玻璃洗涤系统包括刮水电动机、刮水臂、刮水片、储液箱、洗涤器、洗涤器喷头、刮水开关等，如图 6-3-5 所示。其作用是清洗附着在玻璃上的尘埃或其他污物。风窗玻璃洗涤系统的操作方法为：将刮水开关向自身（驾驶员）方向拉动，洗涤器喷头开

HI 高速刮水　　LO 低速刮水
INT 间歇刮水　　OFF 关闭
1x 复位一次

图 6-3-4　电动刮水器组合开关

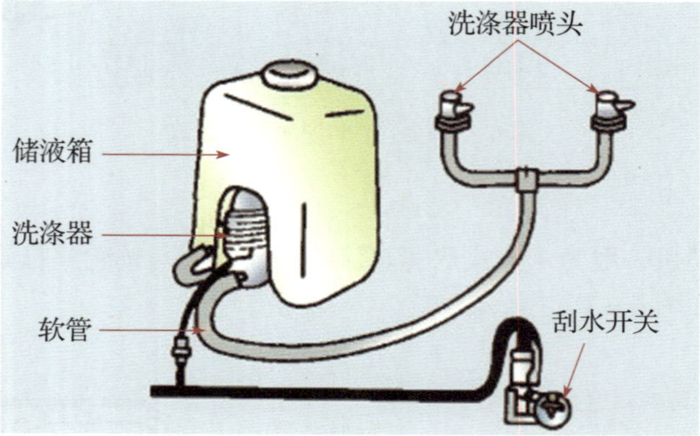

图 6-3-5　风窗玻璃洗涤系统结构图

始向风窗玻璃喷洒洗涤液，同时起动刮水电动机；有后风窗玻璃洗涤系统的车辆，刮水开关向前（前风窗玻璃方向）推。

三、刮水系统的工作原理

1. 高低速工作原理

电动刮水器内部结构工作原理图，如图 6-3-6 所示。

当开关拨到“LO”挡位时，电源电压加在 B_1 极和 B_3 极电刷之间，这时电枢内部形成两条对称的支路，一条流经绕组 4、3、2、1，另一条流经绕组 8、7、6、5，串联的电枢绕组有 4 个，有效绕组多。由于反电动势原理，产生的反电动势较大，所以实际加在电动机上的有效电压较低，电动机低速运转，刮水片慢速摆动。

当开关拨到“HI”挡位时，电源电压加在 B_2 极和 B_3 极电刷之间，这时电枢内部形成两条不对称的支路，一条流经绕组 8、4、3、2、1，另一条流经绕组 7、6、5，绕组 8 与绕组 4 产生的反电动势相互抵消，有效绕组减少，产生的反电动势较小，所以实际加在电动机上的有效电压较高，电动机高速运转，刮水片快速摆动。

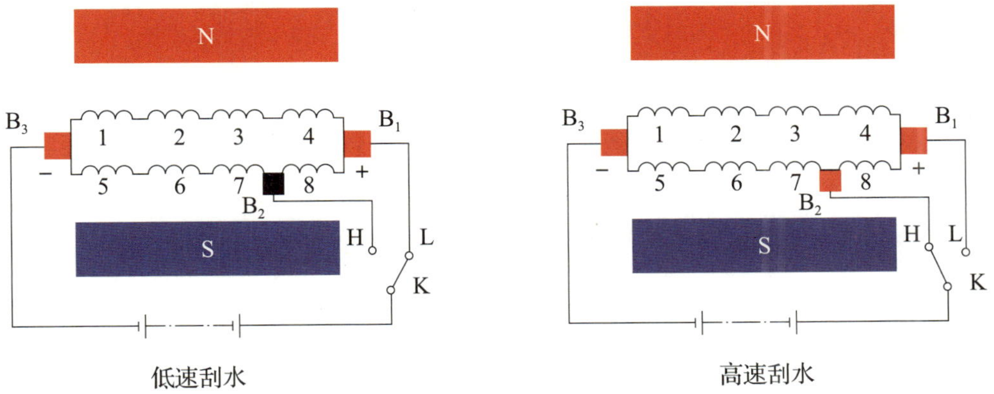

图 6－3－6　电动刮水器内部结构工作原理图

2. 自动复位原理

开关拨到“0”位，触点臂与铜环接触，电动机继续转动，如图 6－3－7（a）所示。电流流经电源正极→保险丝→ B_3 →电枢绕组→ B_1 →开关②→开关①→触点臂→铜环→搭铁。当电动机转到如图 6－3－7（b）所示的位置时，电枢绕组被短路，电动机停止转动。

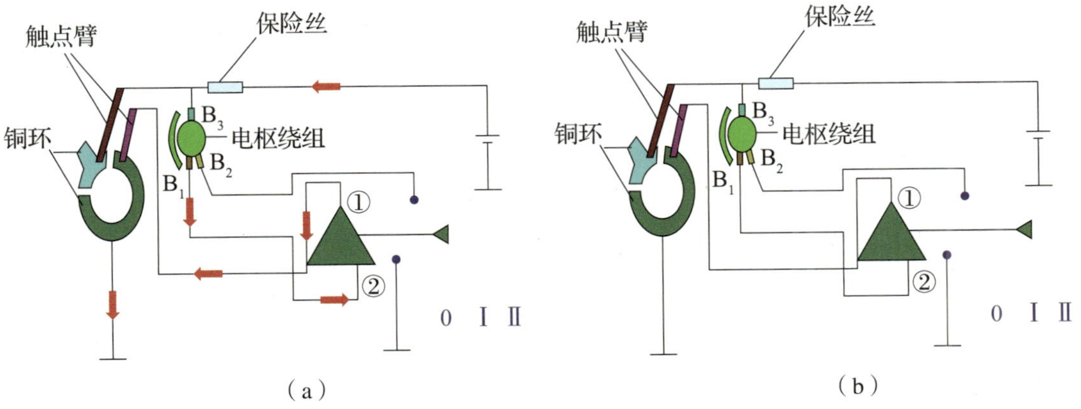

图 6－3－7　刮水器自动复位原理图

3. 间歇工作原理

（1）当刮水开关处于间歇刮水挡位（开关处于“0”位，且转到“INT”挡位）时，电源将向电容 C_1 充电。此时电流流经电源正极→继电器电阻 R_1 →电容 C_1 →开关 a →开关 b →搭铁。电动机绕组被短路，电动机停止转动，如图 6－3－8 所示。

当电容 C_1 中电荷充足后，电流不再经过 C_1，而是流经二极管 VD →基极电阻 R_2 →三极管基极 b →发射极 e →刮水开关 5 号端→刮水开关 6 号端→搭铁。此时三极管 T 的集电极 c 和发射极 e 之间导通，继电器线圈 J 通电（线圈中产生磁场，吸引触点开关），动触点从 y 移动到 z，电流流经 z → x →刮水开关 1 号端→刮水开关 2 号端→电动机 M →搭铁，电动机开始工作，如图 6－3－9 所示。

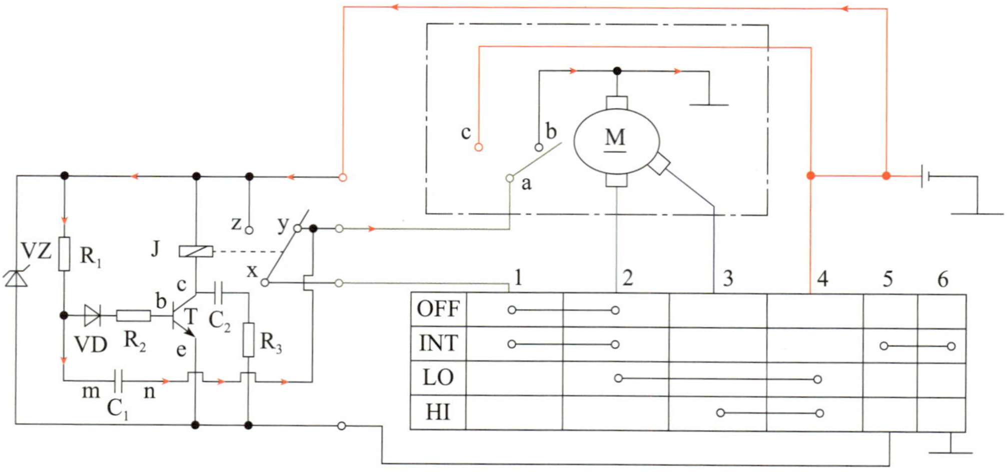

图 6-3-8　刮水系统间歇工作原理 1

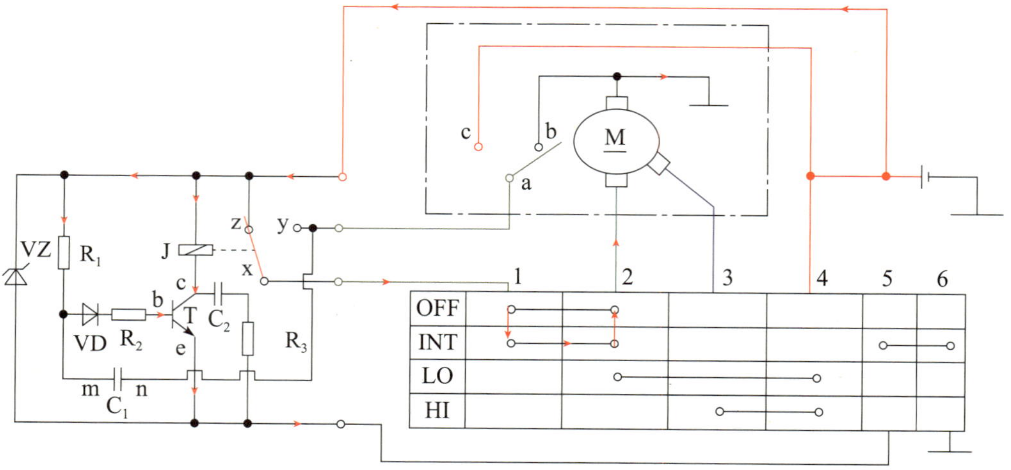

图 6-3-9　刮水系统间歇工作原理 2

（2）当电容 C_1 放完电后，三极管 T 中没有了基极电流，三极管 T 截止，继电器线圈 J 中无电流（线圈中的磁场消失），动触点又回到原始状态（y 位置），电动机停止工作。

四、别克威朗汽车刮水系统电路

别克威朗汽车刮水系统电路由 S82 风窗玻璃刮水开关、K9 车身控制模块、M79 风窗玻璃刮水电动机控制模块和刮水电动机组成。其中 M79 风窗玻璃刮水电动机控制模块与 K9 车身控制模块连接的 4 号线是控制刮水器低速、高速或间歇运行的信号线；3 号线是刮水器复位状态的信号线；间歇挡控制电路中串联了 442Ω、536Ω、665Ω、825Ω、1 070Ω 等不同的电阻，以此改变输入 K9 车身控制模块的信号，K9 车身控制模块收到不同的信号后通过 LIN 线控制 M79 风窗玻璃刮水电动机控制模块，实现刮水电动机不同的运行状态。图 6-3-10 所示为别克威朗汽车刮水系统电路图。

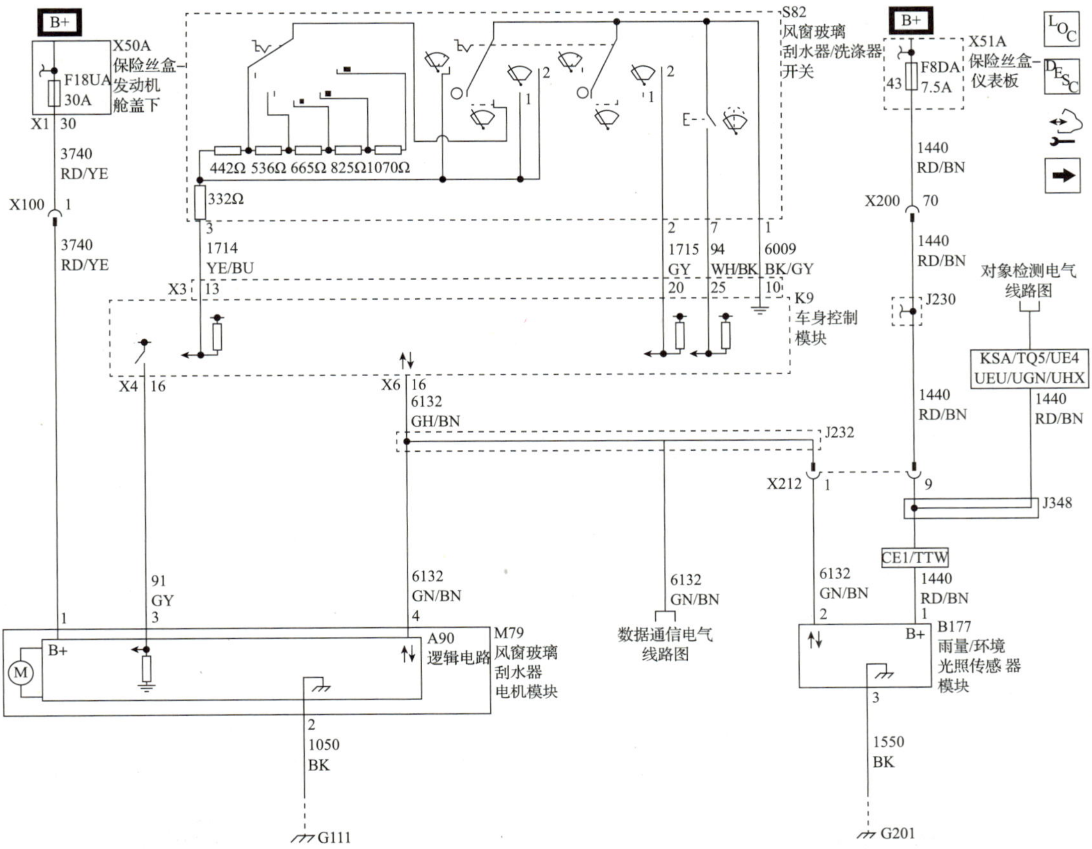

图 6-3-10　别克威朗汽车刮水系统电路图

五、汽车刮水系统常见的故障及解决方法

1. 刮水器不工作

解决方法：检查刮水器电动机是否损坏，检查电动机的电源线是否断裂或松动，检查保险丝是否熔断。

2. 刮水器速度不可调

解决方法：检查速度调节开关是否损坏，检查控制模块是否正常工作。

3. 刮水器刮水不干净

解决方法：检查刮水片是否磨损或损坏，检查刮水片是否安装正确，调整刮水片的角度或更换刮水片。

4. 刮水器自动停止功能失效

解决方法：检查停机开关是否损坏，检查控制模块是否正常工作。

5. 刮水器刮水时有异响

解决方法：检查刮水片与风窗玻璃之间的间隙是否均匀，检查刮水片的安装螺丝是否松动。

任务实施

刮水片的更换与刮水系统性能检查

一、工作内容

刮水系统性能检查与刮水片的更换。

二、工具设备准备及要求

别克威朗实训车辆、车内三件套、车外三件套、车轮挡块、新刮水片一副、玻璃洗涤液一瓶、抹布、拖布、手套等。

要求：（1）按要求在规定时间内独立或小组合作完成工作任务；

（2）按操作规范做好车辆安全防护，确保人、车安全；

（3）规范使用拆装工具，按流程规范操作，确保刮水系统能正常运行。

三、任务操作过程

1. 车辆防护及信息记录

检查车外有无划痕、凹坑，检查车内有无贵重物品，并记录说明。

（1）安装车轮挡块。

（2）解锁车辆，在工单上正确填写车辆基本信息。

（3）安装车内三件套。

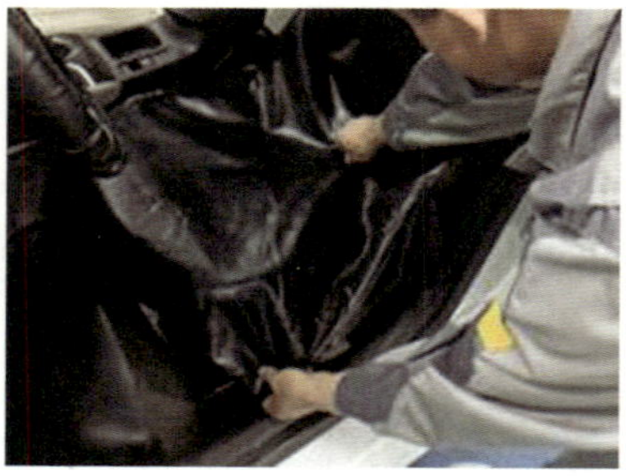

（4）检查挡位和制动状态（确保车辆挡位处于 P 位）。

（5）打开发动机舱盖，安装车外三件套。

2. 刮水器高速、低速、间歇挡工作情况检查及洗涤液液位检查

（1）检查洗涤液，并加注。

（2）检查喷水位置。

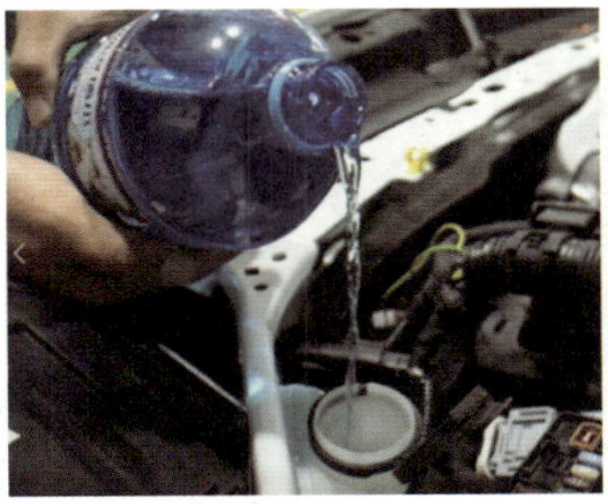

（3）检查低速、高速、间歇挡工作情况。

3. 更换刮水片（以左侧刮水片为例）

（1）铺垫抹布，按下锁止卡住。

（2）取下刮水片。

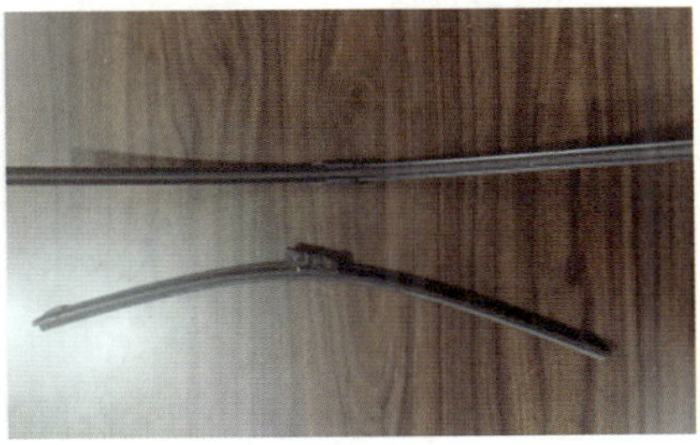

（3）放下刮水臂。

（4）安装刮水片。

（5）取出抹布。

4. 车辆恢复及 8S 管理

（1）移除车外三件套，并叠放整齐。

（2）移除车内三件套，并叠放整齐。

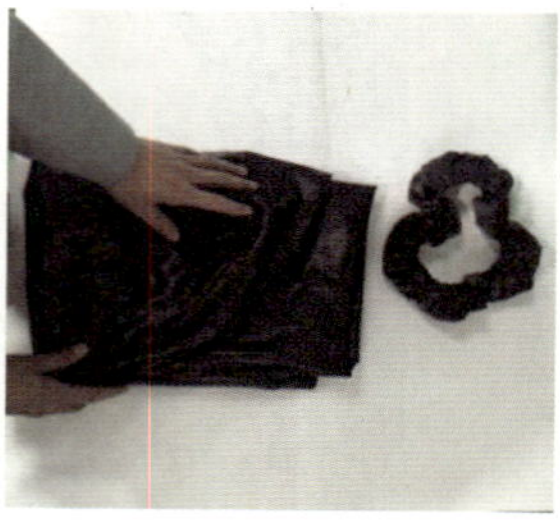

（3）关闭发动机舱盖（升起车窗玻璃，拔下车辆钥匙）。

（4）移除车轮挡块。

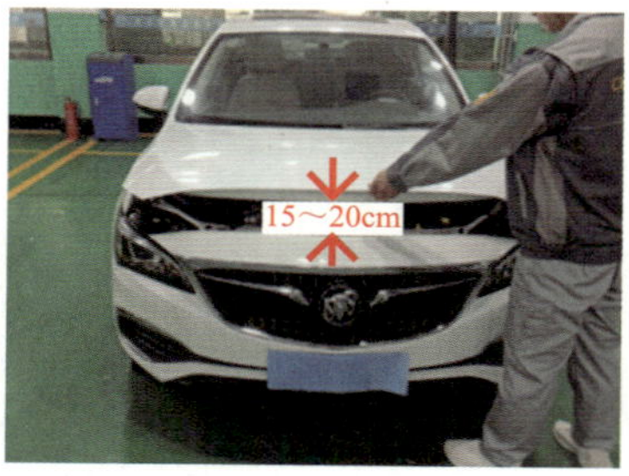

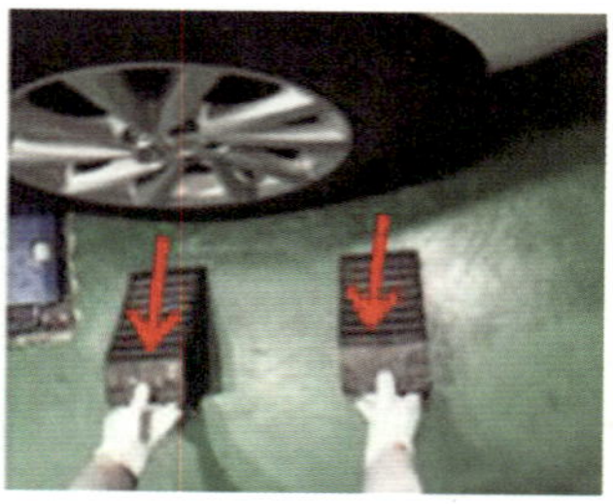

（5）车辆、场地清洁。

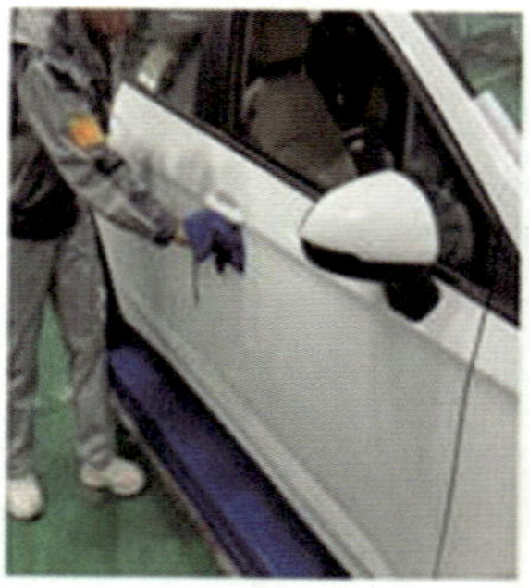

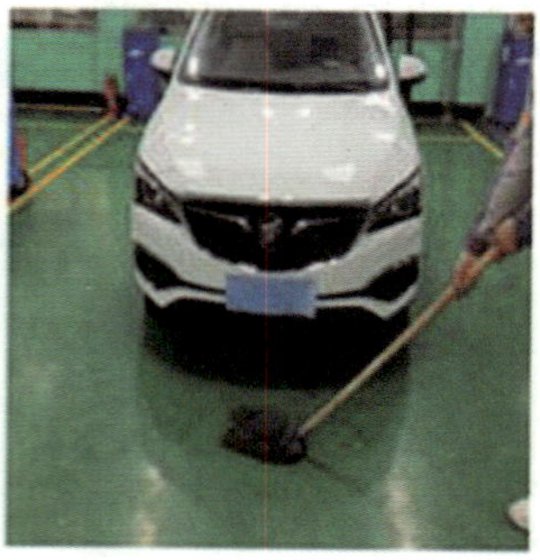

刮水系统性能检查与刮水片的更换　任务工单

操作时间：　　　　分钟	
组长初评　□合格　□不合格	教师复评　□合格　□不合格
一、车辆防护及信息记录	
车辆维修前检查车外有无划痕、凹坑等，检查车内有无贵重物品　□有　□无	
工具、防护用品检查　□正常　□不正常	
安装车内三件套　□安装　□未安装	安装车外三件套　□安装　□未安装
安装车轮挡块　□安装　□未安装	检查驻车制动　□检查　□未检查

品牌		整车型号		生产年月	
发动机型号		发动机排量		行驶里程	
车辆识别码					

二、刮水器高速、低速、间歇挡工作情况检查及洗涤液液位检查

操作项目	操作结果	操作项目	操作结果
1. 检查洗涤液，并加注	□完成　□未完成	2. 检查喷水位置	□完成　□未完成
3. 检查低速、高速、间歇挡工作情况	□完成　□未完成		

三、更换刮水片（以左侧刮水片为例）

操作项目	操作结果	操作结果	操作项目
1. 铺垫抹布	□完成　□未完成	2. 按下锁止卡住	□完成　□未完成
3. 取出刮水片	□完成　□未完成	4. 放下刮水臂	□完成　□未完成
5. 安装左侧刮水片	□完成　□未完成	6. 取出抹布	□完成　□未完成

四、车辆恢复及 8S 管理

操作项目	操作结果	操作项目	操作结果
1. 移除车内三件套	□完成　□未完成	2. 移除车外三件套	□完成　□未完成
3. 移除车轮挡块	□完成　□未完成	4. 车辆、场地清洁	□完成　□未完成
5. 团队协作	□合格　□不合格		

刮水系统性能检查与刮水片的更换　评分标准

序号	操作步骤	操作要点及得分条件	评分标准	配分	得分
1	场地、工位、工具准备情况	检查刮水片、洗涤液、车内三件套、车外三件套、车轮挡块，每项 2 分	依据得分条件进行评分，按要求完成打√，未按要求完成打 ×，扣分不得超过 100 分	10 分	
2	车辆防护及信息记录	安装车轮挡块 3 分，安装车内三件套 3 分，安装车外三件套 3 分，驻车制动检查 3 分，车辆信息记录 4 分		16 分	
3	洗涤液检查并加注	洗涤液检查 3 分，加注洗涤液 3 分		6 分	
4	喷水位置检查	起动车辆 2 分，检查喷水位置 2 分，填写工作页 2 分		6 分	
	刮水器低速检查	检查低速刮水是否正常 4 分，填写工作页 2 分		6 分	
	刮水器高速检查	检查高速刮水是否正常 4 分，填写工作页 2 分		6 分	
	刮水器间歇检查	检查间歇刮水是否正常 4 分，填写工作页 2 分		6 分	
	自动回位检查	观察是否处在最低位置 4 分，填写工作页 2 分		6 分	
5	刮水片更换	防护正常 5 分，拆卸方法正确 10 分，安装方法正确 6 分，填写工作页 6 分		27 分	
6	车辆恢复及 8S 管理	车辆恢复 4 分，车辆、场地清洁 4 分		8 分	
7	团队协作	具有一定的团队协作能力 3 分		3 分	
总分 100 分					

练一练

一、填空题

1. 电动刮水器由__________、__________、__________、__________、__________和刮水片组成。

2. 当刮水系统不工作时，首先应检查____________________保险是否正常。

二、简答题

1. 简述刮水系统的作用。

2. 简述电动刮水器低速刮水原理。

3. 简述刮水片的更换流程。

任务四　喇叭电路检测

学习目标

知识目标：通过对喇叭电路理论知识的学习，了解喇叭的作用和类型；理解喇叭电路的原理。

技能目标：能识读别克威朗汽车喇叭电路；能进行喇叭电路的检测。

素养目标：养成积极主动的学习习惯；严格按照岗位要求规范操作；养成爱护设备、仪器的习惯，确保工具、设备和自身的安全；具有较强的组织沟通能力和良好的团队合作能力；穿戴要整齐；树立8S管理理念。

任务描述

客户张先生的别克威朗汽车喇叭不响，开车来到别克4S店。维修技师检查后确认为喇叭电路有故障，并对喇叭电路进行检测。

本次任务以别克威朗汽车喇叭为例，将学习喇叭电路的组成、工作原理和检测等内容。

理论知识

目前小轿车上采用的多为电喇叭，在行车过程中驾驶员根据需要按下喇叭开关，使喇叭发出必需的音响信号，警告行人和其他车辆，确保行车安全。

一、汽车喇叭的发展和类型

1. 汽车喇叭的发展

最初的喇叭不像现在一样是通过电流控制的，而是传统的通过空气流过管路发出声音，即通过一个软质的气囊连接一条弯曲的管路，用手挤压气囊时气流快速通过管路，发出蜂鸣声，再通过末端的扩音设计将声音放大。

后来，人们发现总是用手去挤压气囊太麻烦了，而且不安全，于是有人想出了一个更合理的方案，通过汽车尾气吹出的气流发出声音。把汽车排气管分成两个管路，其中一个管路中间设计一个手动的阀门，当阀门打开时，尾气就会流过喇叭的管路，发出声音。

再后来，人们才开始应用电驱动的喇叭，通过金属膜片振动发出声音。电喇叭无论是声音的响度还是喇叭的响应速度，都比气喇叭有了很大提高。这项技术随着电子技术的发展在不断改进中延续到了现在。当前，新能源汽车快速发展，电车行驶时发出的噪声比汽油车要小，因此车上安装一种分贝较低的发声装置，可以在通过人多的路上发出轻微的提示声音。

2. 汽车喇叭的类型

喇叭按发音动力有气喇叭和电喇叭之分，小轿车上多用电喇叭；按外形有螺旋形、筒形、盆形之分；按声频有高音和低音之分；按接线方式有单线制和双线制之分。

气喇叭利用气流使金属膜片振动产生声响，多用在具有压缩空气气源的载货汽车上，如图 6－4－1 所示。

图 6－4－1　气喇叭

电喇叭利用电磁力使金属膜片振动产生声响。

（1）盆形电喇叭。

盆形电喇叭由膜片、共鸣板、衔铁、上铁心、下铁心等组成，如图 6－4－2 所示。图 6－4－3 所示为盆形电喇叭外形图。

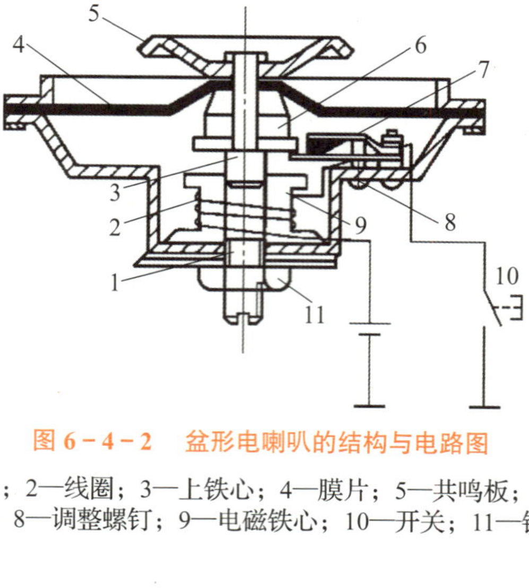

图 6－4－2　盆形电喇叭的结构与电路图

1—下铁心；2—线圈；3—上铁心；4—膜片；5—共鸣板；6—衔铁；7—触点；8—调整螺钉；9—电磁铁心；10—开关；11—锁紧螺母

图 6－4－3　盆形电喇叭外形

当按下开关时，电流经过蓄电池正极→线圈→调整螺钉→开关→搭铁。线圈产生磁场吸引上铁心下移并与下铁心碰撞，产生较低的基本频率，并激发共鸣板产生共鸣，从而发出声音。

（2）螺旋形、筒形电喇叭。

图 6－4－4 所示为螺旋形电喇叭外形，图 6－4－5 所示为筒形电喇叭外形。

图 6－4－4　螺旋形电喇叭外形

图 6－4－5　筒形电喇叭外形

螺旋形电喇叭主要由铁心、线圈、衔铁、弹簧片、调整螺母、锁紧螺母、触点、活动触点臂、防护罩、绝缘片、灭弧电容、扬声筒、膜片等组成，其工作原理与盆形电喇叭的工作原理相同。图 6－4－6 所示为螺旋形电喇叭结构与电路图。

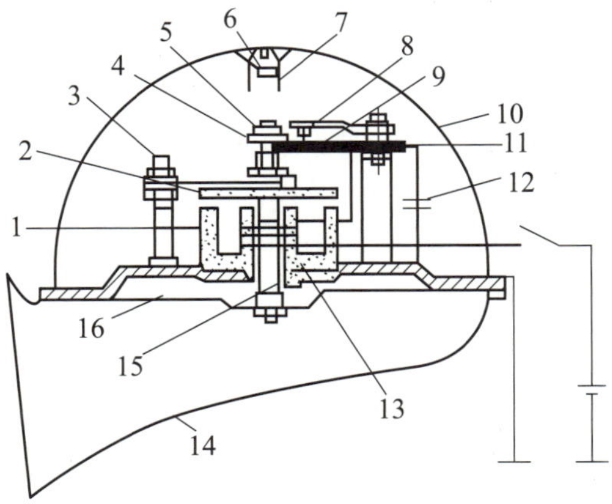

图 6－4－6　螺旋形电喇叭结构与电路图

1—铁心；2—衔铁；3—弹簧片；4—调整螺母；5—锁紧螺母；6—螺钉；
7—支架；8—触点；9—活动触点臂；10—防护罩；11—绝缘片；
12—灭弧电容；13—线圈；14—扬声筒；15—中心螺杆；16—膜片

二、喇叭继电器及电路

在汽车上通常装有两个不同音调的喇叭。当汽车装有双喇叭时，由于电流较大，用喇叭开关直接控制时，其开关容易被烧坏。因此，需要用喇叭继电器和喇叭开关共同控制，以此来解决这个问题，延长开关的使用寿命。图 6－4－7 所示为喇叭继电器与喇叭开关共同控制的电路。

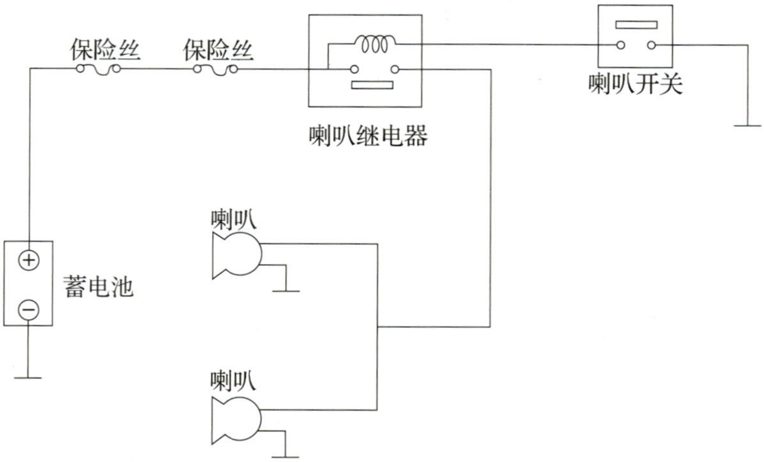

图 6－4－7　喇叭继电器与喇叭开关共同控制的电路图

三、别克威朗汽车的喇叭电路

1. 喇叭电路的组成

喇叭电路主要由蓄电池（图中用 B+ 表示）、车身控制模块、喇叭开关、喇叭继电器、高低音喇叭、方向盘安全气囊线圈、保险丝、相关线束等组成，如图 6－4－8 所示。绿箭头所示为喇叭开关信号电路；蓝箭头所示为喇叭继电器线圈控制电路；红箭头所示为喇叭工作电路。

2. 喇叭电路的工作原理

（1）喇叭开关信号电路。

按下喇叭开关，车身控制模块检测到喇叭开关信号电路的电压下降。工作路径如下：车身控制模块 K9/X3/18 →方向盘安全气囊线圈 X85/X1/5 →方向盘安全气囊线圈 X85/X2/4 →喇叭开关 S33/2 →喇叭开关 S33/1 →接地点 G204。

（2）喇叭继电器线圈控制电路。

车身控制模块接收到喇叭开关信号电路的电压下降信号后，为喇叭继电器线圈提供搭铁。工作路径如下：蓄电池 B+ →喇叭继电器线圈 KR3 →发动机舱盖下保险丝盒 X50A/X2/51 →车身控制模块 K9/X5/19 →车身控制模块内部搭铁。

（3）喇叭工作电路。

喇叭继电器线圈通电后，继电器触点闭合，喇叭发出响声。工作路径如下：蓄电池 B+ →喇叭继电器 KR3 触点开关→发动机舱盖下保险丝盒 X50A/X1/59 → J106 接线→喇叭→接地点 G102。

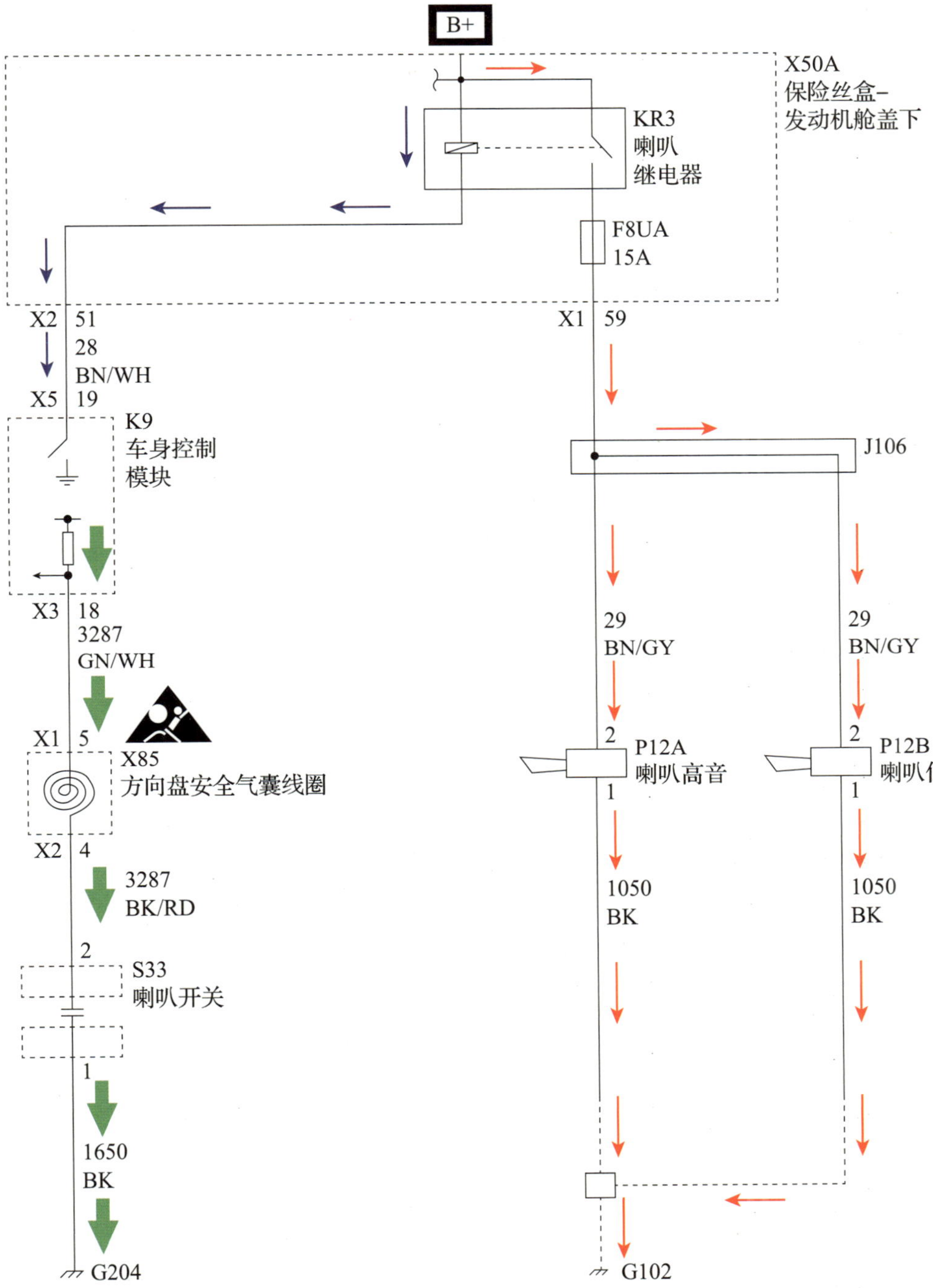

图 6－4－8　别克威朗汽车喇叭电路图

四、汽车喇叭电路常见的故障及解决方法

1. 喇叭不响或声音很小

解决方法：检查喇叭的电源线是否松动或断裂，检查喇叭本身是否损坏，如烧蚀或断丝。如果是，则需要重新连接电源线或更换喇叭。

2. 喇叭声音过大或尖锐

解决方法：检查喇叭的调节旋钮是否损坏或调整不当，检查喇叭的音圈是否过紧。如果是，则需要调整喇叭的音量或修理调节旋钮。

3. 多个喇叭同时损坏

解决方法：检查喇叭的共同电源线是否有故障，检查是否有短路或漏电现象。如果有，则需要修复电源线或排除短路问题。

4. 喇叭间歇性工作

解决方法：检查喇叭的电路连接是否牢固，检查喇叭的电源线是否有接触不良或氧化现象。如果有，则需要重新连接电路或清洁电源线。

5. 喇叭发出异响

解决方法：检查喇叭的安装是否牢固，检查喇叭的振动是否正常。如果有问题，则需要重新安装喇叭或检查喇叭的安装支架。

任务实施

电喇叭电路检测

一、工作内容

喇叭电路检测。

二、工具设备准备及要求

别克威朗实训车辆、车内三件套、车外三件套、车轮挡块、世达 120 件套工具、万用表、继电器、保险丝、抹布、拖布、手套等。

要求：（1）按要求在规定时间内独立或小组合作完成工作任务；

（2）按操作规范做好车辆安全防护，确保人、车安全；

（3）规范使用检测工具，按流程规范操作，确保喇叭系统能正常运行。

三、任务操作过程

1. 车辆防护及信息记录

检查车外有无划痕、凹坑，检查车内有无贵重物品，并记录说明。

（1）安装车轮挡块。

（2）解锁车辆，在工单上正确填写车辆基本信息。

（3）安装车内三件套。

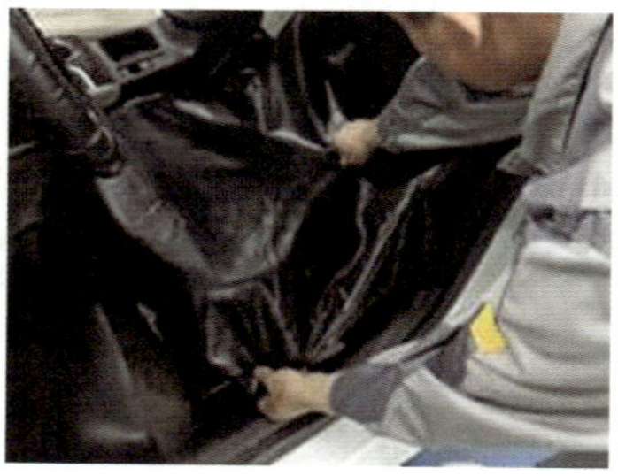

（4）检查挡位和制动状态（确保车辆挡位处于 P 位）。

（5）打开发动机舱盖，安装车外三件套。

2. 喇叭电路检测（以别克威朗汽车喇叭电路为例）

（1）检查蓄电池电压并记录测量值。

（2）检查 F8UA 保险。

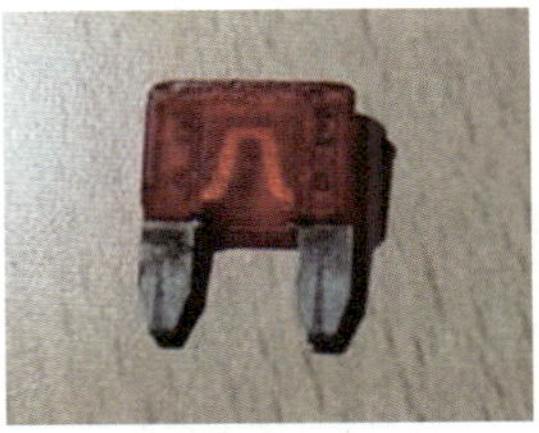

（3）按下喇叭开关，测量 F8UA 保险连接处的电压并记录测量值。

（4）按下喇叭开关，测量喇叭连接处的电压并记录测量值。

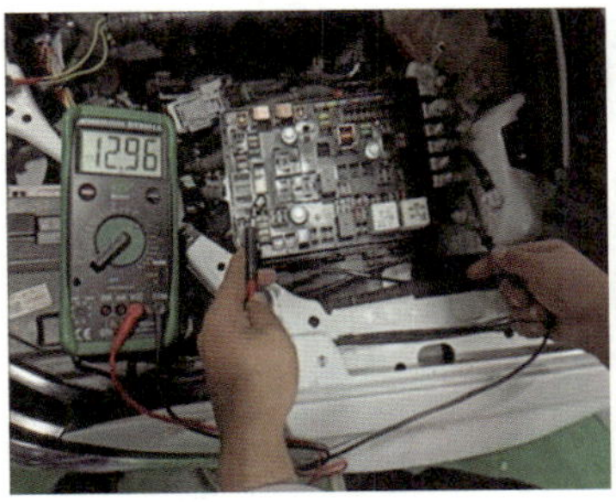

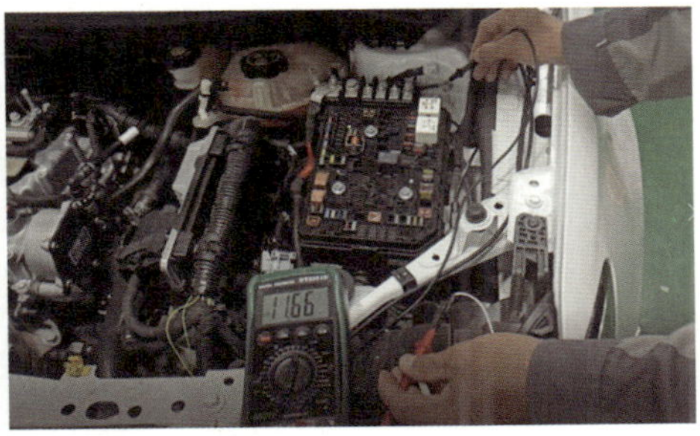

（5）用导线连接喇叭和蓄电池，检查喇叭是否发出声响。

3. 车辆恢复及 8S 管理

（1）移除车外三件套，并叠放整齐。

（2）移除车内三件套，并叠放整齐。

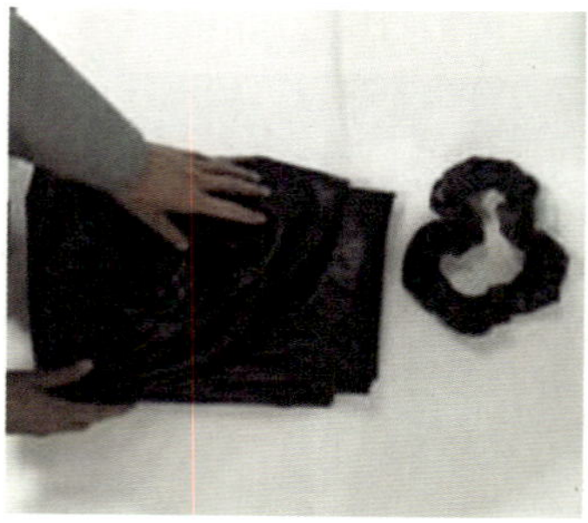

（3）关闭发动机舱盖（升起车窗玻璃，拔下车辆钥匙）。

（4）移除车轮挡块。

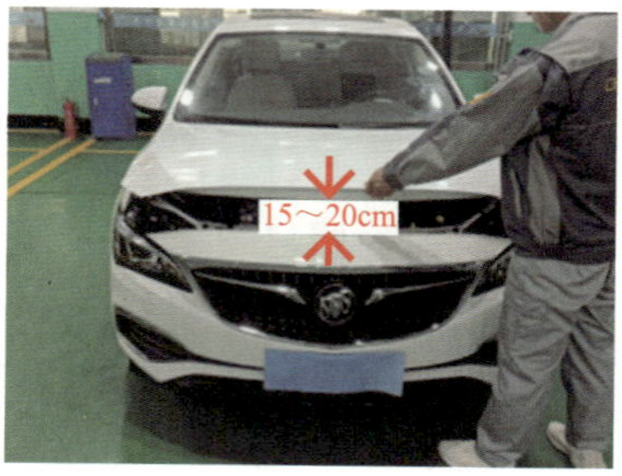

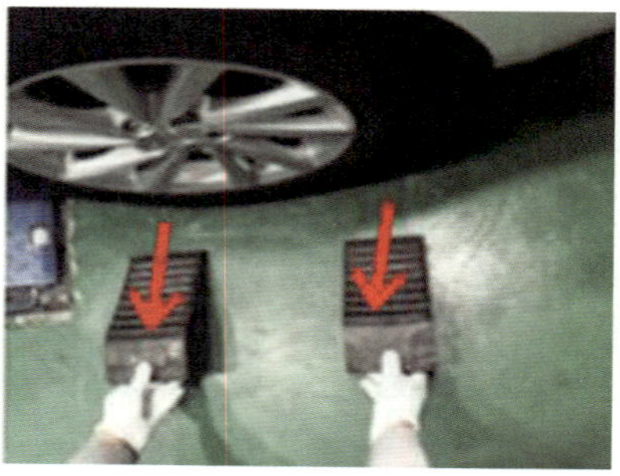

（5）工具清洁归位。

（6）车辆、场地清洁。

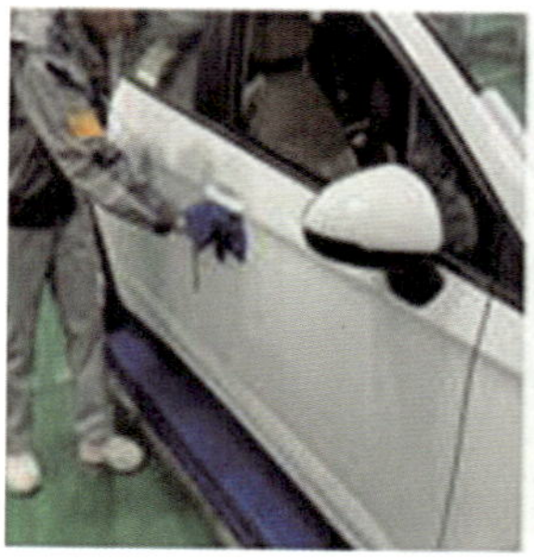

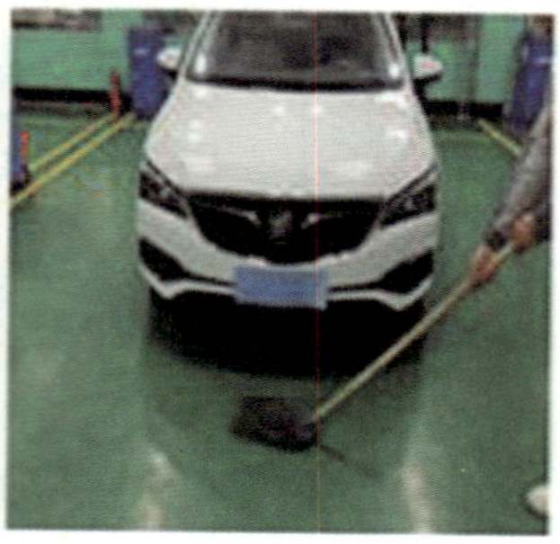

喇叭电路检测　任务工单

<table>
<tr><td colspan="6">操作时间：　　　　分钟</td></tr>
<tr><td colspan="3">组长初评　□合格　□不合格</td><td colspan="3">教师复评　□合格　□不合格</td></tr>
<tr><td colspan="6">一、车辆防护及信息记录</td></tr>
<tr><td colspan="6">车辆维修前检查车外有无划痕、凹坑等，检查车内有无贵重物品　□有　□无</td></tr>
<tr><td colspan="6">工具、防护用品检查　□正常　□不正常</td></tr>
<tr><td colspan="3">安装车内三件套　□安装　□未安装</td><td colspan="3">安装车外三件套　□安装　□未安装</td></tr>
<tr><td colspan="3">安装车轮挡块　□安装　□未安装</td><td colspan="3">驻车制动检查　□检查　□未检查</td></tr>
<tr><td>品牌</td><td></td><td>整车型号</td><td></td><td>生产年月</td><td></td></tr>
<tr><td>发动机型号</td><td></td><td>发动机排量</td><td></td><td>行驶里程</td><td></td></tr>
<tr><td>车辆识别码</td><td colspan="5"></td></tr>
<tr><td colspan="6">二、喇叭电路检测（以别克威朗汽车喇叭电路为例）</td></tr>
</table>

操作项目	数据记录	结果判断
1. 检查蓄电池电压并记录		□正常　□不正常
2. 检查 F8UA 保险	无	□正常　□不正常
3. 按下喇叭开关，测量 F8UA 保险连接处的电压并记录		□正常　□不正常
4. 按下喇叭开关，测量喇叭连接处的电压并记录		□正常　□不正常
5. 用导线将喇叭与蓄电池连接，检查是否有响声	无	□正常　□不正常

三、车辆恢复及 8S 管理

操作项目	操作结果	操作项目	操作结果
1. 移除车内三件套	□完成　□未完成	2. 移除车外三件套	□完成　□未完成
3. 移除车轮挡块	□完成　□未完成	4. 工具清洁整理	□完成　□未完成
5. 车辆、场地清洁	□完成　□未完成	6. 团队协作	□合格　□不合格

喇叭电路检测 评分标准

序号	操作步骤	操作要点及得分条件	评分标准	配分	得分
1	场地、工位、工具准备情况	检查万用表、车内三件套、车外三件套、车轮挡块、世达 120 件套工具，每项 2 分	依据得分条件进行评分，按要求完成打√，未按要求完成打 ×，扣分不得超过100分	10 分	
2	车辆防护及信息记录	安装车轮挡块 4 分，安装车内三件套 3 分，安装车外三件套 3 分，驻车制动检查 3 分，车辆信息记录 3 分		16 分	
3	测量蓄电池电压并记录	蓄电池电压测量正确 5 分，万用表使用正确 5 分，填写工作页 4 分		14 分	
4	检查 F8UA 保险	保险检查方法合理 6 分，填写工作页 4 分		10 分	
5	按下喇叭开关，测量 F8UA 保险连接处的电压	测量方法正确 6 分，填写工作页 4 分		10 分	
6	按下喇叭开关，测量喇叭连接处的电压	测量方法合理 6 分，填写工作页 4 分		10 分	
7	用导线将喇叭与蓄电池连接，检查是否有响声	检查方法合理 6 分，填写工作页 4 分		10 分	
8	车辆恢复及 8S 管理	车辆恢复 8 分，工具清洁整理 5 分，车辆、场地清洁 5 分		18 分	
9	团队协作	具有一定的团队协作能力 2 分		2 分	
总分 100 分					

练一练

一、填空题

1. 喇叭按发音动力有__________和__________之分。

2. 喇叭按外形有__________、__________、__________之分。

3. 喇叭电路主要由蓄电池、车身控制模块、喇叭开关、__________、__________、__________、保险丝、相关线束等组成。

二、简答题

1. 简述别克威朗汽车喇叭电路的工作原理。

2. 简述喇叭电路的检测流程。

汽车电气系统综合检查与维护（综合训练）任务工单

姓名：__________ 班级：__________ 同组者：__________ 得分：__________

<table>
<tr><td colspan="6">操作时间：　　　　分钟</td></tr>
<tr><td colspan="3">组长初评　□合格　□不合格</td><td colspan="3">教师复评　□合格　□不合格</td></tr>
<tr><td colspan="6">一、车辆防护及信息记录</td></tr>
<tr><td colspan="6">车辆维修前检查车外有无划痕、凹坑等，检查车内有无贵重物品　□有　□无</td></tr>
<tr><td colspan="6">工具、物料、防护用品检查　□正常　□不正常</td></tr>
<tr><td colspan="3">安装车内三件套　□安装　□未安装</td><td colspan="3">安装车外三件套　□安装　□未安装</td></tr>
<tr><td colspan="3">安装车轮挡块　□安装　□未安装</td><td colspan="3">安装排烟套　□安装　□未安装</td></tr>
<tr><td>驻车制动检查</td><td colspan="2">□检查　□未检查</td><td></td><td colspan="2"></td></tr>
<tr><td>品牌</td><td></td><td>整车型号</td><td></td><td>生产年月</td><td></td></tr>
<tr><td>发动机型号</td><td></td><td>发动机排量</td><td></td><td>行驶里程</td><td></td></tr>
<tr><td>车辆识别码</td><td colspan="5"></td></tr>
<tr><td colspan="6">二、车辆电气系统检查</td></tr>
</table>

<table>
<tr><th>操作项目</th><th>数据记录</th><th colspan="2">操作结果及判断</th></tr>
<tr><td>1. 蓄电池电压</td><td></td><td colspan="2">□正常　□不正常</td></tr>
<tr><td>2. 蓄电池连接是否正常</td><td>无</td><td colspan="2">□正常　□不正常</td></tr>
<tr><td>3. 蓄电池外壳有无变形</td><td>无</td><td colspan="2">□正常　□维修　□更换</td></tr>
<tr><td>4. 充电系统是否正常</td><td></td><td colspan="2">□正常　□维修　□更换</td></tr>
<tr><td>5. 测试起动系统是否正常</td><td>无</td><td colspan="2">□正常　□维修　□更换</td></tr>
<tr><td>6. 检查仪表系统是否正常</td><td>无</td><td colspan="2">□正常　□维修　□更换</td></tr>
<tr><td>7. 玻璃水储液检查</td><td>无</td><td colspan="2">□正常　□不正常</td></tr>
<tr><td>8. 检查刮水片是否正常</td><td>无</td><td colspan="2">□正常　□调整　□更换</td></tr>
<tr><td>9. 检查洗涤器的工作情况</td><td>无</td><td colspan="2">□正常　□维修　□更换</td></tr>
<tr><td>10. 刮水系统检查：低速</td><td>无</td><td>□正常　□不正常</td><td rowspan="4">□维修
□更换</td></tr>
<tr><td>11. 刮水系统检查：高速</td><td>无</td><td>□正常　□不正常</td></tr>
<tr><td>12. 刮水系统检查：间歇</td><td>无</td><td>□正常　□不正常</td></tr>
<tr><td>13. 刮水系统检查：复位</td><td>无</td><td>□正常　□不正常</td></tr>
<tr><td>14. 刮水系统检查：刮水器组合开关</td><td>无</td><td colspan="2">□正常　□维修　□部件更换</td></tr>
<tr><td>15. 灯光系统检查：示宽灯</td><td>无</td><td colspan="2">□正常　□电路维修　□部件更换</td></tr>
<tr><td>16. 灯光系统检查：近光</td><td>无</td><td colspan="2">□正常　□电路维修　□部件更换</td></tr>
<tr><td>17. 灯光系统检查：远光</td><td>无</td><td colspan="2">□正常　□电路维修　□部件更换</td></tr>
<tr><td>18. 灯光系统检查：变光</td><td>无</td><td colspan="2">□正常　□电路维修　□部件更换</td></tr>
<tr><td>19. 灯光系统检查：雾灯</td><td>无</td><td colspan="2">□正常　□电路维修　□部件更换</td></tr>
</table>

续表

<table>
<tr><th>操作项目</th><th>数据记录</th><th colspan="2">操作结果及判断</th></tr>
<tr><td>20. 灯光系统检查：尾灯</td><td>无</td><td colspan="2">□正常 □电路维修 □部件更换</td></tr>
<tr><td>21. 灯光系统检查：牌照灯</td><td>无</td><td colspan="2">□正常 □电路维修 □部件更换</td></tr>
<tr><td>22. 灯光系统检查：阅读灯</td><td>无</td><td colspan="2">□正常 □电路维修 □部件更换</td></tr>
<tr><td>23. 灯光系统检查：行李舱照明</td><td>无</td><td colspan="2">□正常 □电路维修 □部件更换</td></tr>
<tr><td>24. 信号系统检查：左、右转向灯</td><td>无</td><td colspan="2">□正常 □电路维修 □部件更换</td></tr>
<tr><td>25. 信号系统检查：危险警告灯</td><td>无</td><td colspan="2">□正常 □电路维修 □部件更换</td></tr>
<tr><td>26. 信号系统检查：倒车灯</td><td>无</td><td colspan="2">□正常 □电路维修 □部件更换</td></tr>
<tr><td>27. 信号系统检查：制动灯</td><td>无</td><td colspan="2">□正常 □电路维修 □部件更换</td></tr>
<tr><td>28. 信号系统检查：车门未锁警告灯</td><td>无</td><td colspan="2">□正常 □电路维修</td></tr>
<tr><td>29. 驾驶员侧车窗玻璃升降（主控开关）</td><td>无</td><td>□正常 □不正常</td><td rowspan="4">□电路维修
□部件更换</td></tr>
<tr><td>30. 副驾驶员侧车窗玻璃升降（主控开关）</td><td>无</td><td>□正常 □不正常</td></tr>
<tr><td>31. 左后、右后车窗玻璃升降（主控开关）</td><td>无</td><td>□正常 □不正常</td></tr>
<tr><td>32. 锁止（主控开关）</td><td>无</td><td>□正常 □不正常</td></tr>
<tr><td>33. 副驾驶员侧玻璃升降</td><td>无</td><td colspan="2">□正常 □电路维修 □部件更换</td></tr>
<tr><td>34. 左后车窗玻璃升降</td><td>无</td><td colspan="2">□正常 □电路维修 □部件更换</td></tr>
<tr><td>35. 右后车窗玻璃升降</td><td>无</td><td colspan="2">□正常 □电路维修 □部件更换</td></tr>
<tr><td>36. 电喇叭工作情况</td><td>无</td><td colspan="2">□正常 □电路维修 □部件更换</td></tr>
</table>

三、车辆恢复及 8S 管理

操作项目	操作结果	操作项目	操作结果
1. 移除车内三件套	□完成 □未完成	2. 移除车外三件套	□完成 □未完成
3. 移除车轮挡块	□完成 □未完成	4. 移除排烟套	□完成 □未完成
5. 工具清洁整理	□完成 □未完成	6. 车辆、场地清洁	□完成 □未完成
7. 垃圾分类	□完成 □未完成	8. 团队协作	□合格 □不合格

汽车电气系统综合检查与维护（综合训练）评分标准

序号	操作步骤	操作要点及规范	评分标准	配分	得分
1	场地、工位、工具准备情况	检查万用表、车轮挡块、车内三件套、车外三件套每项 3 分，共 12 分	依据得分条件进行评分，按要求完成打√，未按要求完成打×，扣分不得超过 100 分	12 分	
2	车辆防护及信息记录	安装车轮挡块 1 分，安装车内三件套 1 分，安装车外三件套 1 分，安装排烟套 1 分，驻车制动检查 1 分，车辆信息记录 1 分，共 6 分		6 分	
3	车辆电气系统检查	每项检查 2 分，共 72 分		72 分	
4	车辆恢复及 8S 管理	除“团队协作”外，每项 1 分，共 7 分		7 分	
5	团队协作	具有一定的团队协作能力 3 分		3 分	
总分 100 分					

参考文献

［1］盛国超，徐腾达．汽车电气设备构造与检修：书证融通版［M］．北京：机械工业出版社，2021．

［2］张柏荣，李宏亮，李亮．汽车电气设备构造与检修［M］．沈阳：东北大学出版社，2014．

［3］周双斌．汽车电气设备构造与检修［M］．沈阳：东北师范大学出版社，2011．

［4］别克威朗电气系统维修手册．